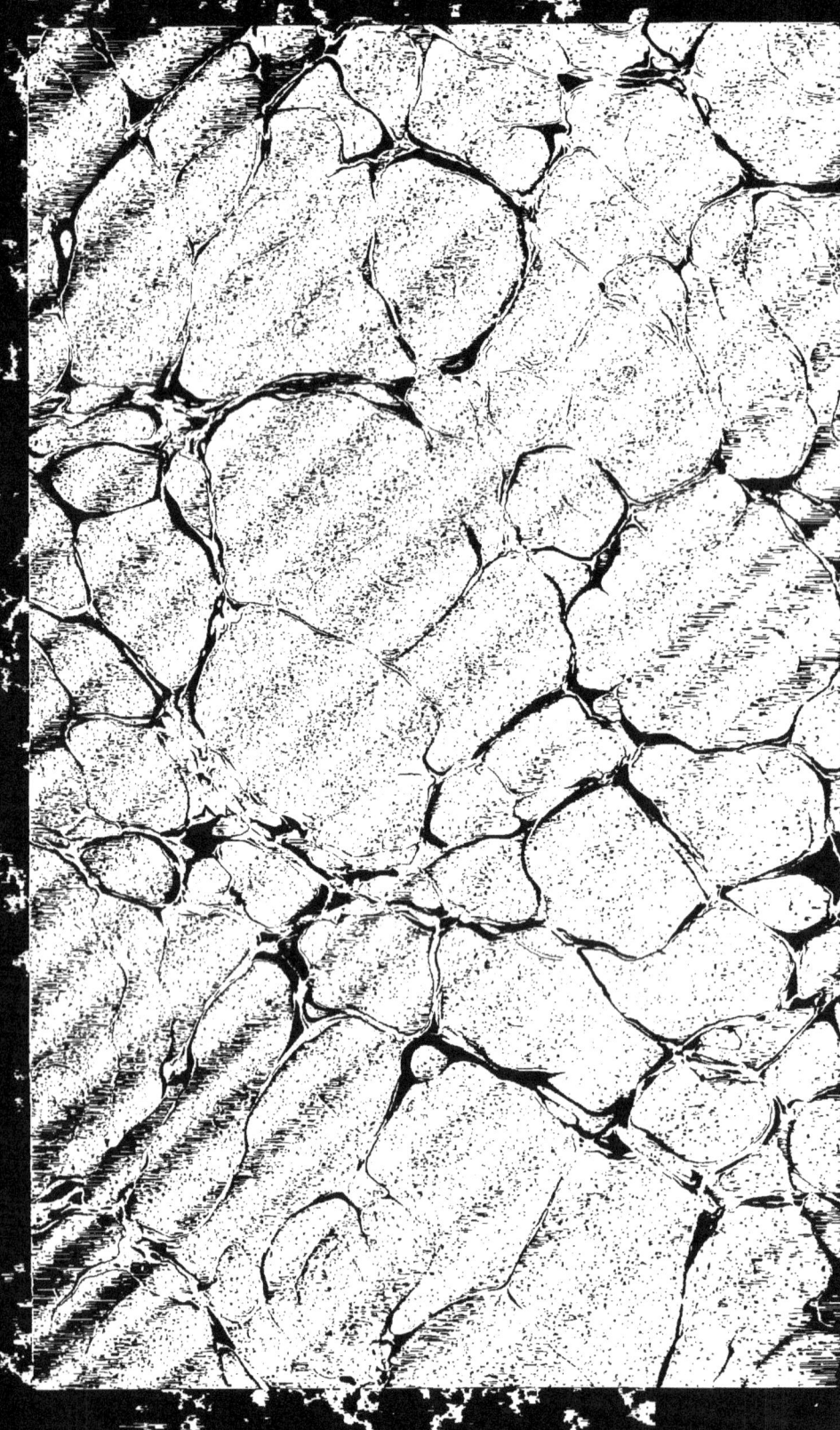

LA Guerre

DE

1870-71

IV

Journées des 1er et 2 Août

PARIS

LIBRAIRIE MILITAIRE R. CHAPELOT ET Cie

IMPRIMEURS-ÉDITEURS

30, Rue et Passage Dauphine, 30

1901

Tous droits réservés.

LA
GUERRE DE 1870-71

IV

Journées des 1er et 2 Août

Publiée par la **Revue d'Histoire**

rédigée à la Section historique de l'État-Major de l'Armée

LA Guerre

DE

1870-71

IV

Journées des 1er et 2 Août

PARIS
LIBRAIRIE MILITAIRE R. CHAPELOT et Cᵉ
IMPRIMEURS-ÉDITEURS

30, Rue et Passage Dauphine, 30

1901
Tous droits réservés.

SOMMAIRE

Journée du 1ᵉʳ Août.................................... 1

Documents annexes.

Quartier général de l'armée..................................	39
Corps d'armée..	53
Garde impériale..	117
Réserve de cavalerie......................................	119
Artillerie de l'armée......................................	122
Génie de l'armée...	132
Renseignements..	135

Journée du 2 Août....................................... 145

Documents annexes.

Quartier général de l'armée..................................	199
Corps d'armée..	202
Garde impériale..	265
Réserve de cavalerie......................................	266
Artillerie de l'armée......................................	266
Renseignements..	268

LA
GUERRE DE 1870-1871

Journée du 1ᵉʳ août.

Les négociations diplomatiques entamées par Napoléon III depuis 1868 avec l'Autriche et l'Italie et relatives à une alliance contre la Prusse avaient été reprises avec la plus grande activité depuis la déclaration de la guerre. Le principal obstacle n'avait cessé d'être et consistait toujours dans la question romaine (1). L'Italie demandait l'évacuation des États de l'Eglise par nos troupes et le droit d'occuper Rome ; l'Autriche appuyait ces revendications, sans doute par égard pour la majorité libérale du parlement autrichien. En même temps, ces deux puissances, qui déclaraient ne pouvoir agir immédiatement, voulaient, tout en ménageant la France, attendre les événements avant de s'engager irrévocablement. L'Autriche surtout, beaucoup plus exposée que l'Italie à subir le contrecoup d'une guerre avec la Prusse et peut-être avec la Russie, cherchait à retarder un accord qu'elle jugeait dangereux pour elle.

Toutefois, le 1ᵉʳ août, le comte Vimercati, attaché militaire d'Italie à Paris, et chargé par Napoléon III d'entretenir les cours de Florence et de Vienne de ses intentions,

---

(1) A. Sorel. *Histoire diplomatique de la guerre franco-allemande*, tome I, page 236.

revint à Paris porteur d'un projet de traité en quatre articles (1). « L'empereur d'Autriche et le roi d'Italie s'en-
« gagent à mettre leurs forces de terre et de mer sur le
« pied d'une neutralité armée, destinée à être transformée
« en coopération effective avec la France d'un commun
« accord et simultanément. L'entrée en campagne aura
« lieu dans les premiers jours de septembre, quand
« seront achevés les préparatifs de l'Autriche. Mais cette
« puissance s'engage à obtenir pour l'Italie des condi-
« tions meilleures lors du règlement de la question
« romaine (2) ».

Le comte Vimercati, muni d'un sauf-conduit que lui fit délivrer l'Impératrice (3), se rendit aussitôt au grand quartier général à Metz et soumit le traité à l'approbation de l'Empereur. Napoléon III insista pour que la date à laquelle la neutralité armée devait se transformer en un concours effectif, fût fixée à bref délai, et malgré les vives instances du prince Napoléon (4), il se refusa à

---

(1) Un avant-projet en trois articles avait été rédigé dès le 15 juillet par le duc de Gramont, de concert avec le prince de Metternich, ambassadeur d'Autriche à Paris, le comte Vimercati et le comte de Vitzhum, ministre d'Autriche à Bruxelles. Il stipulait l'action armée des trois puissances, le maintien du *statu quo* en Allemagne, conformément au traité de Prague, la renonciation définitive des princes français et allemands au trône d'Espagne. (W. Busch. Die Beziehungen Frankreichs zu Osterreich und Italien zwischen den Kriegen von 1866 und 1870-71. — Tübingen, 1900, page 47).

Le quatrième article, « ajouté à Florence et à Vienne », portait « règlement implicite de la question romaine. » (Prince Napoléon. *Les alliances de l'Empire en 1869 et 1870, Revue des Deux-Mondes*, 1er avril 1878, page 498.)

(2) Pierre Lehautcourt. *Histoire de la guerre de 1870-1871*, tome I, page 377.

(3) *L'Impératrice au Ministre de la guerre.* — Saint-Cloud, 1er août, 5 h. 6 soir (D. T.). « Faites donner, je vous prie, un sauf-conduit au comte Vimercati qui se rend au quartier impérial. » Le comte Vimercati ne resta que quelques heures à Paris. (Busch. *Loc. cit.*, page 65).

(4) Pierre Lehautcourt. *Loc. cit.*, page 378; G. Rothan. *La France*

céder sur la question de Rome (1). Le comte Vimercati repartit le 3 août de Metz pour Florence avec le traité modifié (2), que nos revers aussi soudains qu'imprévus devaient empêcher définitivement d'aboutir.

*
* *

Les mouvements prescrits par l'Empereur, le 30 juillet, dans le but de porter l'armée plus près de la frontière, tout en rapprochant les corps de gauche de la voie ferrée de Metz à Sarrebrück, reçoivent leur complète exécution dans la journée du 1er août.

Le général Frossard, « voyant se confirmer de plus « en plus, par les rapports des reconnaissances et des « espions, le fait d'un grand rassemblement de troupes « prussiennes à Duttvveiler, en arrière de Sarrebrück, « se décide à concentrer davantage le corps d'armée (3) ». En conséquence, la 1re division du 2e corps quitte ses campements de Rosbrück et vient s'établir au nord-ouest de Forbach, sur le Kaninchensberg, à cheval sur la route

---

et l'Italie, page 514; prince Jérôme Napoléon. *Les alliances de l'Empire en 1869-1870*, *Revue des Deux Mondes*, 1er avril 1878, pages 497-498).

(1) *L'Empereur au duc de Gramont.*
Malgré ce que propose X..., malgré les efforts de Napoléon, je ne cède pas pour Rome. (Pierre Lehautcourt. *Loc. cit.*, page 378).

(2) « C'étaient de nouvelles longueurs, malheureusement elles ne « semblaient pas effrayer le gouvernement français qui, croyant à des « succès militaires, était certain d'entraîner l'Autriche et l'Italie sans « condition sur Rome après sa première victoire. » (Prince Napoléon. *Loc. cit.*, page 499.)

(3) Journal de marche du 2e corps d'armée, 1er août.
Il n'y avait à Duttweiler qu'un escadron du 7e uhlans, et cependant, depuis trois jours, le service des renseignements du grand quartier général et celui du 2e corps signalaient en ce point des forces considérables. Il est possible, en raison de la persistance de ces faux bruits, que les Allemands les aient fait répandre à dessein, dans le but de nous détourner du projet de franchir la Sarre. Peut-être en a-t-il été de

de Sarrelouis ; la 2ᵉ division, dont une brigade occupe déjà Stiring, se concentre tout entière entre cette localité et la lisière des bois du Creutzberg.

Le maréchal Bazaine fait remplacer, dans la soirée, entre Merlebach et Rosbrück, la 1ʳᵉ division du 2ᵉ corps par la 1ʳᵉ du 3ᵉ corps, dans le but, sans doute, de ne laisser aucune trouée le long de la frontière ; « les hau-« teurs escarpées et pittoresques de Haut-Hombourg » ne resteront pas inoccupées : un bataillon de chasseurs de la division de Castagny y sera envoyé de Saint-Avold. Au 4ᵉ corps, la division de Cissey arrive à Bouzonville par deux routes (1), « y *relève* la 1ʳᵉ brigade de la 2ᵉ divi-« sion qui se met *alors* en marche sur Boulay (2) », où elle sera rejointe dans la soirée par la 2ᵉ brigade venant de Kédange, par la division de cavalerie du 4ᵉ corps et par les réserves d'artillerie et du génie. La division de Cissey détache un bataillon du 57ᵉ à Filstroff, « excellente « position militaire (3) » ; une de ses compagnies de grand'garde a, vers 11 heures du matin, un engagement avec un détachement prussien qui se replie après avoir perdu 7 hommes et parvient à échapper aux 2ᵉ et 7ᵉ hussards (4) lancés à sa poursuite.

Deux autres rencontres ont eu lieu le 1ᵉʳ août : l'une à l'ouest de Stürzelbronn, entre une compagnie de grand'-garde du 27ᵉ de ligne (division de Lespart) et un peloton

---

même de la nouvelle, reçue à plusieurs reprises aux 1ᵉʳ et 7ᵉ corps, de la concentration des troupes allemandes à Lœrrach et derrière la forêt Noire, et dont la propagation devait avoir pour but de retenir le 7ᵉ corps en haute Alsace. Quoi qu'il en soit, si la cavalerie du 2ᵉ corps avait été employée comme elle devait l'être, on n'aurait pas tardé à apprendre que le renseignement relatif à Duttweiler était faux.

(1) Colmen—Filstroff—Bouzonville et Lacroix—Bouzonville.
(2) A 10 heures du matin.
(3) Journal de la division de Cissey, 1ᵉʳ août.
(4) Constituant la 1ʳᵉ brigade de la division de cavalerie du 4ᵉ corps, rattachée provisoirement à la division de Cissey.

du 12ᵉ régiment de hussards de Thuringe qui laisse un prisonnier entre nos mains ; l'autre, près de Seltz, entre un poste avancé du 11ᵉ régiment de chasseurs et quelques cavaliers du 2ᵉ hussards prussiens, dont deux sont tués.

*
* *

Préparation de l'opération sur Sarrebrück.

Le but poursuivi est indiqué par le maréchal Bazaine au général de Ladmirault en ces termes :

« Le général Frossard doit s'emparer demain matin de
« la position de Sarrebrück, qui se trouve sur la rive
« gauche de la Sarre, et occuper les points culminants
« situés à la droite et à la gauche de Sarrebrück, d'où il
« pourra, par le feu de son artillerie, détruire la gare de
« Saint-Jean et rendre impraticable, si cela est possible,
« sur ce point, la communication par la voie ferrée entre
« Sarrelouis et Mayence ».

Le maréchal Bazaine, qui avait la direction supérieure des troupes appelées à exécuter l'opération, était autorisé à employer, pour appuyer le 2ᵉ corps, ses quatre divisions, une partie du 5ᵉ et la division de Lorencez du 4ᵉ. Toutefois, le major général « appelait son attention sur la « garnison de Sarrelouis », et l'informait encore, à 4 heures du soir, par télégramme, que « la concentra- « tion de l'ennemi augmenterait entre Conz et Sarre- « louis » et qu'il « devait veiller beaucoup » du côté de cette place.

Il ne semble pas, d'ailleurs, que le maréchal Bazaine ait donné des ordres au général Frossard pour la journée du 2 août. On n'en trouve du moins nulle trace. A 9 heures du matin, il lui fit connaître que l'Empereur avait approuvé l'opération telle qu'elle avait été réglée dans la conférence de la veille : « Dites-moi, ajoutait-il, à quelle « heure vous voulez commencer votre opération, afin

« de régler mes mouvements en conséquence ». Le général Frossard répondit au Maréchal que l'attaque aurait lieu à 10 heures du matin, parce que « le brouillard
« pourrait empêcher plus tôt et que l'ennemi ne s'at-
« tendrait à rien à cette heure-là (1). »

1° *Ordres donnés par le Général commandant le 2ᵉ corps.*

2ᵉ CORPS. — ÉTAT-MAJOR GÉNÉRAL.

Ordre.

Forbach, 1ᵉʳ août.

Les troupes du 2ᵉ corps s'empareront demain des hauteurs qui bordent la rive gauche de la Sarre, au-dessus de Sarrebrück ; l'opération sera exécutée d'après les dispositions suivantes : la 2ᵉ brigade, général Bastoul, de la division Bataille, tiendra la droite ; la 1ʳᵉ brigade de la même division tiendra la gauche.

Mouvement de la droite. — Brigade Bastoul. — Le lieutenant-colonel

---

(1) Le secret indispensable ne semble pas avoir été gardé en ce qui concerne l'opération sur Sarrebrück.

« Dans l'après-midi du 1ᵉʳ août, vers 3 heures, le général Frossard
« vient visiter la brigade (Fauvart-Bastoul). Après avoir traversé le
« camp du 66ᵉ, il s'arrête quelques minutes dans le verger qui touche,
« de ce côté, aux premières maisons de Spicheren. Voyant plusieurs
« officiers et soldats le suivre respectueusement à distance, il les réunit
« autour de lui et leur adresse quelques paroles de satisfaction et
« d'encouragement. « Bientôt, ajoute-t-il en montrant du doigt la
« direction de Sarrebrück, dès demain peut-être, nous allons franchir
« la frontière ; je sais quelle est votre impatience à cet égard.....
« Une acclamation générale couvre ces derniers mots et le général
« repart pour Forbach.

« En rompant le cercle qui s'était rapidement formé autour de nous,
« Le Flô me fait remarquer qu'aux soldats qui nous entourent se sont
« mêlés un certain nombre d'habitants : « J'aurais préféré, me dit-il
« à voix basse, que le général n'annonçât pas ainsi en public notre
« prochaine marche en avant ; l'ennemi l'apprendra toujours bien assez
« tôt ». (*Souvenirs et observations sur la campagne de* 1870, par le colonel Devaureix, fascicule 1, page 23.)

Thibaudin, du 67° de ligne, avec un bataillon de ce régiment et un peloton du 5° chasseurs, traversera le bois d'Arneval (1), descendra sur le village de ce nom, s'en emparera, le maîtrisera en occupant la hauteur qui le domine et dirigera deux ou trois de ses compagnies, précédées d'éclaireurs de cavalerie, sur les pentes du coteau qui est en avant, de manière à couvrir, sur sa droite, le mouvement analogue qui sera fait par les deux autres bataillons du 67°, sous le commandement du colonel Mangin. Ce dernier, après avoir suivi le chemin direct de Spicheren sur Sarrebrück, descendra, en obliquant à droite, dans le ravin et se portera sur les pentes du coteau dans la direction qui a été indiquée sur le terrain par le commandant en chef, en faisant couvrir sa marche par des éclaireurs de cavalerie.

Le 66° de ligne suivra le mouvement du 67° et se portera à sa gauche pour franchir le ravin et gagner aussi les hauteurs à occuper. La batterie divisionnaire (2) descendra à la suite du 66°. Ce mouvement de la brigade Bastoul sera appuyé et protégé par une batterie de 12 de la réserve, qui sera venue prendre position tout près et à gauche de la route sur le mamelon (cote 300), à l'emplacement qui a été reconnu et qui sera indiqué à cette batterie par un officier du général Bastoul.

Une brigade de la division Laveaucoupet, avec une batterie de cette division et la compagnie de sapeurs, se sera portée à l'avance à Spicheren et suivra le mouvement de la brigade Bastoul pour former seconde ligne en arrière d'elle et lui prêter au besoin son appui pour l'occupation des hauteurs dont il s'agit.

La batterie de la réserve, sous les ordres du commandant Rebillot, ira ce soir bivouaquer à Spicheren.

Les deux autres pelotons de l'escadron du 5° chasseurs, qui éclaire les colonnes des 66° et 67°, se tiendront à la disposition du général Bastoul.

La seconde ligne de la division Laveaucoupet se tiendra prête à se porter en avant si cela était nécessaire. Toutefois, elle enverra un bataillon, avec un peloton de dragons, par la vallée du moulin de Simbach, sur la route de Sarreguemines à Sarrebrück, route que ce détachement suivra, en se couvrant sur sa droite, et allant aussi près que possible du village d'Arneval (1), qu'il saura être occupé déjà par le 67°.

Mouvement de la gauche. — En même temps que commencera le

---

(1) Saint-Arnual.
(2) Chaque brigade de la division Bataille était pourvue d'une batterie de 4 de l'artillerie divisionnaire et d'une batterie de 12 de la réserve d'artillerie du 2° corps.

mouvement de la droite, un bataillon du 8ᵉ de ligne se portera, par la voie ferrée, dans la direction de Sarrebrück, en s'avançant par petites fractions échelonnées, de manière à se soutenir, et s'éclairant dans les bois. La tête de colonne se guidera sur la marche de l'attaque de droite, qu'elle apercevra facilement au débouché du bois de droite.

Les deux autres bataillons du 8ᵉ, le 12ᵉ bataillon de chasseurs et le 23ᵉ de ligne, ayant avec eux la seconde batterie divisionnaire et la compagnie de sapeurs, s'avanceront par la grande route, se déploieront en partie entre cette route et les bois de la gauche, un peu en deçà de la ligne frontière.

Le mouvement en avant de cette brigade ne se prononcera que quand l'attaque de droite et le mouvement de son bataillon de gauche sur le chemin de fer lui auront facilité l'accès des hauteurs. Elle sera précédée et éclairée par le reste du 5ᵉ chasseurs, dont un escadron fera, aussitôt que possible, et rapidement, tête de colonne à droite et se déploiera à la gauche de la brigade Bastoul pour appuyer sa marche vers les hauteurs.

La 1ʳᵉ brigade de la division Vergé, moins le bataillon de chasseurs, fera seconde ligne, en arrière, pour soutenir ce mouvement. Elle aura avec elle une des deux batteries de la division (1) et la compagnie de sapeurs.

La seconde batterie de 12 de la réserve prendra place à sa suite.

Au moment où s'exécutera l'ensemble de ces mouvements, le colonel du Ferron, avec un escadron de son régiment et deux bataillons de la division Vergé, dont le bataillon de chasseurs, exécutera une reconnaissance, par le village de Schœneck, jusqu'à Gersweiler. Il aura soin de s'éclairer, tout en sachant qu'une division du 3ᵉ corps (maréchal Bazaine) se porte, au même moment, sur Werden et les villages environnants.

Mouvement de la droite. — Le lieutenant-colonel Thibaudin se mettra en marche à 9 heures.

Le 67ᵉ et le 66ᵉ de ligne, à 9 h. 3/4. La batterie de réserve de 12, à 9 h. 1/2 ; elle ne se fera voir et ne se mettra en batterie pour commencer le feu qu'au moment où les bataillons du général Bastoul descendront dans la vallée. La brigade de la division Laveaucoupet se réglera sur ces heures.

Mouvement de la gauche. — Le bataillon du 8ᵉ de ligne, qui suit le chemin de fer, se mettra en marche à 10 heures.

La 1ʳᵉ brigade du général Bataille et le 5ᵉ chasseurs seront rendus à 10 heures sur la route, à la hauteur de Stiring, mais sans se montrer.

---

(1) L'ordre ne fait allusion qu'aux deux batteries de 4 de la division.

Reconnaissance sur Gersweiler. — Le colonel du Ferron devra être à Schœneck vers 9 h. 1/2.

On réglera l'heure de la soupe de manière à satisfaire à ces indications d'heures.

La troupe et les officiers emporteront de quoi manger, attendu qu'on ne sait pas à quelle heure on pourra rentrer dans les campements, le soir.

La division Bataille et les brigades des divisions Laveaucoupet et Vergé emporteront avec elles leurs cantines d'ambulance et les moyens de transport d'ambulance dont elles disposent.

L'ambulance du quartier général marchera à la suite de la brigade de la division Vergé, derrière la seconde batterie de la réserve.

L'ordre qui précède appelle quelques commentaires.

Il ne contient aucun renseignement sur l'ennemi, et cependant il eût été utile de faire connaître aux troupes les emplacements des avant-postes prussiens et le rassemblement de troupes nombreuses à Duttweiler. Il ne fait pas mention d'une mission quelconque attribuée à la division de cavalerie du corps d'armée; elle va rester inutilisée quand la marche en avant de l'infanterie va lui assurer probablement des moyens de passage pour des reconnaissances sur la rive droite de la Sarre.

Point d'avant-garde; le corps d'armée est déployé d'avance contre quelques avant-postes ennemis. Au lieu d'employer l'artillerie en masses ou au moins par groupes, on la répartit, batterie par batterie, même celle de la réserve, entre les brigades d'infanterie.

Personne ne sait où l'on pourra trouver, pendant l'action, le commandant du corps d'armée; l'ordre est muet à ce sujet. Par contre, il entre dans des détails d'exécution qui sont du ressort et de l'initiative des chefs subordonnés (1). Tout est réglé d'avance, comme s'il s'agissait

---

(1) Il en est de même en ce qui concerne les ordres des 3e et 5e corps. Voir pages 11 et 13.

d'un exercice du temps de paix, heure par heure, point par point, abstraction faite de la volonté adverse.

Pourtant, les rapports des reconnaissances et des espions avaient confirmé le fait de la concentration à Duttweiler de forces nombreuses. « Quoique les Prus-
« siens n'eussent pas encore montré de forces sérieuses
« à Sarrebrück même, écrivait le général Frossard en
« 1872, il se pouvait néanmoins qu'ils fussent en mesure
« d'opposer une résistance soutenue à notre mouvement,
« en faisant converger sur ce point des troupes déjà
« établies aux environs. Nous avions la persuasion qu'ils
« le feraient, qu'ils ne pourraient laisser envahir leur
« territoire, occuper une ville importante, sans chercher
« à repousser par les armes cette tentative, et nous
« devions prendre nos dispositions en conséquence (1). »
De même, au grand quartier général, on croyait qu'il y avait au moins 40,000 hommes à Duttweiler (2).
« L'Empereur avait voulu assister à l'attaque de Sarre-
« brück, dit le général Lebrun, parce qu'il avait compté
« sur un combat sérieux. Il s'était persuadé que les
« trois corps seraient engagés et auraient à se heurter
« contre des forces ennemies considérables (3). »

Cette conviction de l'Empereur rend inexplicable le maintien de la garde impériale à Metz.

---

(1) Rapport sur les opérations du 2ᵉ corps de l'armée du Rhin.

(2) 2ᵉ fascicule, Bulletin de renseignements du grand quartier général, du 29 juillet, page 156, et Bulletin du 2ᵉ corps, de la même date, page 157.

Voir aussi : 3ᵉ fascicule, Bulletin de renseignements du grand quartier général, du 31 juillet, page 209.

Se reporter au sujet de ce renseignement sur Duttweiler à la note (3) de la page 3.

(3) *Souvenirs militaires du général Lebrun*, page 222.

2° *Ordres donnés par le général commandant le 5ᵉ corps.*

Au 5ᵉ corps, deux divisions d'infanterie et la division de cavalerie doivent « par une démonstration offensive » prêter leur concours au 2ᵉ corps. La 3ᵉ division (Guyot de Lespart), établie à Bitche, restera immobile, dans le but, sans doute, de maintenir la liaison avec les troupes d'Alsace. Les ordres donnés par le général de Failly débutent ainsi :

« Les deux premières divisions d'infanterie et la cava-
« lerie du corps d'armée feront, demain 2 août, une
« grande reconnaissance sur la rive droite de la Sarre et
« de la Blies. Le mouvement commencera à 3 h. 1/2 du
« matin. »

Il n'est pas question de l'ennemi, ni de l'opération exécutée par le 2ᵉ corps. Au lieu de donner une mission bien définie, dans une direction déterminée, à la division de cavalerie, l'ordre spécifie que le 5ᵉ lanciers se portera à Niedergailbach (1200 mètres de la frontière), « où il se reliera avec les troupes qui seront à sa
« gauche »; que le 3ᵉ lanciers franchira la Blies à Rheinheim et « s'avancera jusque sur les hauteurs qui domi-
« nent Gersheim à droite ».

Cette brigade de cavalerie va donc prendre position, un régiment sur chaque rive de la Blies; il n'est pas question des reconnaissances qu'elle aurait à lancer au delà.

Le 61ᵉ de ligne est chargé « d'appuyer les lanciers en se portant à 1 ou 2 kilomètres au Nord de Rheinheim; un bataillon restera en « réserve à Bliesbrücken ». Ce soutien d'infanterie va donc se trouver en avant du 5ᵉ lanciers et à hauteur du 2ᵉ lanciers. Sa place rationnelle était sur la Blies, dont il aurait gardé les ponts à Bliesbrücken, à Rheinheim, à Gersheim, pour recueillir éventuellement la brigade de cavalerie et lui assurer le passage de la rivière. Un bataillon semblait d'ailleurs suffire pour remplir cette tâche.

A gauche du 2ᵉ lanciers, le colonel de Flogny, avec un escadron de hussards et un escadron de chasseurs, est chargé de « pousser sa tête de colonne jusqu'à Bebelsheim » (8 kilomètres Nord-Est de Sarreguemines), sans mission bien déterminée, et sans dépendre du général commandant la brigade de lanciers.

Dans la partie de l'ordre relative aux divisions d'infanterie, il n'est pas question du rôle et de la mission attribués à chacune d'elles ; l'échelon divisionnaire est négligé et l'on passe directement aux brigades.

1ʳᵉ *division*. — Une brigade « prendra position » à cheval sur la Blies, moitié au Nord de Frauenberg, moitié sur les hauteurs au Sud, une batterie avec chaque fraction. L'autre brigade, avec une batterie, se portera « au-dessus de Bliesguerschwiller » sans passer la Blies.

2ᵉ *division*. — La brigade de Maussion, avec deux batteries divisionnaires et l'artillerie de réserve, « prendra « position au-dessus d'Auersmacher » puis, « après « s'être déployée et une fois le village d'Auersmacher « reconnu, elle se portera en avant et ira prendre posi- « tion sur le plateau qui s'étend de la Blies à la Sarre, « entre Bliesguerschwiller et Kleinblidersdorf ». Elle franchira la Sarre sur le pont de bateaux établi près du confluent de la Blies. La brigade Lapasset, avec une batterie, « ne traversera pas la Sarre et ira prendre posi- « tion, face à cette rivière, au Nord de Grosbliederstroff, « sur les hauteurs, pour protéger le mouvement de la « 2ᵉ brigade (1) sur la rive droite de la Sarre ».

Les têtes de colonne devront arriver à 7 heures du matin à leur position extrême.

En somme, la « grande reconnaissance » exécutée par le 5ᵉ corps, « la démonstration offensive » destinée à appuyer

---

(1) De Maussion.

le 2ᵉ corps, vont consister à faire prendre à deux divisions d'infanterie accolées, sans avant-garde et presque sans avant-postes, des « *positions* » depuis Grosbliederstroff jusqu'au Nord de Frauenberg, coupées quatre fois par la Sarre et par une boucle de la Blies, où elles vont d'ailleurs se déployer et rester immobiles. A l'extrême droite, une brigade de lanciers prendra également position à cheval sur la Blies ; les reconnaissances de cavalerie ne dépassent pas la ligne : Rauschbach, Bebelsheim, à 2 kilomètres en moyenne en avant de l'infanterie. Ainsi qu'au 2ᵉ corps, on constate l'éparpillement de l'artillerie divisionnaire ; au moins celle de la réserve n'est-elle pas fractionnée. Le général commandant le corps d'armée n'indique pas dans son ordre la place où il se tiendra ni les liaisons à établir avec le 2ᵉ corps.

3° *Ordres donnés par le Maréchal commandant le 3ᵉ corps.*

Écrivant, le 1ᵉʳ août, au général de Ladmirault, le maréchal Bazaine lui fait connaître que le 3ᵉ corps doit appuyer le 2ᵉ sur sa gauche « par une démonstration « offensive sur Werden ». « Il serait utile, ajoute-t-il, si « vos troupes sont en position à Teterchen, de faire « pousser une reconnaissance offensive sur Hargarten « et Merten, poussant même jusqu'à Uberherrn et « Bisten, en se méfiant beaucoup de Bérus, où, dit-on, « ils auraient un assez gros détachement, avec de l'artil- « lerie. Notre but est de faire rétrograder tous les déta- « chements prussiens éparpillés dans cette zone, sous « les murs de Sarrelouis, de tâcher d'en battre quelques- « uns, sans cependant nous compromettre. »

Les ordres donnés par le Maréchal étaient :

La 1ʳᵉ division se mettra en marche le 2 août à 8 h. 30 du matin sur Forbach où elle laissera son convoi et ses bagages, puis se dirigera par la route de Sarrelouis sur Petite-Rosselle « où elle prendra position, obser-

vant « principalement en avant Werden, Geislautern et
« Ludweiler et faisant occuper Grande-Rosselle, pour
« observer la route de Sarrelouis et garder le petit pont
« en pierre qui est sur la Rosselle. On devra également
« occuper Vieille-Verrerie, d'où l'on observera Aschbach
« et Gersweiler, qui sera occupé à 10 h. 30 du matin au
« plus tard par les troupes du général Frossard » (1).

La 2ᵉ division enverra à Rosbrück la 1ʳᵉ brigade avec une batterie de 12 de la réserve et la compagnie du génie de la réserve munie de son outillage de destruction des voies ferrées. Cette brigade partira à 4 h. 30, « fera
« son café à Rosbrück et attendra des ordres ».

La 3ᵉ division enverra à 9 heures du matin la 1ʳᵉ brigade avec un escadron et une section d'artillerie à Creutzwald-la-Croix, où elle « prendra une bonne posi-
« tion militaire qui lui permette de surveiller la route de
« Sarrelouis par Uberherrn (où sera probablement un
« avant-poste d'une division du 4ᵉ corps du général de
« Ladmirault), les bois de la vallée de la Lauter, Tie-
« ferten, Werbel, et tout le pays que la vue embrasse...
« On chasserait l'ennemi des positions désignées, s'il y
« était, mais on ne s'engagerait pas dans les bois ».

La 4ᵉ division dirigera à 9 heures du matin la 1ʳᵉ brigade, avec un escadron de chasseurs et une section d'artillerie sur Carling où elle prendra « une bonne position
« militaire qui lui permettra de bien observer la zone
« boisée de Lauterbach, où l'ennemi a un gros détache-
« ment et de conserver ses communications avec Bou-
« cheporn qui fera occuper le point dénommé « maison
« isolée de Porcelette » par la 2ᵉ brigade ».

Le Maréchal recommandait aux 3ᵉ et 4ᵉ divisions de

---

(1) Dans une dépêche au Major général, le maréchal Bazaine ajoute que la division Montaudon « descendra sur Furstenhausen et, selon les « circonstances, surtout d'après les renseignements que vous m'avez « donnés cet après-midi, sur Werden et Geislautern ».

faire soutenir leur 1re brigade si elle était engagée, « tout en laissant un détachement assez fort pour la « garde de leur camp ». Les tentes doivent, en effet, rester dressées aux camps des 2e, 3e et 4e divisions qui n'emmèneront pas les équipages et ne feront emporter aux hommes dans leur sac « que leurs effets, les cartouches de réserve et des vivres pour la journée avec les ustensiles de campement, de façon à pouvoir faire leur café » (1) (2).

Ainsi, la démonstration offensive sur Werden, l'action contre les détachements prussiens éparpillés entre Sarrebrück, Sarrelouis et la ligne frontière consistent, pour le 3e corps, à disséminer sur de « bonnes positions mili- « taires » une division et trois brigades, le reste demeurant au camp, et à attendre. Les ordres du maréchal Bazaine ne font pas mention de sa division de cavalerie ; il n'emploiera, écrit-il au général de Ladmirault, que « la cavalerie de combat nécessaire ».

4° Ordres donnés par le Général commandant le 4e corps d'armée.

Les documents du 1er août ne contiennent pas la teneur de ces ordres. On y trouve seulement une lettre du général de Ladmirault au Major général, par laquelle il accuse réception d'une dépêche l'informant qu'il aura à soutenir, par des démonstrations offensives, une opération dirigée contre Sarrebrück. Le commandant du 4e

---

(1) Le maréchal Bazaine prévoit, d'ailleurs, que les troupes rentreront à leurs campements aussitôt que le général Frossard l'aura fait prévenir qu'il est fortement installé sur les positions conquises. Il ne pense pas que ce soit avant 4 heures.

(2) Une dépêche du Major général au maréchal Bazaine, envoyée de Metz à 4 h. 30, lui prescrivait de ne « rien laisser dans les camps » s'il faisait mouvoir les divisions le 2 août.

corps rend compte, en outre, qu'il a reçu des instructions du maréchal Bazaine en exécution desquelles il poussera une reconnaissance offensive sur Hargarten et Merten, et fera reconnaître aussi loin que possible la route de Teterchen à Sarrelouis. Il termine sa lettre en disant : « Je ne puis retirer la 1re division de Bouzonville, qui « occupe une très forte position et garde la gauche de « toute la ligne ».

*
* *

Les ordres donnés par les commandants des 2e, 3e, 4e et 5e corps pour la journée du 2 août suggèrent une observation d'ensemble qu'il importe de bien faire ressortir dès le début de la campagne.

Leur rôle était nettement offensif : le 2e corps devait s'emparer des hauteurs qui dominent la rive gauche de la Sarre ; les 3e et 5e corps étaient chargés de le seconder par des « démonstrations *offensives* » en aval et en amont de Sarrebrück. Or, au 2e corps, deux brigades resteront sur leurs « positions » de la veille ; au 3e corps une division et trois brigades font un mouvement en avant, il est vrai, mais s'arrêtent bientôt pour prendre, suivant les prescriptions du maréchal Bazaine, « de bonnes *positions militaires* » ; au 5e corps les deux divisions qui doivent concourir à l'opération franchissent la Sarre et la Blies, mais au lieu de pousser sur Sarrebrück par la rive droite de la Sarre, elles s'immobilisent sur la ligne Kleinblidersdorf, Buch—Wald, Frauenberg, y « prennent position » en se déployant contre un ennemi imaginaire et attendent les événements. L'ordre du 5e corps prescrit même que « les bagages ne se mettront en route que sur un ordre « du général en chef et *dans le cas où par suite de la pré-* « *sence de l'ennemi, les troupes resteraient en position* ». Donc, si l'ennemi est signalé, ces deux divisions qui doivent faire une « démonstration offensive » attendront que l'adversaire vienne les attaquer. S'il ne s'y décide pas, le 5ᵉ corps demeurera immobile, sans avoir rempli sa mission.

Le fait se reproduira à plusieurs reprises au cours de la campagne, dans tous les corps d'armée. Toujours il dérivera d'une même cause.

Est-ce à dire, que les troupes françaises avaient perdu en 1870 ces précieuses et admirables qualités offensives dont elles avaient donné tant de preuves en Crimée et en Italie, et que Napoléon III avait appréciées en ces termes au début de la campagne de 1859 : « Soldats, je ne crains que votre trop grande ardeur? » Nullement; le combat de Wissembourg, les batailles de Forbach, de Frœschwiller, de Borny, de Rezonville, le démontreront amplement. Mais le haut commandement avait, depuis l'adoption du fusil modèle 1866, une doctrine nouvelle et néfaste, qui, d'abord limitée à la tactique du champ de bataille, s'était étendue peu à peu aux conceptions stratégiques. La genèse de cette doctrine est contenue dans les « Observations sur l'instruction sommaire pour les combats » que l'on ajouta en 1867 au titre XIII de l'ordonnance du 3 mai 1832 sur le service des armées en campagne.

« Les perfectionnements considérables, disent-elles,
« introduits depuis quelques années dans le système de
« l'armement, la rapidité du tir du fusil d'infanterie, la
« mobilité, la portée, la justesse de l'artillerie, doivent
« exercer une action importante sur *la conduite des opé-*
« *rations de la guerre* et plus particulièrement *sur la*
« *tactique du champ de bataille.* » Après quelques détails sur ces perfectionnements les « Observations », posent en principe que « le feu acquiert ainsi aujour-
« d'hui, sur le champ de bataille, une action *prépondé-*
« *rante* qui s'affirme d'elle-même ».

Il était déjà très dangereux d'attribuer au feu une suprématie sans réserve au détriment du mouvement, mais le chapitre intitulé : « De l'attaque » allait être

4ᵉ fascicule.

aussi explicite que possible et affirmer la supériorité de la défensive sur l'offensive.

« Voici le point de vue, disait-il, sur lequel il est
« nécessaire de porter l'attention de nos officiers :
« Aborder de front, en terrain découvert, une infanterie
« non entamée, surtout si elle est protégée par des
« obstacles ou des couverts, a toujours été une opéra-
« tion dangereuse. *Aujourd'hui surtout, avec les armes*
« *nouvelles, l'avantage appartient à la défense.* »

Il n'y a pas lieu d'être surpris de ces idées. Elles se sont renouvelées à chaque perfectionnement des armes de guerre, et toujours l'histoire les a démontrées erronées. Le maréchal de Moltke paraît les avoir partagées *dans une certaine mesure* et en être resté pénétré, même après la guerre de 1866, même après celle de 1870. Les divers mémoires qu'il a présentés au roi de Prusse, de 1857 à 1871, et que le grand État-Major allemand vient de publier, le prouvent surabondamment (1).

« Vous recommandez la défensive stratégique com-
« binée avec l'offensive tactique, écrivait-il le 5 juillet
« 1860 au colonel Ollech, qui venait de publier un rap-
« port sur l'armée française. J'intervertirais volontiers
« la proposition et dirais : En stratégie, l'offensive ; en
« tactique, la défensive. On n'a jamais réussi à être su-
« périeur aux Français sur le terrain de la « virtuosité ».
« De ce qu'ils attaquent constamment, il n'en résulte
« nullement que nous devons le faire. Nous avons un
« fusil supérieur au leur, nous tirons mieux qu'eux ;
« tout cela est à l'avantage de la défensive. Donc, ac-
« cepter l'attaque d'abord, riposter ensuite : voilà le
« principe fondamental (2). »

Les instructions du maréchal de Moltke aux généraux,

---

(1) *Moltkes Taktisch-strategische Aufsätze aus den Jahren* 1857-1871. Berlin, 1900. Mittler et Sohn.

(2) *Ibid.*, page 24.

du 24 juin 1869, font ressortir ses préférences pour la bataille défensive-offensive, déjà présentée comme l'idéal par Clausewitz :

« Si nous pouvons prendre une position telle que l'en-
« nemi nous y attaquera probablement pour des raisons
« d'ordre politique ou militaire, ou même par vanité na-
« tionale, il convient d'utiliser d'abord les avantages de
« la défensive avant de prendre l'offensive (1). »

Il reconnaît toutefois qu'on ne pourra pas toujours procéder ainsi et que souvent il faudra prendre l'offensive immédiatement, témoin les campagnes de 1866 et de 1870. Mais les succès qu'il remporta ne suffirent point à lui faire abandonner sa doctrine :

« A mon avis, écrivait-il encore en 1874, le perfec-
« tionnement des armes a donné à la défensive tactique
« un grand avantage sur l'offensive tactique. Sans doute,
« en 1870, nous avons toujours pris l'offensive, attaqué
« et emporté de haute lutte les plus fortes positions de
« l'adversaire, mais au prix de quels sacrifices ! Il est
« préférable de repousser d'abord plusieurs attaques de
« l'ennemi et de passer ensuite à l'offensive (2). »

Le maréchal n'ajoute pas qu'il faut être un homme de guerre supérieur pour savoir discerner ce moment opportun, pour posséder et transmettre l'énergie qu'exige ce changement d'attitude. De fait, l'histoire moderne ne mentionne qu'une seule bataille de ce genre : c'est Austerlitz, et il fallait être Napoléon pour la livrer.

A la vérité, les « Observations sur les combats » ne proscrivaient pas l'offensive ; mais il était à prévoir que le haut commandement voudrait d'abord, comme le maréchal de Moltke, s'assurer les avantages que l'on attribuait à la défensive en prenant cette dernière atti-

---

(1) *Moltkes Taktisch-strastegische Aufsätze aus den Jahren* 1857-1871, p. 208. Berlin, Mittler et Sohn.
(2) *Taktische Aufgaben*, page 104.

tude. « On fit ainsi des applications du règlement peu
« en harmonie avec les aptitudes spéciales de notre race,
« bien plus portée à une offensive hardie qu'à une dé-
« fensive inerte, et, par là, on devait paralyser l'entrain
« et l'initiative de nos soldats (1) (2). »

En vain, le 1er août, le Major général fit-il distribuer
à tous les officiers de l'armée un exemplaire d'*Instructions tactiques* qu'il venait de faire éditer à Metz et qui
ne contenait plus l'affirmation de la supériorité de la
forme défensive (3). Mais il était trop tard, à la veille
des combats, pour changer les idées acquises pendant
le temps de paix, et ces instructions demeurèrent à peu
près lettre morte.

Du domaine de la tactique du champ de bataille, l'influence des « Observations sur les combats », s'était
peu à peu étendue à « la conduite des opérations de la

---

(1) *Souvenirs militaires du général Montaudon*, page 39.

(2) En ce qui concerne la tactique, « deux courants d'opinions divi-
« saient l'armée avant la guerre :

« 1° Le courant que nous appellerons populaire, parce qu'il était, en
« quelque sorte, incarné dans le cœur du soldat, comme dans les rangs
« du peuple, depuis les guerres si glorieuses du premier Empire.
« D'après cette opinion (que partageaient les jeunes officiers), notre
« rôle, en cas de guerre avec la Prusse, devait être d'adopter, sans
« arrière-pensée, une vigoureuse offensive, du moins au moment du
« combat.....

« 2° L'autre courant constituait l'opinion *officielle* depuis la guerre
« de 1866. A la suite des conférences régimentaires, instituées en 1868
« par le maréchal Niel, alors ministre de la guerre, et dont nous avions
« été abreuvés au camp de Châlons, il était de bon ton, dans certaines
« sphères du commandement, de ne plus envisager la tactique que
« comme une branche de la fortification, comme l'art de s'abriter le plus
« longtemps possible des feux meurtriers du fusil à tir rapide. D'après
« cette nouvelle école, la victoire devait appartenir au général qui saurait
« le mieux ménager ses troupes par l'emploi des tranchées-abris. »
(*Souvenirs et Observations sur la campagne de* 1870 (*Armée du Rhin*),
par le colonel Devaureix. Fascicule 1, page 11.)

(3) Voir Documents annexes, page 67.

« guerre », par une association d'idées qui semble avoir été la suivante : Le feu, disait-on, avait acquis sur le champ de bataille une action prépondérante qui donnait l'avantage à la défensive. Il y avait donc lieu de rechercher et d'étudier les terrains propices qui permettraient à des troupes d'obtenir de leurs armes perfectionnées un rendement maximum. « L'action prépondérante du « feu » dut entraîner avec elle l'influence prédominante du terrain sur les opérations de la guerre ; la tactique se réduisit bientôt à l'étude des positions et, insensiblement, on en vint à perdre la notion même des forces à mettre en action sur ces positions, à attribuer au terrain une valeur propre et à concéder à des points géographiques des vertus intrinsèques dont la principale consistait dans le « commandement ». L'importance du mouvement, de la mobilité, de la manœuvre à la guerre, s'effaça peu à peu et l'on reprit, inconsciemment peut-être, les doctrines du XVIIIe siècle, vulgarisées par Lloyd, et que les adversaires de Napoléon avaient appliquées de 1792 à 1813 avec un insuccès constant. Les conceptions « d'excellentes positions militaires », de « clefs de pays », de « points stratégiques », de « con- « trées dominantes », revinrent en faveur. On en verra maints exemples au cours de la campagne de 1870, et il suffit, dès à présent, de se reporter au *Mémoire militaire* du général Frossard (1) et à une lettre, moins connue, adressée par le général Ducrot au général Frossard, le 19 septembre 1867 (2), et qui, tout en mettant une fois de plus en lumière la rare clairvoyance et les qualités éminentes de son auteur, montre qu'il n'avait pas échappé à l'influence de ces doctrines (3).

---

(1) Voir le 1er fascicule.
(2) *La vie militaire du général Ducrot*, tome II, page 181.
(3) « La prédominance de l'étude topographique du terrain sur les

« Ce qu'il faut surtout, dit le général Ducrot, c'est
« être toujours en mesure de prendre une vigoureuse et
« rapide offensive sur la rive droite du Rhin, ayant pour
« premier objectif la magnifique position d'Heidelberg,
« qui deviendrait le pivot de toutes nos opérations ulté-
« rieures..... Plus j'étudie cette position de Seltz, plus
« je suis convaincu de sa haute importance..... Une
« armée, passant le Rhin entre Strasbourg et Seltz, peut
« occuper le même jour l'excellente position de Bruch-
« sal, etc. »

Telles étaient les doctrines tactiques et stratégiques qui régnaient dans l'armée française en 1870 (1). Il a paru essentiel de les exposer à la veille des premières rencontres, parce qu'elles fourniront généralement l'explication des dispositions prises, des mouvements exécutés, de certaines lenteurs, et bien souvent de l'immobilité gardée au cours de la bataille par des fractions importantes de l'armée. Il était nécessaire aussi de les bien mettre en lumière, pour pouvoir apprécier, en toute connaissance de cause, les résultats néfastes auxquels elles ont conduit.

D'après la correspondance du Major général, l'opération sur Sarrebrück ne devait être qu'un préliminaire, après lequel il prévoyait une nouvelle pause, parce que, écrit-il au Ministre de la guerre, « notre organisation

---

« travaux dirigés vers la conduite des troupes avait conduit des hommes
« de la plus haute valeur, tels que le général Ducrot, à se faire, de la
« guerre moderne, une idée en contradiction avec le système napo-
« léonien. » (Général Bonnal. *Frœschwiller*, page 69).

(1) « L'esprit de la guerre du XVIIIe siècle, attribuant une valeur
« propre aux points géographiques, inspirait en 1870 les idées mili-
« taires du haut commandement français. » (Général Bonnal. *Loc.
cit.*, page 183).

« administrative nous retient encore sur la frontière ». De nombreux détachements de réservistes attendent, dans les dépôts, le moment d'être dirigés sur leurs corps; le Major général prie le Ministre de hâter leur envoi et de les pourvoir « *d'effets* et *d'ustensiles de cam-* « *pement* ». Malgré les ordres formels donnés à ce sujet, le 71ᵉ de ligne reçoit 550 hommes dépourvus de shakos, de ceintures de flanelle, de petits bidons, de piquets de tente et de cartouchières (1). Les réservistes des deux régiments de la brigade Berger rejoignent sans campement, sans couvertures et même, pour un grand nombre, sans capotes. Le Major général essaye de faire fabriquer des ustensiles de campement, à Metz et à Strasbourg, par l'industrie privée, mais il reconnaît que le rendement sera faible et il en demande d'urgence au Ministre, en même temps que tout ce qui est nécessaire aux ambulances.

« Les divisions de Colmar et de Belfort, écrit le « général Douay au Major général, sont exactement « dans le même état d'imperfection ; elles attendent le « résultat de démarches faites à Paris pour compléter le « matériel et les ustensiles de campement. » On ne peut donc songer à diriger l'une d'elles sur le Bas-Rhin, ainsi que le désire le Major général, « car elles ne peuvent ni « bivouaquer ni camper ».

Le 2ᵉ corps reçoit 122 petites voitures régimentaires, mais le maréchal Bazaine en manque et télégraphie à ce sujet au Major général, qui les demande à Paris. Le trésor et 12 voitures d'ambulance, que le 4ᵉ corps avait été forcé de laisser à Thionville, faute d'attelages et de harnais, vont pouvoir lui être envoyés ; déjà, sont en

---

(1) En ce qui concerne les shakos, le général de Cissey rend compte que les hommes commencent à les abandonner le long des routes et au bivouac. Le général commandant le 5ᵉ corps demande au Major général leur suppression ; « il en manque déjà plus d'un tiers ».

route pour Boulay, 300 voitures formant un convoi encadré par la 3ᵉ compagnie du train des équipages et escorté par deux détachements de réservistes.

Aucun des parcs d'artillerie de corps d'armée n'est encore prêt à marcher; celui du 4ᵉ corps est rassemblé à Verdun, mais il n'y a pas de chevaux pour l'atteler. Seul, le 3ᵉ corps est en possession de son équipage de ponts; encore a-t-il fallu, quand on projetait de franchir la Sarre, prendre des attelages à la réserve d'artillerie du 3ᵉ corps pour le transporter à la gare de Forbach, à pied d'œuvre.

L'Empereur se préoccupait, depuis quelques jours, de la mise en état de défense des places fortes de la frontière. Dès le 27 juillet, un décret impérial avait déclaré en état de guerre celles de Strasbourg, Schlestadt, Neuf-Brisach, Belfort, Lichtemberg, la Petite-Pierre, Metz, Thionville, Longwy, Bitche, Marsal, Phalsbourg, Montmédy, Verdun, Toul. Le Major général, qui avait visité Strasbourg le 30 juillet et constaté « qu'on n'y avait pris « aucune disposition sous le rapport de la défense et que « les pièces n'étaient même pas sur les remparts (1) », avait donné aussitôt des ordres urgents pour l'armement et l'approvisionnement de ces places. Le 1ᵉʳ août, il restait encore beaucoup à faire dans cette voie. « L'ap« provisionnement de Strasbourg, écrit le général For« geot au général Soleille, est encore moitié au-dessous « du nécessaire », à part les poudres. A Belfort, à Schlestadt, à Neuf-Brisach, les approvisionnements sont également insuffisants; « aucunes ressources ni en « hommes, ni en chevaux » dans ces deux dernières places. A Phalsbourg, la garnison est incomplète; le Ministre y envoie une batterie et le Major général affecte à sa défense le 4ᵉ bataillon du 63ᵉ, qui se forme à Épinal.

---

(1) *Souvenirs inédits du maréchal de Mac-Mahon*, 30 juillet.

Le pays commence à s'épuiser dans la région Forbach —Saint-Avold, où il y a une grande agglomération de troupes. Le général Clinchant, commandant la 2ᵉ brigade de la 1ʳᵉ division du 3ᵉ corps, rend compte que plusieurs compagnies de sa brigade n'ont pas mangé la soupe le 31 juillet au soir « parce qu'elles n'avaient pas « trouvé à acheter la viande nécessaire ». Souvent, afin de pourvoir à la nourriture des hommes, « on est forcé, « ajoute-t-il, de faire des recherches et des corvées « nombreuses qui fatiguent considérablement la troupe, « et il arrive même souvent, comme hier au soir, que « ces fatigues restent infructueuses ». Le général Clinchant en conclut qu'il est de la plus haute urgence de donner, dès à présent, les vivres de campagne aux troupes. Le général commandant le 5ᵉ corps n'avait pas attendu la date du 3 août, fixée à cet égard par le Major général, et avait appliqué la mesure dès le 1ᵉʳ août, sans doute en raison de circonstances impérieuses.

* * *

Ainsi que dans les journées précédentes, « les recon« naissances journalières » envoyées en avant des bivouacs « rentrent sans avoir rien vu » et la cavalerie qui leur est attribuée n'envoie aucun parti jusqu'au contact de l'ennemi. Les rapports fournis par ces reconnaissances ne contiennent généralement que des nouvelles données par les habitants, fausses ou exagérées. Le lieutenant-colonel du 29ᵉ de ligne, par exemple, fait connaître, au retour d'une reconnaissance où il n'a rencontré « nulle « part trace de l'ennemi », que des forces nombreuses, comprenant les trois armes, seraient campées à Bérus et aux environs. « Ce sont des renseignements que j'ai pris « à plusieurs sources différentes, dit-il, et que je crois « exacts parce qu'ils concordent entre eux ». Or, le lieutenant-colonel du 29ᵉ avait poussé jusqu'au delà de Creutzwald-la-Croix avec un escadron de chasseurs, et Bérus n'est qu'à 6 kilomètres plus loin. Une ou deux reconnaissances lancées de Creutzwald sur Bérus s'imposaient et auraient fixé le lieutenant-colonel sur la valeur des « renseignements concordants » que le maréchal Bazaine communique dans la journée au général de Ladmirault. Il en est de même au 2ᵉ corps, où le général Frossard voit « se confirmer de plus en plus par les rapports « des reconnaissances et des espions, le fait « d'un grand rassemblement de troupes prussiennes à « Duttweiler ».

Par contre, le service des renseignements continue à obtenir des résultats importants qui permettent de préciser de plus en plus la situation des forces adverses. « De différents côtés on continue à signaler, dit le « Bulletin du grand quartier général, la marche de « colonnes prussiennes dirigées du Rhin vers la Sarre ». Les informations reçues ne concernent pas des divisions ou corps d'armée constitués, mais permettent de constater la présence, sur la rive gauche du Rhin, de troupes appartenant aux : IIᵉ, IIIᵉ, VIᵉ, VIIᵉ, VIIIᵉ, Xᵉ corps qui seraient passées soit à Bingen, se dirigeant sur le Palatinat ou sur Kaiserslautern, soit à Wittlich et Conz, à destination de Sarrebrück, Sarrelouis. Une partie du XIᵉ corps, venant par l'Eifel, serait attendue à Trèves le 1ᵉʳ ou le 2 août. Un agent de Thionville signale au grand quartier général des passages continuels de troupes en nombre considérable à Wittlich, Trèves, Conz; on évalue à 25,000 hommes les forces déjà échelonnées sur la Sarre entre Merzig, Saarburg et Conz, à 12,000 celles de Trèves. Enfin, d'après le bulletin précité, « il paraît fort « probable que le VIIᵉ corps tout au moins est réparti « à proximité de Sarrebrück », et une division mixte, composée de troupes prussiennes et bavaroises, est signalée à Saint-Ingbert. Le service des renseignements de la division Bataille du 2ᵉ corps apprend même que le général commandant le VIIᵉ corps a établi son quartier général « à Neunkirchen » (1), où serait également le général commandant la 16ᵉ division d'infanterie, 3 batteries à cheval, et 2 compagnies de pionniers.

Le général Bataille confirme la nouvelle déjà donnée d'une concentration de forces prussiennes nombreuses à Kreuznach, où d'autres troupes, venant de Bingen doivent arriver prochainement.

Dans la soirée, le Major général recevait deux télégrammes très importants.

Le premier, du capitaine Jung, donnait la composition de l'armée allemande, d'après des renseignements francfortois :

Steinmetz, vers Coblentz, avec 2 corps et 2 divisions de landwehr : 70,000 hommes.

Prince Charles, de Mayence à Mannheim, avec 6 corps : 160,000 hommes.

Prince royal, vers Calsruhe, avec 2 corps prussiens et les alliés : 160,000 hommes.

Il faisait connaître de plus, qu'à la date du 31, il n'y avait personne à Neustadt, ni à Constance.

Le second, du maréchal de Mac-Mahon, annonçait que les masses ennemies étaient concentrées entre Landau, Maxau et Germersheim. Il y aurait 8 régiments à Landau et beaucoup de troupes à Pirmasens, mais des forces très minimes près Wissembourg, à Bergzabern et Annweiler.

D'après le bulletin de renseignements du 7ᵉ corps, il n'y a pas de troupes dans le Sud du grand-duché de Bade ; mais, d'autre part, un ancien soldat de la légion étrangère dit « avoir vu aux environs de Lörrach

---

(1) Il s'agit sans doute de Nunkirchen, localité située à 6 kilomètres environ au sud de Wadern et non pas de Neunkirchen, bifurcation au nord-est de Sarrebrück.

(grand-duché de Bade) 25 où 30,000 soldats ennemis et beaucoup d'artillerie » (1).

De cet ensemble d'informations et des renseignements qui lui étaient parvenus dans les journées précédentes, le grand quartier général français pouvait, semble-t-il, tirer les conclusions suivantes :

1° Les forces ennemies paraissent constituer trois masses : la 1re dans la région Landau, Maxau, Germersheim ; la 2e entre Mayence, Kreuznach, Mannheim ; la 3e, sur la Sarre, entre Conz, Merzig, Sarrelouis, Sarrebrück, Saint-Ingbert ;

2° Des colonnes de toutes armes sont en marche vers les défilés du Haardt et au delà vers la Sarre ;

3° La 3e masse, qui se présente entre Conz et Saint-Ingbert sur un front de 70 kilomètres environ, ne peut être soutenue à bref délai, ni par la première, ni par la seconde ;

4° Quand bien même elle aurait un effectif considérable, sa dissémination la met dans une situation défectueuse vis-à-vis d'un adversaire concentré à l'une des extrémités de son front ;

5° Tel est le cas de l'armée française, dont quatre corps d'armée peuvent converger sur Sarrebrück en un jour.

Dès lors, si l'on prend comme point de départ la situation générale dans la soirée du 1er août, le grand quartier général français était amené, selon toute probabilité, à adopter les résolutions ci-après :

1° Prendre l'offensive le 2 août au matin avec les 2e, 3e, 4e, 5e corps débouchant sur 2 lignes par Sarreguemines, Sarrebrück, Wolklingen, la Garde restant en observation momentanée devant Sarrelouis, d'où l'on craignait de voir déboucher les Allemands ;

---

(1) N'étaient-ce pas les Allemands eux-mêmes qui répandaient cette fausse nouvelle dans le but de retenir le 7e corps en haute Alsace ?

2° Pendant ce temps les corps d'Alsace que l'on concentrera le plus vite possible vers Reichshoffen, resteront sur la défensive et reculeront en combattant, vers le Sud, s'ils sont attaqués par les forces ennemies constituant la 1re masse ;

3° L'offensive prise au delà de la Sarre sera limitée à l'échec que l'on espère infliger au corps ennemi de Duttweiler et à ceux qui sont signalés sur la Sarre en aval, à leur poursuite par la cavalerie appuyée par une division d'infanterie, à la mainmise sur les bifurcations de Neunkirchen et de Hombourg, par un corps d'avant-garde dont la mission consistera à retarder l'ennemi à la traversée et aux débouchés du Haardt ; enfin à l'envoi de nombreux partis de cavalerie chargés de prendre le contact des colonnes venant de la région d'entre Nahe et Rhin et de Trèves ;

4° Il est possible que, pendant ce temps, la 1re masse allemande (IIIe armée) ait envahi l'Alsace.

Dans ce cas, l'armée française de Lorraine, laissant seulement dans le Palatinat un corps d'armée qui devra, s'il est attaqué par des forces supérieures, se replier lentement vers la Sarre, se portera à travers les basses Vosges au secours de l'armée d'Alsace. Le mouvement pourra s'exécuter par trois itinéraires :

Illing—Duttweiler—Saint-Jean—Rheinheim—Petit-Rederching—Bitche—Niederbronn, 90 kilomètres environ ;

Lehbach—Sarrebrück—Sarreguemines—Rohrbach—Ingwiller, 85 kilomètres ;

Lehbach—Wolcklingen—Puttelange—Sarralbe—Saar-Union—La Petite-Pierre—Weiterswiller, 100 kilomètres.

Il exigera au plus quatre jours pour le débouché des têtes de colonnes en Alsace, et cinq jours pour le rassemblement des éléments combattants. Si donc, après le combat du 3 août, contre le général Steinmetz, le mouvement commençait le 4, il pouvait être entièrement terminé le 8 au plus tard.

Conformément aux instructions reçues, le maréchal de Mac-Mahon utilisera successivement toutes les lignes de défense de la basse Alsace pour gagner du temps; Sauerbach, Zintzel, Moder, Zorn. Il pourra sans doute faire tête sur cette dernière. (De fait la IIIe armée est arrivée le 6 août sur la Sauer et il y a 20 kilomètres à vol d'oiseau de la Sauer, qui coule à Wœrth, à la Zorn.) A ce moment, la situation se présentera sous un jour défavorable pour la IIIe armée, fixée de front par les 1er et 7e corps, et attaquée sur son flanc droit par trois ou quatre corps débouchant des montagnes.

Que pouvait-on craindre? « Provoquer l'ennemi, qui se « concentrait depuis quelques jours, à prendre l'offen-« sive sur nos corps disséminés, ainsi que le disait le « maréchal Bazaine » ? Les masses adverses formant son centre et sa gauche n'étaient pas à portée d'intervenir avant un certain délai. D'ailleurs le Major général, écrivant au Ministre de la guerre, exprimait l'opinion qu'il fallait se hâter mais que l'ennemi « était loin d'être « prêt ». De fait, l'offensive de l'armée française au delà de la Sarre aurait eu pour conséquence immédiate l'arrêt de la IIe armée.

« Si l'adversaire prenait l'offensive de suite, écrit von « der Goltz, le plan n'était pas d'aller à sa rencontre, « mais de concentrer tous les corps de la IIe armée, « à l'Est des montagnes, pour accepter la bataille » (1). C'est dans ce sens, en effet, que le maréchal de Moltke envoya des instructions au prince Frédéric-Charles, à la nouvelle du combat de Sarrebrück, « dans le cas où « l'armée ennemie aurait déjà poussé en avant » (2).

---

(1) *Die operationen der Zweiten Armee*, page 12.
(2) *Historique du grand état-major*, 2e fascicule, page 158.

Dans la lettre du Major général, sans doute parce qu'il fallait se hâter, apparaissent les premiers indices d'une concentration des forces françaises. « Il est probable, dit « le maréchal Lebœuf, que le maréchal Canrobert, avec « ses trois divisions de Soissons et de Châlons, sera « appelé prochainement à occuper la frontière, avec son « quartier général à Saint-Avold. L'Empereur désire « appeler, le plus tôt possible, Douay dans la basse « Alsace, avec son quartier général à Strasbourg, Mac-« Mahon portant le sien à Haguenau. » Il informait le Ministre par télégramme que, d'après les ordres de l'Empereur, la division du 7e corps qui était encore à Lyon, serait portée à Colmar, dès que la brigade Guilhem, venant de Civita-Vecchia, serait rendue à Lyon. Après entente du Ministre avec le duc de Gramont, le départ de cette brigade devait s'effectuer le 5 août.

*
* *

Les renseignements parvenus le 1er août au grand quartier général allemand semblent avoir été peu nombreux, du moins d'après les documents qui ont été publiés. A la Ire armée, « dans un rapport daté de « Trèves, le général de Zastrow rendait compte que « l'ennemi avait évacué le 31 juillet son camp de Sierck « et que les troupes qui avaient occupé ce camp s'étaient « dirigées vers le Sud-Est, c'est-à-dire du côté de Sarre-« louis (1) ». On signalait, en outre, qu'en face de Sarrebrück, les Français « avaient conservé une attitude défensive ». A la IIIe armée, « on annonçait de nouveau des « mouvements de troupes se dirigeant de Strasbourg « vers le Nord et de Huningue vers Strasbourg ; on

---

(1) *Les opérations de la Ire Armée, d'après les documents des opérations du commandant en chef*, par le major von Schell, page 20.

« apprit aussi que les Français entreprenaient des tra-
« vaux de retranchements à Ober-Steinbach, Lembach
« et sur les hauteurs au Sud de Wissembourg..... Cette
« ville était toujours inoccupée (1) ». Un parti de 50 chevaux, composé pour moitié de chevau-légers bavarois
et de hussards prussiens, faisaient le 1er août une reconnaissance sur le territoire français, et atteignaient la
grande route de Bitche à Wissembourg, où ils prenaient
le contact avec une grand'garde d'infanterie. Vers Seltz,
un demi-escadron de hussards prussiens constatait la
présence de deux escadrons ennemis. Ces deux petites
opérations sont les seules entreprises de la cavalerie
allemande le 1er août.

« L'impression générale produite par l'ensemble des
« faits et des renseignements amenait, dit l'*Historique*
« *du grand état-major prussien*, à supposer que l'en-
« nemi, reconnaissant qu'il n'était point prêt et que les
« Allemands avaient sur lui une grande avance, renon-
« çait à toute idée d'offensive et voulait maintenant rece-
« voir la bataille derrière la Sarre (2) ».

Toutefois, par mesure de précaution sans doute, et
pour faciliter à la IIe armée le débouché de la zone boisée
du Haardt, la Ire armée continue sa concentration —
prescrite pour le 3 août — sur la ligne Wadern—Losheim. Dans la journée du 1er août, le général Steinmetz
donne à la 3e division de cavalerie l'ordre de se rassembler le 3 au Sud de cette ligne, tout en maintenant le
7e hulans à Sarrebrück et quelques détachements de la
même division à Perl (3).

---

(1) *Les opérations de la IIIe Armée, d'après les documents officiels*, par le major von Hanke, page 26.

(2) *Historique du grand état-major*, 2e fascicule, page 170.

(3) *Les opérations de la Ire Armée*, par von Schell, page 19. « La
« 3e division de cavalerie n'était pas encore formée; ses régiments se
« trouvaient encore à leurs corps respectifs. » *Historique du grand
état-major*, 1er fascicule, page 104.

Le 1er août, jour de repos, le VIIe corps a sa première division, la 13e, à Trèves, avec la 7e brigade de cavalerie et une avant-garde de 4 bataillons, 4 escadrons, 4 batteries à Conz et à Saarburg ; la 14e division est plus en arrière et s'étend jusqu'à Bittburg. Le VIIe corps a la 15e division aux environs de Wadern et la majeure partie de la 16e échelonnée sur la route au Nord de Neunkirchen (1). Les fractions de cette dernière division portées vers la Sarre et placées sous le commandement du général comte Gneisenau occupent dans la soirée du 1er août les positions suivantes :

40e régiment de fusiliers 2e bataillon ....
- 6e et 7e compagnies : terrain de manœuvres de Sarrebrück, Nussberg, Winterberg, Saint-Arnual ;
- 8e compagnie : à Brebach, observant vers Sarreguemines ;
- 5e compagnie : en cantonnement d'alerte à Saint-Jean.

1er et 3e bataillons, avec un escadron du 9e hussards et une batterie légère, en soutien à Raschpfuhl, sur la lisière du bois, à 4 kilomètres au Nord-Ouest de Sarrebrück.

7e uhlans ....
- 2 escadrons à Sarrebrück ;
- 1 escadron à Duttweiler ;
- 1 escadron à Wölklingen et Werden.

Bataillon de fusiliers du 69e ....
- 10e compagnie à Malstadt ;
- Les trois autres à Wölklingen et Werden.

En aval de Sarrelouis, deux escadrons de hussards étaient répartis entre Rehlingen et Dillingen ; enfin, au Nord-Ouest de Sarrebrück, à Heusweiler, se trouvaient le 2e bataillon du 29e régiment, avec un escadron de hussards et une batterie lourde. Le général Gneisenau

---

(1) L'état-major de la Ire armée n'arrivera à Trèves que le 2 août ; le général Steinmetz y arrivera le même jour avec son chef d'état-major.

avait ordre de se replier sur Leibach, s'il se trouvait en présence de forces très supérieures.

La IIe armée avait reçu, le 29 juillet, l'ordre de porter sur la ligne Alsenz—Göllheim—Grünstadt ses corps de tête, IIIe et IVe, qui trouveraient là « une région reconnue « précédemment déjà par l'état-major et particulière- « ment propre à la défensive (1) ». Ils y commanderaient « les débouchés orientaux du Haardt, que l'ennemi « était dans la nécessité de traverser en se portant en « avant, et couvriraient en même temps les cantonne- « ments situés sur les derrières et dans lesquels devaient « se réunir les fractions de l'armée encore en voie de « transport (2) ». Ces deux corps occupaient le 1er août : le IIIe Wöllstein, la 5e division d'infanterie à Meissenheim ; le IVe, la région à l'Ouest de Grünstadt et de Dürckheim, la 8e division d'infanterie à Kaiserslautern.

Derrière le centre de cette première ligne, se trouvait le IXe corps à Oppenheim et Worms ; derrière l'aile droite, le Xe corps, qui continuait ses débarquements à Bingen, et dont la 19e division atteignait Kreuznach ; derrière l'aile gauche, la Garde, à l'Ouest de Mannheim, qui achevait son transport par voie ferrée ; enfin, entre le IXe et le Xe se trouvait le XIIe corps, sur la Seltz, entre Nieder-Olm et Ober-Ingelheim.

En avant du front de la IIe armée, la 6e division de cavalerie atteignait Altenglan, encadrée à droite par les brigades Redern et Barby de la 5e division, à Reichenbach et Baumholder ; à gauche, par la brigade Bredow de la même division, à Kaiserslautern. La brigade Bredow est donc avec l'infanterie de la 8e division ; les brigades Redern et Barby sont à peine à une marche en

---

(1) *Historique du grand état-major*, 1er fascicule, page 101.
(2) *Ibid.*, 2e fascicule, page 156.

avant de celle de la 5ᵉ division (1). Le 13ᵉ dragons est détaché par la brigade Bredow à Annweiler pour donner la main à la IIIᵉ armée.

« Le fractionnement de la 5ᵉ division de cavalerie,
« répartie sur les deux ailes de la 6ᵉ, était, dit von
« der Goltz, une conséquence de la position des points
« de débarquement des corps d'armée, avec lesquels les
« régiments de cavalerie étaient arrivés. On chercha à
« atténuer cet inconvénient en désignant un chef unique
« pour les deux divisions, ce qui ne pouvait qu'être
« avantageux au point de vue tactique, puisque les deux
« divisions avaient une mission commune (2). »

Le quartier général de la IIᵉ armée resta le 1ᵉʳ août à Alzey. Dans la nuit du 31 juillet au 1ᵉʳ août, on y reçut du grand quartier général, l'avis « qu'à dater du 2 août « au matin, on débarquerait à Kaiserslautern et Bir-« kenfeld (3) ». Cette mesure était motivée par la présence de la 8ᵉ division d'infanterie sur le premier de ces points, que tout le IVᵉ corps devait atteindre le 3 août et par le rassemblement à Wadern-Losheim de la Iʳᵉ armée en avant de Birkenfeld.

Au surplus, le IIIᵉ corps recevait l'ordre d'atteindre Baumholder le 3 août, pendant que le IXᵉ corps vien-

---

(1) « Les dispositions prises pour la marche par ces deux divisions
« ont une grande analogie avec celles adoptées en 1876 par les règle-
« ments français pour la marche des divisions indépendantes, et parais-
« sent mieux appropriées au service de sécurité qu'au service d'explo-
« ration. Elles ont le désavantage de disséminer les forces au lieu de
« les réunir, et l'on ne doit pas oublier que la plus grande préoccupation
« d'un chef de cavalerie c'est d'avoir le plus grand nombre d'escadrons
« réunis pour le combat. » (*La cavalerie allemande pendant la guerre
de 1870*, par le colonel de Chabot, page 24.)

(2) *Die Operationen der Zweiten Armee*, von der Goltz, page 5.

(3) *Correspondance militaire du maréchal de Moltke*, 1ᵉʳ volume, n° 87.

drait sur la ligne Alsenz-Dürkheim et que les autres corps d'armée élargiraient leurs cantonnements vers l'Ouest, afin de procurer aux VIe et 1er corps l'espace nécessaire.

Il convient d'observer ici que le maréchal de Moltke assignait au IVe corps le rôle de couverture de la IIe armée, rôle que le faible détachement de Sarrebrück était absolument insuffisant à remplir. Faute d'avoir prévu, dès le temps de paix, une couverture sur la Sarre, il avait fallu d'abord arrêter sur le Rhin les transports par voie ferrée de la IIe armée, puis prescrire à celle-ci de garder une attitude défensive à l'Est du Haardt, si l'armée française prenait l'offensive. La Ire armée aurait pu faire l'office de couverture indirecte, mais il eût été nécessaire de lui fixer cette mission et de la rassembler avant la IIe armée.

A la IIIe armée, la concentration approchait de son terme. Le 1er août au soir, ses éléments occupaient les emplacements ci-après (1) :

4e division bavaroise....	En avant-garde entre Bergzabern et la frontière.
Ve corps..............	Autour de Landau.
IIe bavarois...........	Autour de Neustadt.
XIe corps.............	Autour de Germersheim avec une avant-garde à Langenkandel.
Ier bavarois	Autour de Spire.
Division badoise........	Entre Carlsruhe et le Rhin.
Division wurtembergeoise.	A Graben.
4e division de cavalerie..	A Godramstein, au nord-ouest de Landau, derrière le Ve corps.
Quartier général de la IIIe armée..........	A Spire.

---

(1) D'après les *Opérations de la IIIe Armée*, par le major von Hanke, page 25.

En face des armées allemandes, l'armée du Rhin était répartie ainsi qu'il suit :

1er corps..
- Quartier général..... Strasbourg.
- 1re division......... Reichshoffen.
- 2e — .... Haguenau.
- 3e — .... Strasbourg.
- 4e — .... Strasbourg.
- Division de cavalerie. Soultz, Haguenau, Schlestadt, Brumath.
- Réserves d'artillerie et du génie .... Strasbourg.

2e corps..
- Quartier général..... Forbach.
- 1re division......... Forbach.
- 2e — .... Forbach.
- 3e — .... Œting.
- Division de cavalerie. Forbach et Merlebach.
- Réserves d'artillerie et du génie .... Morsbach et Forbach.

3e corps..
- Quartier général..... Saint-Avold.
- 1re division......... Bening, Merlebach, Rosbrück.
- 2e — .... Saint-Avold.
- 3e — .... Ham-sous-Varsberg.
- 4e — .... Boucheporn.
- Division de cavalerie. Saint-Avold.
- Réserves d'artillerie et du génie .... Saint-Avold.

4e corps..
- Quartier général..... Boulay.
- 1re division......... Bouzonville.
- 2e — .... Boulay.
- 3e — .... Coume, Teterchen.
- Division de cavalerie. Bouzonville, Filstroff, Boulay.
- Réserves d'artillerie et du génie......... Boulay.

5ᵉ corps..	Quartier général....	Sarreguemines.
	1ʳᵉ division.........	Sarreguemines.
	2ᵉ —	Sarreguemines et Grossbliederstroff.
	3ᵉ —	Bitche.
	Division de cavalerie.	Bitche, Niederbronn, Sarreguemines.
	Réserves d'artillerie et du génie	Sarreguemines.
6ᵉ corps..	Quartier général.....	Camp de Châlons.
	1ʳᵉ division.........	Camp de Châlons.
	2ᵉ —	Camp de Châlons.
	3ᵉ —	Soissons.
	4ᵉ —	Paris.
	Division de cavalerie.	Camp de Châlons.
	Réserves d'artillerie et du génie	En voie de rassemblement au camp de Châlons.
7ᵉ corps..	Quartier général.....	Belfort.
	1ʳᵉ division.........	Colmar.
	2ᵉ —	Belfort.
	3ᵉ —	Lyon.
	Division de cavalerie.	Belfort.
	Réserves d'artillerie et du génie	Belfort.

Garde et grand quartier général ..	Metz.
Réserve générale de cavalerie.....	Emplacement du 31.
Réserve générale d'artillerie......	Nancy.
Parcs de corps d'armée	Emplacements du 31, sauf le parc d'artillerie de la Garde qui est à Metz.
Parc de la réserve générale d'artillerie....................	Toulouse.
Grand parc d'artillerie de l'armée.	Sans modification.
Équipages de ponts de réserve....	Sans modification.

DOCUMENTS ANNEXES.

Journée du 1ᵉʳ août.

ÉTAT-MAJOR GÉNERAL.

a) **Journal de marche.**

Le 4ᵉ corps achève comme il suit son mouvement commencé le 31 juillet :

La 2ᵉ brigade de la 1ʳᵉ division se porte de Lacroix (1) à Bouzonville, où se trouvent déjà la 1ʳᵉ brigade et le quartier général de la division (2) (3).

La 2ᵉ division se porte de Lacroix à Bouzonville et de Dalstein à Boulay, où est son quartier général (4) (5).

---

(1) Plus exactement : de Colmen (57ᵉ) et de Halstroff (73ᵉ) à Bouzonville.

(2) Le quartier général de la division et la 1ʳᵉ brigade n'arrivèrent que le 1ᵉʳ août à Bouzonville ; le 31 juillet au soir, cette brigade campa :
  20ᵉ bataillon de chasseurs, à Waldweistroff ;
  6ᵉ de ligne, à Laumesfeld ;
  1ᵉʳ de ligne, à Lacroix (deux bataillons), à Waldweistroff (un bataillon).

(3) L'artillerie et le génie de la 1ʳᵉ division se rendirent également à Bouzonville dans la matinée du 1ᵉʳ août, venant de Hargarten-Waldweistroff.

(4) La 2ᵉ division ne fit aucun mouvement de Lacroix à Bouzonville. La 1ʳᵉ brigade avec l'artillerie et le génie se porta de Bouzonville à Boulay ; la 2ᵉ brigade qui avait campé le 31 au soir à Kédange, se porta de Kédange par Dalstein à Boulay.

(5) La 3ᵉ division de Lorencez reste à Coume (brigade Pajol, 2 batteries et compagnie du génie) et Teterchen (brigade Berger et une batterie).

La division de cavalerie porte sa brigade de dragons à Boulay (1).

Les deux premières divisions du 3ᵉ corps, qui s'étaient rendues la veille à Saint-Avold et Haut-Hombourg, se portent jusqu'à Forbach (2).

b) Organisation et administration.

Le Major général au Ministre de la guerre, à Paris (D. T.).

Metz, 1ᵉʳ août, 1 h. 1/2 du soir.

L'Empereur a promu au grade de général de division le général Grenier (3) et lui a donné le commandement de la 2ᵉ division d'infanterie du 4ᵉ corps, en remplacement du général Rose.

Le général Grandchamp doit donc conserver le commandement de la 15ᵉ division militaire.

Le général Marmier est nommé général de division et remplace le général Lichtlin (4).

---

(1) La division de cavalerie du 4ᵉ corps ne comptait plus qu'une brigade de dragons; sa brigade légère ayant été répartie entre les divisions de Cissey (2ᵉ hussards) et de Lorencez (7ᵉ hussards).

(2) En réalité, la 1ʳᵉ division du 3ᵉ corps *seule*, se porta dans l'après-midi du 1ᵉʳ août, non pas à Forbach, mais entre Merlebach et Rosbrück pour y remplacer la 1ʳᵉ division du 2ᵉ corps. La 2ᵉ division du 3ᵉ corps resta immobile le 1ᵉʳ août à Saint-Avold, sauf son bataillon de chasseurs qui fut détaché à Haut-Hombourg.

(3) La nomination du général Grenier, en remplacement du général Rose, avait été précédée de l'échange de dépêches suivant :

Le Major général au général de Ladmirault, à Thionville.

Metz, 29 juillet.

Voulez-vous le général Renault pour remplacer le général Rose ? Réponse immédiate.

Le général de Ladmirault au Major général, à Metz.

Thionville, 29 juillet, 1 heure soir.

Je crois que le général Renault, qui est plus ancien que moi, ne peut commander une division dans le 4ᵉ corps. Il serait gêné. Il serait mieux placé sous les ordres d'un maréchal.

Le général baron Renault commandait alors la 2ᵉ division militaire à Rouen.

(4) Au commandement de la division de cavalerie du 2ᵉ corps.

Le général Saurin remplace le général Grenier dans sa brigade (1). Je vous envoie le décret et la décision impériale.

Le général de Gaujal (2) étant mort subitement, le colonel Faure est nommé général de brigade et maintenu dans ses fonctions actuelles (3).

Le général Moreno, commandant la 1re brigade de la 1re division du 1er corps, est nommé au commandement de la 1re subdivision (Bas-Rhin) de la 6e division militaire (Strasbourg).

Le général Wolff remplace le général Moreno dans le commandement de sa brigade.

Le décret et la décision impériale vous seront envoyés le plus tôt possible.

Le Ministre de la guerre au Major général (D. T.).

Paris, 1er août, 6 heures soir.

D'après les ordres contenus dans votre dépêche du 28 juillet, n° 7, 3e section, l'Impératrice a désigné le général Grandchamp comme successeur du général Rose. Le général Grandchamp a sa lettre de service, avec ordre de rejoindre. Aujourd'hui, Votre Excellence m'annonce le remplacement du général Rose par le général Grenier ; que dois-je faire ?

En marge, de la main du Major général : Télégramme au Ministre le 1er août, 9 h. 1/2 soir :

L'Empereur a voulu pourvoir à une vacance qui se faisait à l'armée, en choisissant parmi les officiers généraux présents. La nomination du général Grenier en remplacement du général Rose est donc maintenue.

---

(1) Le général Saurin commandait la 4e subdivision de la 16e division militaire, à Saint-Brieuc. — Le général Grenier commandait la 1re brigade de la 1re division du 5e corps.

(2) Le Ministre de la guerre par intérim avait reçu, le matin même, la dépêche suivante du général commandant la 6e division militaire, datée de Strasbourg, 7 h. 15 du matin :

« Le général de Gaujal a été frappé hier, dans mon cabinet, d'une attaque d'apoplexie foudroyante. Il est mort quelques instants après ; il a été transporté à l'hôpital. Je pourvois à son remplacement provisoire par le commandant de la place de Strasbourg. Il est urgent qu'il soit remplacé dans le commandement de la subdivision de Strasbourg ».

(3) Sous-chef d'état-major général du 1er corps.

Dites au général Grandchamp que je me réserve de le faire appeler à un des commandements divisionnaires qui pourront ultérieurement devenir vacants.

Le Ministre de la guerre au Major général (D. T.).

Paris, 1ᵉʳ août, 1 h. 47.

Le général de Gaujal est mort subitement. Voulez-vous le remplacer, dans le commandement de la subdivision du Bas-Rhin, par le général Barral qui sollicite cette destination (1)?

Le Ministre de la guerre au Major général.

Paris, 1ᵉʳ août.

J'ai l'honneur d'informer Votre Excellence que l'état-major et les trois bataillons actifs du 72ᵉ de ligne ont reçu l'ordre de partir le 31 juillet, de Toulouse, par les voies ferrées, pour Lyon.

Le 72ᵉ de ligne remplacera le 79ᵉ (2) à la 1ʳᵉ brigade de la 3ᵉ division du 7ᵉ corps d'armée.

Le Ministre de la guerre au Major général, à Metz.

Paris, 1ᵉʳ août.

J'ai l'honneur d'informer Votre Excellence que des ordres sont donnés aujourd'hui pour que les contingents ci-après soient immédiatement envoyés par les voies ferrées, savoir :

(1ᵉʳ *corps*), à Strasbourg ....
- 500 hommes du 56ᵉ de ligne.
- 100 hommes du 8ᵉ bataillon de chasseurs.
- 3 officiers, 40 hommes et 36 chevaux du 10ᵉ dragons.
- 40 hommes et 30 chevaux du 9ᵉ cuirassiers.

(2ᵉ *corps*), à Metz .....
- 456 hommes du 55ᵉ de ligne.
- 250 hommes du 66ᵉ de ligne.
- 300 hommes du 77ᵉ de ligne.
- 40 hommes et 30 chevaux du 7ᵉ dragons.
- 40 hommes et 30 chevaux du 12ᵉ dragons.

---

(1) Voir la note (2) de la page précédente.
(2) Qui se trouvait en Corse.

(3ᵉ *corps*), à Metz.....	250 hommes du 29ᵉ de ligne. 200 hommes du 59ᵉ de ligne. 40 hommes et 30 chevaux du 2ᵉ dragons. 40 hommes et 30 chevaux du 5ᵉ dragons. 40 hommes et 30 chevaux du 8ᵉ dragons.
(4ᵉ *corps*), à Thionville.	400 hommes du 1ᵉʳ de ligne.
(5ᵉ *corps*), à Sarreguemines	150 hommes du 27ᵉ de ligne. 200 hommes du 68ᵉ de ligne.
(6ᵉ *corps*), à Paris....	100 hommes du 25ᵉ de ligne. 300 hommes du 28ᵉ de ligne.
(6ᵉ *corps*), au camp de Châlons...........	36 hommes et 26 chevaux du 1ᵉʳ lanciers.
(7ᵉ *corps*), à Belfort...	300 hommes du 5ᵉ de ligne. 100 hommes du 37ᵉ de ligne. 45 hommes et 35 chevaux du 4ᵉ hussards.

Le Major général au Ministre de la guerre (D. T.).

Metz, 1ᵉʳ août (sans indication d'heure) (n° 108).

Veuillez me faire savoir, le plus tôt possible, où en est la rentrée en France de la brigade de Civita-Vecchia (1), destinée à remplacer à Lyon, la division du 7ᵉ corps.

Le Ministre de la guerre au Major général (D. T. Ch.).

Paris, 1ᵉʳ août, 7 h. 6 soir.

Les ordres sont donnés à la division Dumont de se tenir prête ; les mesures sont prises pour son départ, mais j'attends, comme il a été convenu, un signe de M. de Gramont (2). Je ne l'ai pas trouvé ; j'y enverrai ce soir ; l'ordre est donné à la division Dumont de se tenir prête (3).

---

(1) La brigade de Civita-Vecchia comprenait les 35ᵉ et 42ᵉ régiments d'infanterie et en outre deux escadrons du 7ᵉ chasseurs et deux batteries.

(2) Ministre des affaires étrangères.

(3) Le Ministre de la guerre et le général Dumont avaient échangé, les 30 et 31 juillet, les télégrammes ci-après :

Le général Dumont au Ministre de la guerre (D. T.).

Civita-Vecchia, le 30 juillet. Exp. 8 h. 44 matin (n° 25,809) (envoyée chiffrée).

Le commandant maritime de Civita-Vecchia m'a communiqué plu-

Le Ministre de la guerre au Major général (D. T.).

Paris, 1ᵉʳ août, 11 h. 50 soir.

Je me suis entendu avec le duc de Gramont. Le départ des troupes de Civita s'effectuera le 5. Tout est préparé dans ce but.

Le Ministre de la guerre au général Dumont (D. T. Ch.).

Paris, 1ᵉʳ août.

Tenez-vous prêt. L'embarquement doit commencer et, s'il se peut, se terminer le 5 août prochain.

Note de la main du Major général.

(Sans date.)

Au Ministre, pour lui dire que, d'après les ordres de l'Empereur, la division du corps Douay, qui est à Lyon, sera portée à Colmar, sitôt que la brigade Guilhem, venant de Civita, sera rendue à Lyon.

Dès que la division quittant Lyon sera rendue à Colmar, la division Conseil-Dumesnil, qui occupe ce point, sera appelée par le maréchal Mac-Mahon dans la basse Alsace, à Strasbourg ou en avant de Strasbourg.

Demander au général Douay quelle est celle des deux divisions qu'il y a à Colmar et à Belfort, qui sera la première prête à faire mouvement dans la basse Alsace. A quoi en est sa cavalerie?

Une annotation en marge indique que les trois dépêches : Au Ministre, au maréchal de Mac-Mahon et au général Douay, ont été expédiées le 1ᵉʳ août, à 3 heures.

---

sieurs dépêches relatives au départ de la division. Il m'a annoncé l'arrivée prochaine de deux frégates et un transport. Je n'ai aucun ordre de départ, je demande des instructions.

Le Ministre de la guerre au général Dumont, à Civita-Vecchia (D. T.).

Paris, le 31 juillet (n° 19,797) (envoyée chiffrée).

Le départ de votre division n'est pas encore décidé, mais tout porte à croire qu'il sera très prochain.

Faites donc vos préparatifs et outillez vos troupes en effets de campement et en linge et chaussures, de manière à pouvoir être envoyées directement du port de débarquement vers le Nord. Vous savez que l'infanterie doit verser ses shakos en magasin et ne conserver que le bonnet de police à visière.

Le Ministre de la guerre au Major général, à Metz.

Paris, 1ᵉʳ août.

J'ai l'honneur d'informer Votre Excellence qu'un détachement du train des équipages militaires de la Garde, composé de 30 hommes, 60 chevaux, 45 voitures, reçoit l'ordre de se rendre au quartier général de l'armée du Rhin, où il arrivera le 2 août.

Le général de Prémonville, commandant la 7ᵉ division militaire, au Major général.

Besançon, 1ᵉʳ août.

J'ai l'honneur de vous informer que le Ministre de la guerre a donné l'ordre à la 3ᵉ compagnie du 16ᵉ régiment d'artillerie pontonniers, de se rendre à Besançon, où elle sera attachée au parc d'artillerie du 1ᵉʳ corps de l'armée du Rhin. Elle arrivera à destination le 3 août par les voies ferrées.

La 7ᵉ compagnie du même régiment se rendra à Vesoul, où elle sera attachée au 7ᵉ corps d'armée. Elle y sera rendue le 3 août par les voies ferrées.

Chacune de ces compagnies emmène avec elle un équipage de pont de corps d'armée.

Il a prescrit, en outre, d'envoyer immédiatement à Vesoul la 11ᵉ compagnie principale, qui doit atteler les équipages du 7ᵉ corps d'armée.

Le général Crespin, commandant la 5ᵉ division militaire, au Major général.

Metz, 1ᵉʳ août.

Par ordre du Ministre de la guerre, j'ai l'honneur de vous informer que la 2ᵉ compagnie principale du 2ᵉ régiment du train d'artillerie reçoit l'ordre de partir, le 2 août, d'Auxonne par les voies ferrées, pour se rendre à Épinal (1).

Nota. — La 2ᵉ compagnie principale et la 2ᵉ compagnie *bis* du 1ᵉʳ régiment du train d'artillerie partiront, le 2 août, par les voies ferrées, de Saint-Omer pour Verdun (2).

---

(1) Où s'organisait le parc d'artillerie du 5ᵉ corps, attelé par : 15ᵉ compagnie du 1ᵉʳ régiment du train d'artillerie ; 3ᵉ compagnie (B), 2ᵉ compagnie (P), 2ᵉ compagnie (B), 10ᵉ compagnie (P) du 2ᵉ régiment du train d'artillerie.

(2) Où s'organisait le parc d'artillerie du 4ᵉ corps, attelé par : 2ᵉ compagnie (P), 2ᵉ compagnie (B), 11ᵉ compagnie (P), 11ᵉ compagnie (B), 6ᵉ compagnie (B) du 1ᵉʳ régiment du train d'artillerie.

Le Major général aux commandants des 1er, 2e, 3e, 4e, 5e, 6e, 7e *corps d'armée et des* 2e *et* 3e *divisions de cavalerie* (D. T.).

Metz, 1er août.

Ne m'envoyez plus la situation d'effectif par le télégraphe. Faites que je la reçoive exactement par la poste de chaque jour, et conforme au modèle donné.

Le Major général au Ministre de la guerre.

Metz, 1er août.

M. l'intendant général de l'armée avait demandé qu'au début de la campagne l'administration de la guerre expédiât autant que possible, jour par jour, la quantité de rations complètes, vivres et fourrages, pour assurer l'alimentation de l'armée. Les ordres d'exécution qui ont dû être donnés par l'administration de la guerre n'ont, sans doute, pu être exécutés régulièrement; je dois vous faire connaître qu'il en résulte ici, et dans la plupart des gares des chemins de fer de l'Est, un encombrement qui a pris des proportions inquiétantes.

Il est urgent que l'on rentre sur-le-champ dans l'application rigoureuse du principe qui avait été indiqué par M. l'intendant général de l'armée par des moyens concertés entre l'administration de la guerre et celle des chemins de fer.

L'intendant général déclare que, sans cela, il lui serait impossible de répondre de quoi que ce soit.

Entre autres demandes que l'intendant général vous a adressées, se trouve celle de trois jours de vivres et fourrages pour Sarreguemines par la voie directe, et un jour à faire passer par Haguenau. Il est important qu'il soit immédiatement donné suite à cette demande, ainsi qu'à toutes autres ayant un objet pareil, qui seront successivement faites par l'intendant de l'armée.

L'incertitude dans laquelle ce chef de service est laissé, par suite du silence conservé vis-à-vis de lui par l'administration de la guerre aux demandes qu'il lui adresse, et, d'autre part, par l'absence presque complète de lettres d'expédition et de lettres de voiture, l'embarrasse à ce point, que je ne dois point vous cacher qu'elle va jusqu'à lui causer les préoccupations les plus sérieuses.

Le Ministre de la guerre au Major général, à Metz.

1er août.

M. l'intendant général Wolff m'a adressé, hier et aujourd'hui, plusieurs dépêches urgentes au sujet de l'approvisionnement en vivres et en fourrages. Je crains que les quantités demandées ne soient exagérées, car la Compagnie de l'Est me signale, aujourd'hui, même, les gares de Metz et de Montigny comme encombrées de wagons chargés de farine et d'autres denrées.

Je serais donc reconnaissant à Votre Excellence de m'indiquer, avec quelque précision, le nombre des hommes et des chevaux à nourrir, d'une part, en avant de Metz, et, d'autre part, dans la vallée du Rhin. Est-il réellement besoin de diriger chaque jour sur les places de la Moselle 400,000 kilogrammes de biscuit? Cette dernière quantité représente 180,000 rations. N'est-il pas possible de faire du pain, pour la majeure partie de l'armée, en employant les boulangers civils, comme je l'ai fait en arrière, dans les places de la Meurthe, de la Meuse et des Vosges? Faut-il faire faire à Paris du pain biscuité?

La production du biscuit, qui n'était en France que de 300 quintaux au moment de votre départ, est aujourd'hui de 600 quintaux, et elle va croissant. Les livraisons de la maison Rothschild commencent au Havre; elles doivent donner 50,000 quintaux, mais d'ici à la fin d'août, et il faut réapprovisionner nos places. Pour toutes les autres denrées, y compris, bien entendu, la farine, nous sommes en mesure de fournir largement à tous les besoins de l'armée. La Compagnie de l'Est déclare que ses moyens de traction sont illimités; mais toute la difficulté réside dans le déchargement et l'enlèvement, et, s'il n'était pris sur les lieux des mesures urgentes, il pourrait y avoir là un véritable danger pour le ravitaillement de l'armée.

M. Jacquemin est venu aujourd'hui signaler, comme un danger réel, l'encombrement des gares de Metz et de Montigny (1). On est obligé de garer des trains à Frouard. Il conviendrait d'aviser aux moyens les plus prompts d'enlever les denrées.

Il y a, je le crois bien, des demandes des corps hors de proportion avec leur effectif et leur situation journalière.

Le Ministre de la guerre à l'Intendant en chef de de l'armée. — Lettre.

Paris, 1ᵉʳ août.

Vous avez dans les gares et sur les lignes de fer, entre Paris et Metz, des quantités supérieures à celles que vous demandez pour Sarreguemines; dégagez-les et faites-les suivre; l'encombrement nous rend impuissants; les trains chargés ont été arrêtés, il y a deux jours, sur

---

(1) Voir page 48 la lettre à l'intendant Blondeau, directeur des services administratifs au ministère de la guerre.

l'avis que la gare de Metz était inabordable. Paris seul expédie chaque jour des quantités supérieures aux consommations possibles en vivres et avoines. Dunkerque déverse en même temps, par la ligne des Ardennes, sur Metz, 3,000 quintaux (trois mille) par jour ; Marseille et Lyon alimentent la 6ᵉ division (1). Je compte que les mesures que j'ai prises vous feront arriver les 3,000 quintaux de biscuit demandés ; la production va croissant, ménagez-la cependant : il n'y a pas dans tout Paris un seul pétrin mécanique, on continue les recherches au dehors. Les trains d'hier ont été dirigés de Paris et de divers points de la France sur Sarreguemines, nous essayerons aujourd'hui du chemin par Vendenheim et Haguenau, c'est bien long ; ayez un agent aux embranchements pour que rien ne s'y arrête abusivement.

Le Directeur de l'exploitation des chemins de fer de l'Est à l'intendant Blondeau. — Lettre.

1ᵉʳ août.

Permettez-moi d'appeler toute votre attention sur une situation que j'ai déjà signalée à M. le général de division Jarras : le non-enlèvement des marchandises dans la gare de Metz, et surtout les difficultés suscitées pour la réexpédition au delà de Metz.

La gare de Metz et son annexe Montigny sont tellement encombrées de wagons chargés de farines et de diverses autres marchandises, que j'ai dû donner ordre à des trains de se garer à Frouard.

On diminuerait beaucoup les difficultés en donnant dès Paris les destinations définitives, telles que Saint-Avold, Forbach, Sarreguemines ; les trains contourneraient Metz, sans s'y arrêter, et tout le monde y gagnerait.

L'Ingénieur en chef des travaux du Rhin au Major général.

Strasbourg, 1ᵉʳ août.

J'ai pensé que, dans les circonstances actuelles, une carte détaillée du Rhin pourrait être utile à Votre Excellence.

J'ai, en conséquence, l'honneur de vous adresser, par le chemin de fer, une collection complète de cette carte, qui est au 1/20,000 et qui comprend les deux rives, depuis Bâle jusqu'à Lauterbourg.

J'en ai déjà remis au maréchal de Mac-Mahon, au général Ducrot, au général Soleille, au colonel des pontonniers et au commandant des pontonniers attaché à l'état-major général.

---

(1) 6ᵉ division *militaire* (Strasbourg).

b₁) **Mise en état de défense des places fortes.**

Le Général commandant la 5ᵉ division militaire au Major général.

Metz, 1ᵉʳ août.

En réponse à la lettre de Votre Excellence du 1ᵉʳ août, relative à la garnison de la place de Phalsbourg, j'ai l'honneur de vous faire connaître que le 1ᵉʳ bataillon de la garde nationale de la Meurthe a été convoqué à Phalsbourg, pour le 1ᵉʳ août, mais il ne sera pas organisé.

Le Ministre de la guerre annonce l'envoi prochain à Phalsbourg de la 1ʳᵉ batterie principale du 9ᵉ d'artillerie.

Il y a, à Épinal, un dépôt d'infanterie, celui du 63ᵉ de ligne ; si Votre Excellence m'autorisait à le faire, trois compagnies pourraient être détachées à Phalsbourg.

En marge et de la main du Major général : Lui écrire de détacher à Phalsbourg le 4ᵉ bataillon du 63ᵉ, en laissant le dépôt à Épinal.

Le Général de division commandant la 4ᵉ division militaire au Ministre de la guerre.

Châlons-sur-Marne, 1ᵉʳ août.

J'ai l'honneur de rendre compte à Votre Excellence de l'exécution des dispositions prescrites par la circulaire du 25 juillet, à l'égard des hommes rappelés sous les drapeaux dans la 3ᵉ subdivision.

Dans les 6ᵉ et 40ᵉ de ligne, on s'occupe très activement de leur instruction ; ils sont exercés deux fois par jour, particulièrement à la manœuvre du nouveau fusil.

Dans le 6ᵉ de ligne, les magasins du corps sont dépourvus des effets ci-après, et leur absence fait retarder l'envoi du complément des hommes destinés aux bataillons actifs.

1° Sacs tentes-abris : une demande de 1800 a été faite le 22 juillet ;

2° Havre-sacs en peau : un marché pour 1500 a été passé le 16 juillet ;

3° Des épaulettes écarlates : un marché de 2,000 a été passé le 20 juillet ;

4° Des petites gamelles : un marché de 2,000 a été passé le 16 juillet ;

5° Des pièces d'armes de rechange : elles sont annoncées comme devant arriver sous peu.

Les fournisseurs ont été engagés à envoyer successivement les quantités dont ils peuvent disposer sans attendre qu'ils aient pu réunir la totalité des commandes.

Dans le 40ᵉ de ligne, l'habillement, l'équipement et l'armement sont au complet, mais il manque : les tentes-abris, les demi-couvertures et le ceintures de flanelle.

c) Opérations et mouvements.

Le Major général au général Dejean, Ministre de la guerre par intérim.

Metz, 1er août.

Cher Ministre,

Lorsque j'ai pris congé de vous, je croyais bien qu'à la date de cette lettre nous serions en opérations. Malheureusement, notre organisation administrative nous retient encore sur la frontière, et je commence à craindre que nous n'ayons pas les avantages et les honneurs de l'offensive.

Demain matin, nous prendrons Sarrebrück. Je voulais passer la Sarre et détruire la voie ferrée, dont l'ennemi use largement. On m'a trouvé trop audacieux et, dans une conférence, on s'est décidé à rester sur la rive gauche. Ce ne sera qu'un préliminaire qui sera, sans doute, suivi d'une nouvelle pause. En attendant, nos troupes se constituent bien et s'habituent à la vie de bivouac. Nos intendants prennent de l'initiative et rompent avec leurs lenteurs et leurs formalités. Je les ai d'abord un peu secoués, mais ils commencent à se débrouiller, et j'en suis content. Ce sera une rude tâche de faire vivre 300,000 hommes en pays ennemi, dans une mauvaise année.

J'appelle votre attention sur les points suivants :

1° L'état sanitaire est excellent, mais nous sommes forcés de laisser les demi-couvertures, et les ceintures de flanelle sont indispensables. Hâtez-en l'envoi à Metz et à Strasbourg. Les 25,000, que vous m'avez envoyées à ma grande joie, ont duré l'espace d'une rosée. Nos ambulances se forment, mais l'envoi de tout ce qui les concerne présente un caractère d'urgence. Vous pouvez être certain que toutes les sociétés de secours aux blessés trouveront près de moi le meilleur accueil. La conférence que vous me demandez, à ce sujet, aura lieu demain ; je vous en rendrai compte.

Le médecin en chef a demandé que la ration de campagne, pour la viande, fût portée à 400 grammes ; l'Empereur accorde. L'Intendant général vous en rendra compte.

2° *Campement.* — Il nous manque surtout des ustensiles de campement : grands et petits bidons, marmites. — J'essaye d'en faire faire, à Metz et à Strasbourg, par l'industrie privée ; mais ce sera d'un faible rendement. Encore urgence ;

3° Les régiments reçoivent leurs petites voitures, mais il en manque encore beaucoup, et elles arrivent souvent sans les harnais qu'elles devraient contenir. Les corps se sont pourvus de chevaux achetés sur les lieux. Il y a, sous ce rapport, grande impatience des officiers ;

4° Il paraît que votre adjudication pour la viande a échoué. Je pense que vous allez terminer de gré à gré. L'Intendance a passé des marchés provisoires, mais ces marchés ne m'inspirent pas toute confiance. Ils expirent généralement vers le 15 août. Éclairez-moi promptement sur ce que vous aurez fait pour ce point important ;

5° Ayez soin que l'artillerie forme promptement ses équipages de siège, à Metz et à Strasbourg ;

6° Après le départ de l'armée, continuez à bonder Metz et Strasbourg, points capitaux de notre base d'opérations. Ne négligez pas Bitche, qui peut devenir un point de ravitaillement, secondaire mais important, si nous opérons dans la Bavière rhénane ;

7° Il est probable que le maréchal Canrobert, avec ses trois divisions de Soissons et de Châlons, sera appelé prochainement à occuper la frontière, avec son quartier général à Saint-Avold ;

8° L'Empereur désire appeler Douay, le plus tôt possible, dans la basse Alsace, avec son quartier général à Strasbourg, Mac-Mahon portant le sien à Haguenau.

En résumé, hâtons-nous, car les renseignements que je reçois indiquent chez l'ennemi des dispositions offensives, bien qu'il soit loin d'être prêt. L'Empereur vous prie de continuer à m'envoyer les renseignements qui vous parviennent. De part et d'autre, on se prépare à une guerre sérieuse. Hâtez l'envoi des réservistes *pourvus d'effets et d'ustensiles de campement*.

Faites la coupure entre les quatre compagnies formant le 4ᵉ bataillon et les deux compagnies de dépôt. L'Empereur, qui ne veut pas se mettre en mouvement avant d'avoir assuré l'intérieur, a hâte de voir former des régiments de marche.

Votre affectionné. — Bon souvenir aux collègues.

Maréchal LE BŒUF.

Le Major général au Ministre de la guerre, à Paris.

Metz, 1ᵉʳ août.

Pour faire suite à ma dépêche télégraphique du 30 juillet, relative au départ pour Brumath de la 2ᵉ division de réserve de cavalerie, actuellement à Lunéville, j'ai l'honneur de vous informer que je prescris à M. le général Bonnemains, commandant cette division, de se diriger sur Brumath avec son artillerie, sa gendarmerie et tous ses services accessoires au complet (1).

---

(1) Ces détails sont motivés sans doute par une dépêche adressée le 1ᵉʳ août par le général de Bonnemains au Major général et demandant si la division devait emmener son artillerie et sa prévôté.

d) Situation et emplacement.

ÉTAT-MAJOR GÉNÉRAL.

Situation au 1er août.

CORPS.	OFFICIERS.	TROUPE.	CHEVAUX.	MULETS.
Maréchal de France (S. Exc. le maréchal Lebœuf)...............	»	»	»	»
Officiers généraux...............	4	»	26	»
Corps d'état-major...............	33	»	93	»
Intendance militaire.............	12	»	19	16
État-major des places, interprètes, attachés à l'état-major général à des titres divers...............	31	3	57	»
Escorte du quartier général (5e hussards, 5e escadron)............	6	118	118	»
Force publique attachée au grand quartier général...............	4	43	54	»
6e compagnie de cavaliers de remonte (service du grand quartier général).	»	54	3	»
Train des équipages militaires.....	10	534	513	138
Bureaux de l'Intendance, Hôpitaux, Subsistances, Campement.......	35	235	»	»
Gardes mobiles employés au grand quartier général, au service du Trésor et des Postes...........	»	128	»	»
TOTAUX.........	135	1109	880	154

Journée du 1er août.

Effectif de l'armée du Rhin au 1er août.

	Hommes.	Chevaux.
1er corps.................	41,816	8,143
2e —	27,868	5,016
3e —	39,922	7,947
4e —	28,910	5,536
5e —	25,997	5,502
6e —	35,414	5,440
7e —	21,882	3,870
A reporter......	221,809	41,454

Report........	221,809	41,454
Garde impériale............	21,580	6,716
Réserve d'artillerie..........	1,646	1,228
Réserve du génie............	209	58
Réserve de cavalerie........	5,617	4,492
Grand quartier général......	269	43
Totaux......	251,130	53,991 (1)

Journée du 1ᵉʳ août.

1ᵉʳ CORPS.

a) Journaux de marche.

Journal de marche du 1ᵉʳ corps.

Le général Douay, couvert à droite (2) par le général Ducrot, envoie à Seltz le bataillon du 50ᵉ qui était à Soultz.

Notes sur les opérations du 1ᵉʳ corps de l'armée du Rhin et de l'armée de Châlons, dictées par le maréchal de Mac-Mahon à Wiesbaden en janvier 1871 (3).

Le 1ᵉʳ corps de l'armée du Rhin comptait quatre divisions d'infanterie, sous les ordres des généraux Ducrot, Douay (Abel), Raoult et

---

(1) Les chiffres donnés par cette situation d'ensemble présentent parfois des différences avec ceux fournis par les situations des corps d'armée. Pour la journée du 1ᵉʳ août, le total de ces différences s'élève à 4,000 hommes environ, en plus. Il est probable qu'elles proviennent du moment de la journée auquel a été établie la situation et de l'arrivée tardive de détachements de réservistes, que les corps d'armée portent présents, alors qu'ils ont déjà envoyé par le télégraphe la situation au grand quartier général. D'une manière générale, les chiffres des effectifs sont reproduits sous toutes réserves.

(2) La division Ducrot était non pas à droite, mais à gauche de la division Douay. (Division Ducrot à Reichshoffen, Frœschwiller, Niederbronn, Climbach ; division Douay à Haguenau.)

(3) Ce document a été remis à la Section historique par M. le général Péting de Vaulgrenant, le 28 février 1901.

de Lartigue, et une division de cavalerie sous les ordres du général Duhesme.

Trois batteries d'artillerie, dont une de mitrailleuses, étaient attachées à chaque division d'infanterie.

Huit batteries formaient la réserve du corps.

Toute l'artillerie était sous les ordres du général Forgeot.

Une compagnie du génie était attachée à chaque division d'infanterie ; deux compagnies constituaient la réserve du corps.

Le général Le Brettevillois commandait le génie.

Les services administratifs étaient sous la direction de M. l'intendant militaire de Séganville.

Le maréchal de Mac-Mahon, nommé au commandement de ce corps, arrive à Strasbourg le 23 juillet au matin.

Il n'y avait encore dans cette place que les troupes composant son ancienne garnison, c'est-à-dire : un bataillon de chasseurs à pied ; deux régiments de ligne ; trois régiments d'artillerie et deux escadrons de cavalerie.

Dans la soirée, quelques régiments d'infanterie commençaient à arriver par les voies ferrées.

Les divisions furent organisées au fur et à mesure que les troupes arrivaient, et mises en route le lendemain du jour où leur formation fut achevée.

Faute de chevaux, l'équipage de ponts qui devait suivre le corps d'armée ne put être mis en route. Il en fut de même du parc de réserve (1).

L'organisation des services administratifs laissa beaucoup à désirer. Le manque de temps ne permit pas de pourvoir à tous les besoins.

Les ambulances furent formées à la hâte et imparfaitement, et un certain nombre d'entre elles seulement purent rejoindre le corps d'armée la veille de la bataille de Frœschwiller.

Le 24, le Major général fit connaître au Maréchal que l'Empereur lui donnait pour mission de défendre la frontière de Huningue à Lauterbourg et aux premières crêtes des Vosges.

---

(1) *Note ajoutée en marge* : La plus grande partie du parc arriva cependant à Reichshoffen le 5, vers les 10 heures du matin : 75 voitures environ. Elle y resta jusqu'au lendemain et se retira avec le corps d'armée.

Le général commandant l'artillerie, ignorant l'arrivée de ce parc à Reichshoffen, envoya son aide de camp, le 5, à Strasbourg, pour faire avancer le matériel ; on expédia par le chemin de fer un nouveau parc qui fut enlevé, le 6, par l'ennemi, à la gare de Reichshoffen.

Le 7ᵉ corps d'armée, commandé par le général Douay, et la division de cuirassiers de Bonnemains étaient mis à sa disposition.

Le Maréchal envoya sur-le-champ un officier d'état-major à Belfort, pour savoir quelle était la situation du 7ᵉ corps. Cet officier lui rendit compte que ce corps n'était point encore organisé, et qu'il n'y avait alors, en fait de troupes, que deux régiments de cavalerie à Belfort.

Les ordres les plus pressants furent donnés pour hâter sa formation ; ce ne fut, toutefois, que dans les premiers jours du mois d'août, qu'une de ses divisions, sous les ordres du général Conseil-Dumesnil, put être réunie à Colmar ; les deux autres ne le furent que plus tard, et seulement après la bataille de Frœschwiller.

Tous les renseignements qui parvenaient au Maréchal lui signalaient l'armée de la Confédération du Nord comme se concentrant sur le Rhin, de Mayence à Düsseldorff, et les contingents des États du Sud comme se dirigeant du Sud au Nord par les voies ferrées, pour aller se rassembler au-dessous de Rastadt. Il en conclut, naturellement, que l'ennemi avait l'intention d'attaquer au Nord et non à l'Est. La destruction du pont de Kehl le confirma dans cette supposition.

En conséquence, il crut devoir diriger de ce côté toutes les forces dont il pouvait disposer, ne laissant dans les places de l'Alsace que les dépôts des corps qui y avaient été en garnison et les gardes nationales mobiles que l'on commençait à organiser.

Les places de Lauterbourg, Wissembourg, Haguenau, avaient été depuis longtemps déclassées ; elles n'avaient pas d'artillerie et étaient ouvertes sur plusieurs points. Quant aux anciennes lignes de la Lauter, elles ne présentaient pas un obstacle sérieux. Elles touchaient au nord à de vastes forêts qui permettaient à l'ennemi de dérober ses mouvements et de tourner l'armée qui aurait cherché à les défendre. Celle-ci s'exposait, en les occupant, à être jetée dans le Rhin.

Ne pouvant défendre directement la frontière entre Wissembourg et Lauterbourg, le Maréchal prit le parti de concentrer ses forces sur le versant Est des Vosges, de manière à conserver ses communications avec l'armée principale établie sur le revers opposé.

Ces dispositions ne pouvaient nuire en rien au projet que l'Empereur avait exposé au Maréchal avant son départ de Paris, projet qui consistait à porter la plus grande partie de l'armée française sur la rive droite du Rhin, en franchissant le fleuve sur un point qui n'était point encore exactement déterminé, mais qui devait être choisi entre Lauterbourg et Maxau.

L'Empereur ayant approuvé ce projet, le Maréchal donna des ordres pour son exécution, et chaque division se mit en mouvement, aussitôt qu'elle fut formée.

Dans le principe, le régiment de cavalerie en garnison à Haguenau avait seul été chargé d'observer la frontière de Strasbourg à Lauterbourg et de Lauterbourg à Wissembourg.

A partir du 25, le service fut confié à deux brigades de cavalerie sous les ordres des généraux Nansouty et de Septeuil ; l'une devait surveiller le cours du Rhin, l'autre éclairer dans la direction du Nord.

Des détachements ennemis avaient, à diverses reprises, franchi la frontière, enlevé quelques rails de chemin de fer et abattu des poteaux télégraphiques dans les environs de Wissembourg.

Le 26, la 1re division, commandée par le général Ducrot, reçut l'ordre de se mettre en marche et d'aller prendre position pour couvrir le chemin de fer de Bitche ; son quartier général s'établit à Reichshoffen.

Les autres divisions suivirent ce mouvement successivement.

Souvenirs inédits du maréchal de Mac-Mahon.

1er août.

Le 1er août, j'envoyai au général F. Douay, commandant le 7e corps, cette dépêche :

« L'Empereur désire que le 1er corps quitte Strasbourg en entier, pour se rapprocher de la frontière Nord. L'ennemi ne paraissant pas avoir de forces considérables du côté de Rastadt, il voudrait que vous vinssiez, avec votre corps, relever le premier à Strasbourg, laissant seulement une division en arrière, destinée à empêcher l'ennemi de couper le chemin de fer entre cette place et Altkirch. »

Journal de marche de la 2e division.

Historique de la division.

1er août.

Le 1er août, la 2e brigade exécute, avec l'artillerie de la division et deux escadrons de chasseurs qui lui furent adjoints, une reconnaissance jusqu'à Schirrheim, village situé à environ 10 kilomètres de Haguenau, et non loin du Rhin.

Lorsqu'elle fut arrivée à ce point, elle s'y établit militairement et poussa en avant d'elle la cavalerie, qui se porta à environ 4 kilomètres plus loin et revint sans signaler la présence de l'ennemi. Le retour de cette reconnaissance s'effectua sans incidents, par la forêt de Haguenau.

Ce même jour, en vertu d'un ordre du Maréchal commandant en chef, la 2e division fut provisoirement mise sous les ordres du général Ducrot, qui commandait la 1re division du 1er corps.

Journal de marche de la brigade de Septeuil (1).

1ᵉʳ août.

La brigade occupe, depuis le 26 juillet, Soultz-sous-Forêt, avec le 3ᵉ hussards, et Haguenau avec le 11ᵉ chasseurs.

Le 2ᵉ lanciers va rejoindre le général de Nansouty à Seltz.

Reconnaissances journalières et affaires d'avant-postes exécutées par le 3ᵉ hussards et le 11ᵉ chasseurs (2).

Rapport du chef d'escadron de Kernisan, du 11ᵉ régiment de chasseurs.

Seltz, 1ᵉʳ août, 2 h. 5.

Demain rapport détaillé.

Engagement d'un de nos postes avancés : maréchal des logis Christophe avec 16 hommes, soutenu par maréchal des logis Bloëst avec 9 hommes, moins deux vedettes. Un cheval blessé de notre détachement, coup de feu dans les chairs de la hanche, ce ne sera rien. Personne blessé. Une selle 2ᵉ hussards prussien rapportée, 3 chevaux tués et 2 soldats prussiens tués.

Christophe, Bloëst et leurs hommes très bien conduits.

Journal inédit du comte de Leusse.

1ᵉʳ août.

Le 1ᵉʳ août, le Maréchal vint, dans un train express, passer trois heures à Reichshoffen, causer avec le général Ducrot et lui donner ses instructions.

La conversation fut longue. On m'appelait de temps en temps pour un renseignement, et je remarquai qu'à partir de ce moment le Maréchal ne cessa (de louer) en toute occasion le général Ducrot, en disant : « Ducrot connaît le pays sur le bout du doigt...... »

Le général Ducrot reçut l'ordre de partir le lendemain pour Lembach et le Pigeonnier. Il devait trouver, au bas de Cléebourg, la division Douay et au Geisberg une brigade de cavalerie ; enfin il devait être remplacé par le général Raoult avec la 3ᵉ division.

---

(1) Brigade de cavalerie légère de la division de cavalerie du 1ᵉʳ corps.

(2) La brigade de Septeuil, composée des 3ᵉ hussards (colonel d'Espeuilles) et 11ᵉ chasseurs (colonel Dastugue), et venant de Lyon, était arrivée à Strasbourg le 24 juillet. Le 2ᵉ lanciers avait été placé provisoirement dans la brigade et détaché le 26 juillet à Hatten.

Le Maréchal me dit qu'il reviendrait s'installer chez moi, et il voulut bien remercier ma femme des soins qu'elle avait apportés à l'organisation des ambulances qui, sans elle, ajouta-t-il, n'existeraient pas.

b) **Organisation et administration.**

Le Major général au maréchal de Mac-Mahon (D. T.).

Metz, 1er août, 10 h. 30 matin.

L'Empereur nomme général le colonel Faure et vous le laisse (1).

Le général Moreno reprend la subdivision du Bas-Rhin, en attendant le rétablissement de sa santé. Le général Wolff remplace le général Moreno à sa brigade (2).

Le maréchal de Mac-Mahon au général Douay (D. T.).

Strasbourg, 1er août, 10 h. 15 matin.

Faites-moi connaître si, en vue d'alléger le sac des hommes, il y a lieu de laisser aux petits dépôts la veste ou la demi-couverture, et, dans le cas de l'affirmative, lequel de ces deux effets il conviendrait de laisser.

Quartier général du 1er corps.

Strasbourg, 1er août.

Ordre.

En quittant Strasbourg, chaque corps devra laisser dans cette ville un petit dépôt sous la garde d'un sous-officier ou d'un caporal et de quelques hommes.

Une chambre sera affectée à chacun de ces petits dépôts, dans une caserne de la ville, par les soins de M. le commandant de place de Strasbourg.

b₁) **Mise en état de défense des places fortes.**

Le général Forgeot au général Soleille.

Strasbourg, 1er août.

J'ai l'honneur de vous rendre compte, en réponse à votre dépêche n° 20, en date du 31 juillet, que M. le général de division commandant

---

(1) Sous-chef d'état-major général du 1er corps.
(2) 1re brigade de la 1re division du 1er corps.

la 6e division militaire a convoqué aujourd'hui M. l'intendant militaire de la 6e division et le colonel directeur de l'artillerie à Strasbourg, pour s'occuper immédiatement de pourvoir aux besoins du service de l'artillerie dans les places de l'Alsace.

Les mesures que le Major général a prescrites vont être exécutées aussitôt que possible et je ne doute pas que, conformément à vos instructions, le service de la défense des places de l'Alsace ne soit rapidement organisé.

Le général Forgeot, commandant l'artillerie du 1er corps, au général Soleille, à Metz.

Strasbourg, 1er août.

J'ai l'honneur de vous adresser ci-joint les renseignements demandés par votre dépêche n° 36, en date du 30 juillet dernier.

Strasbourg a son armement de défense au complet; son approvisionnement, moins les poudres, est en moyenne moitié au-dessous du nécessaire. Toutes les pièces de l'armement de défense, tel qu'il a été arrêté par le Ministre, sont actuellement en batterie; les armements et un premier approvisionnement sont à portée, sur les traverses.

Belfort, son château, ses forts ont aussi leur armement complet, mais des approvisionnements insuffisants. Presque toutes les pièces de l'armement de défense sont en batterie, excepté au fort des Barres, qui n'est pas terminé par le génie militaire.

A Neuf-Brisach, tout l'armement existe aussi; approvisionnements comme dans les autres places; 60 pièces en batterie sur 99; aucunes ressources depuis quinze jours, ni en hommes, ni en chevaux.

Le fort Mortier n'est pas armé; son armement est à Neuf-Brisach, ainsi que ses poudres; il n'y avait pas de garnison dans ce fort; les plates-formes et les embrasures sont prêtes.

Schlestadt a son armement complet; l'approvisionnement comme dans les autres places; 43 pièces en batterie sur 104. Aucunes ressources, en hommes et en chevaux, depuis un mois.

La Petite-Pierre et le Lichtemberg, armement complet; approvisionnements à peu près suffisants; 1 sous-officier d'artillerie et 5 canonniers dans chacun de ces forts; on s'occupe de l'armement des 8 pièces à la Petite-Pierre et 7 au Lichtemberg.

Fusils modèle 1866, à Strasbourg : 4,500; dans les autres places, 0.

Fusils modèle 1867, dans la direction : 6,560; 5,000 annoncés.

Fusils transformés *bis*, dans la direction : 71,547.

Cartouches modèle 1866, dans la direction : 2,532,034; 2,500,000 annoncées.

Cartouches modèle 1867, dans la direction : 5,551,290.

Cartouches modèle 1863, dans la direction : 6,406,416.

Les chiffres relatifs aux cartouches varient tous les jours, par suite des entrées ou des sorties.

c) Opérations et mouvements.

Le Major général au maréchal de Mac-Mahon (D. T.).

Metz, 1ᵉʳ août, 3 h. 20.

Je viens de télégraphier au Ministre pour qu'aussitôt après l'arrivée à Lyon de la brigade Guilhem, venant de Civita-Vecchia, la division Dumont, du 7ᵉ corps, soit dirigée sur Colmar. Dès que cette division sera rendue à Colmar, la division Conseil-Dumesnil, qui occupe cette dernière place, pourra être appelée dans le Bas-Rhin.

Le maréchal de Mac-Mahon au Major général (D. T.).

Strasbourg, 1ᵉʳ août, 3 h. 50 matin.

Il est arrivé hier soir la 14ᵉ compagnie du train des équipages : 194 hommes et 262 chevaux. Depuis lors, rien n'a plus été annoncé.

Le général Ducrot au général Douay, à Haguenau.

Reichshoffen, 1ᵉʳ août.

J'ai reçu la députation des gens de Lauterbourg ; je conviens que leur situation est très intéressante, mais les ordres du Maréchal sont formels, il interdit l'occupation de cette ville.

Toutefois, rien ne s'oppose à ce qu'on assure la sécurité des populations, en multipliant les patrouilles dans la direction de Lauterbourg, et en tendant des embuscades de cavalerie et même d'infanterie.

Je considère comme complètement inutile la présence d'un bataillon à Soultz (1), la brigade de cavalerie étant suffisamment couverte par les troupes qui s'échelonnent de Gunstett au Pigeonnier et, de plus, par la présence d'un escadron qui sera en permanence au Pfaffenschlick et au Pigeonnier.

Il serait opportun de porter ce bataillon de Soultz à Seltz, ce qui permettrait de placer des avant-postes plus près de Lauterbourg, et surtout de dresser des embuscades, pour chercher à enlever les patrouilles qui franchissent la frontière.

---

(1) Bataillon du 50ᵉ de ligne.

En résumé, les renseignements qui me parviennent me font supposer que l'ennemi n'a pas de grandes forces très rapprochées de ses avant-postes et qu'il n'a nulle envie de prendre l'offensive.

d) **Situations et emplacements.**

Situation de présence à la date du 1er août.

CORPS.	OFFI-CIERS.	TROUPE.	TOTAUX.	CHEVAUX.
Quartier général................	62	549	611	674
Division Ducrot.................	323	10,186	10,509	660
Division Douay.................	349	8,251	8,600	640
Division Raoult.................	303	7,862	8,165	606
Division de Lartigue............	291	8,141	8,432	744
Division de cavalerie (Duhesme)...	267	3,454	3,721	3,388
Réserve d'artillerie.............	50	1,571	1,621	1,426
Réserve du génie...............	6	151	157	40
Totaux........	1,651	40,165	41,816	8,178

1er CORPS.

Emplacement des troupes au 1er août.

Quartier général...........................	à Strasbourg.
Division Ducrot............................	à Reichshoffen.
Division Abel Douay.......................	à Haguenau.
Division Raoult............................	à Strasbourg.
Division de Lartigue.......................	à Strasbourg.

Division de cavalerie (Duhesme) :
- 3e hussards............... à Soultz.
- 11e chasseurs............. à Haguenau.
- 2e lanciers................ à Soultz.
- 6e   — .... à Strasbourg et Schlestadt.
- 8e cuirassiers............. à Brumath.
- 9e   — .... à Brumath.

Réserve d'artillerie et génie..................... à Strasbourg (1)

---

(1) Parc d'artillerie en formation à Besançon.

Journée du 1er août.

2e CORPS.

a) Journaux de marche.

Journal de marche du 2e corps d'armée.

Le général commandant le 2e corps, voyant se confirmer de plus en plus, par les rapports des reconnaissances et des espions, le fait d'un grand rassemblement de troupes prussiennes à Duttweiler, en arrière de Sarrebrück, se décide à concentrer davantage son corps d'armée.

En conséquence, la 1re division quitte ses campements de Rosbrück, et vient s'établir en avant de Forbach, à l'ouest de la ville, de chaque côté de la route de Sarrelouis.

Le 3e bataillon du 8e de ligne, de la 2e division, va rejoindre à Stiring les deux premiers bataillons du régiment (1), qui y étaient déjà établis, tandis que le 12e bataillon de chasseurs et le 23e de ligne viennent sur la droite de la route de Forbach à Sarrebrück, occuper l'emplacement laissé libre par le départ du 8e de ligne (2).

Afin d'assurer la jonction de sa seconde brigade avec la première, le général commandant la 3e division fait reconnaître les chemins qui relient Œting avec le plateau de Spicheren (3).

Deux routes seulement sont assez larges pour être facilement praticables aux voitures; l'une va directement d'Œting à Spicheren, en traversant la forêt; l'autre va de Bousbach à Spicheren, en passant par Behren et Etzling. Les travaux nécessaires pour rendre les routes par-

---

(1) Ce 3e bataillon avait été détaché jusqu'à présent pour couvrir le camp des 4e et 5e régiments de chasseurs, entre les routes de Sarrelouis et de Sarreguemines (Journal de marche du 2e corps, 22 juillet).

(2) Ces trois corps : 12e bataillon de chasseurs, 8e et 23e de ligne, formaient la 1re brigade de la 2e division. La 2e brigade de la 2e division (66e et 67e de ligne) occupe Spicheren avec une batterie. Les deux autres batteries de la division sont près de Forbach ainsi que la compagnie du génie.

(3) La 1re brigade de la 3e division est à Bousbach et Behren, la 2e à Œting, l'artillerie à Bousbach, la compagnie du génie à Œting.

faitement praticables, sont exécutés par la compagnie du génie aidée des travailleurs d'infanterie (1).

Journal de marche de la 1re division.

Départ de Rosbrück pour Forbach. Arrivée à midi. Le campement de la division est établi en avant de Forbach, à l'ouest de la ville, à droite et à gauche de la route de Sarrelouis.

Journal de marche de la 2e division.

Le 3e bataillon du 8e de ligne va rejoindre les deux premiers bataillons de ce corps à Stiring. Le 12e bataillon de chasseurs et le 23e de ligne viennent prendre le campement laissé vacant par le 8e, en avant de la cavalerie, sur la droite de la route de Forbach à Sarrebrück. Les troupes de la 1re division viennent occuper l'emplacement du 12e bataillon et du 23e de ligne.

Journal de marche de la compagnie du génie de la 2e division.

Du 27 juillet au 1er août, la compagnie, campée aux abords de la gare de Forbach, a été occupée, partie au service de place, partie au service de l'administration.

Le 31 juillet et le 1er août, elle fournit à l'administration un sergent et 12 hommes pour le montage de fours de campagne.

Journal de marche de la 3e division.

Conformément aux ordres du Général en chef, le chef de bataillon Peaucellier, commandant du génie de la division, MM. les capitaines d'état-major Abria et Durieux partent à 5 heures du matin, pour aller reconnaître les routes qui, des positions occupées par la division, conduisent au plateau de Spicheren occupé par la brigade Bastoul (2).

Deux de ces routes seulement sont assez larges pour être facilement praticables aux voitures. L'une, par la forêt, va directement d'OEting à Spicheren, l'autre conduit de Bousbach à Spicheren par Behren et

---

(1) La réserve d'artillerie du 2e corps est à Morsbach (1re et 2e divisions), et à Bening avec la cavalerie (3e division). La réserve du génie est également à Morsbach.

(2) 2e brigade, 2e division.

Etzling. La compagnie du génie et 80 travailleurs d'infanterie exécutent, dans la journée, les travaux nécessaires pour rendre ces deux routes parfaitement carrossables.

Les corps de la division qui, pendant leur séjour aux bivouacs de Merlebach, Bening, Cocheren, Rosbrück et Morsbach, ont acheté les chevaux de trait nécessaires pour organiser les moyens de transport des bagages des officiers, envoient chercher à Forbach les voitures accordées pour le service des transports, dans les proportions ci-après indiquées :

	VOITURES D'ÉTAT-MAJOR à 2 chevaux et à 4 roues.	VOITURES RÉGIMENTAIRES de bagages modèle n° 1, à 1 cheval.
Général de division commandant la division.......	1	1
Général de brigade...........................	»	2
Chef d'état-major et le personnel sous ses ordres...	1	1
Parquet du conseil de guerre...................	»	1
Sous-intendant militaire adjoint à l'Intendance et le personnel sous ses ordres.....................	1	1
Médecins et pharmaciens attachés à l'ambulance...	»	1
Deux batteries montées de 4...................	»	2
Une batterie de canons à balles.................	»	1
Régiment d'infanterie.........................	»	4
Bataillon de chasseurs à pied..................	»	2

Journal de marche de la compagnie du génie de la 3ᵉ division.

La compagnie divisionnaire (13ᵉ compagnie de sapeurs du 3ᵉ régiment) passe la journée du 1ᵉʳ août au camp d'Œting.

Journal de marche de la division de cavalerie du 2ᵉ corps.

Entre le départ de la division Vergé, avec laquelle les 2 escadrons du 7ᵉ dragons, commandés par le lieutenant-colonel Ney d'Elchingen, quittent le bivouac de Merlebach, et l'arrivée de la division Montaudon (1ʳᵉ du 3ᵉ corps), trois reconnaissances fortes, l'une de 2 pelotons, les deux autres d'un peloton du 12ᵉ dragons, se dirigent vers L'Hôpital, Emersweiller et Saint-Nicolas. A leur retour, elles font le service de grand'garde autour de la position de Merlebach.

Journal de marche de la réserve d'artillerie du 2ᵉ corps.

Le quartier général de l'artillerie du 2ᵉ corps d'armée reste à Forbach, où il est arrivé le 31 juillet, venant de Saint-Avold.

b) Organisation et administration.

Le général Bataille au général Frossard.

Forbach, 1ᵉʳ août.

En réponse à votre dépêche datée de Saint-Avold, 29 juillet, n° 230, j'ai l'honneur de vous informer que j'ai procédé à l'installation des petits dépôts des corps, dans les conditions suivantes :

1° Les petits magasins des corps sont installés, dès aujourd'hui, à Forbach, dans le local situé rue Napoléon, en face la rue de la Gare ;

2° Ce petit dépôt comprend les cinq corps d'infanterie de la 2ᵉ division et les quatre régiments de la division de cavalerie ;

3° M. le capitaine Martin, du 5ᵉ régiment de chasseurs, prendra le commandement des petits dépôts réunis, en exécution des ordres du général commandant le corps d'armée ;

4° Chaque brigade désignera un officier d'habillement pour commander le petit dépôt de la brigade ; les corps qui n'auront point leur officier d'habillement à Forbach, y laisseront un sous-officier. Il y aura, en outre, un soldat par corps ;

5° En dehors des désignations indiquées ci-dessus et d'un soldat ordonnance par officier, il ne restera personne aux petits dépôts.

J'espère que ces dispositions recevront votre approbation.

Le général Frossard au général de Laveaucoupet, à Œting.

Forbach, 1ᵉʳ août.

Un détachement du 2ᵉ de ligne, fort de : 1 officier et 300 hommes, partant de Limoges le 30 juillet, par les voies ferrées, arrivera à Saint-Avold le 2 août. Cet avis est transmis aujourd'hui par la 5ᵉ division militaire (1).

Le général Frossard au général Bataille.

Forbach, 1ᵉʳ août.

Le maréchal Bazaine m'informe à l'instant qu'un détachement de 100 hommes du 12ᵉ bataillon de chasseurs à pied, parti d'Auxonne

---

(1) Metz.

le 31 juillet, vient d'arriver à Saint-Avold, et qu'il le fait diriger sur Forbach.

Veuillez prendre les mesures nécessaires pour que ces hommes soient conduits à leurs corps aussitôt leur arrivée à la gare.

Le général Frossard aux généraux commandant les 1re et 3e divisions d'infanterie.

Il m'est rendu compte que 122 petites voitures régimentaires, avec un pareil nombre de harnais, sont arrivés en gare de Forbach.

Je fais prescrire à M. le sous-intendant de la 2e division, en l'absence de M. l'intendant, d'en prendre livraison et de les répartir en nombre égal entre les trois divisions d'infanterie, soit 40 ou 41 par division.

Veuillez donner des ordres pour qu'il soit fait une bonne répartition de ces voitures entre les corps de votre division et pour que ces corps fassent prendre aujourd'hui même, à la gare, les voitures et les harnais qui leur auront été affectés.

D'après les ordres du général commandant le 2e corps, la répartition des petites voitures n° 1, à un cheval, sera la suivante :

État-major général, **4**.
Intendance du corps d'armée, **4**.
Pour généraux et états-majors des divisions d'infanterie, 18 (6 par division).
Pour généraux et états-majors de cavalerie, 6.
32 pour états-majors, plus **141** pour bataillons, = 173, nombre total.

Aux trois divisions d'infanterie, artillerie, génie, cavalerie.

Forbach, 1er août.

Envoi à la 1re division d'infanterie de 12 exemplaires des sonneries prussiennes, à répartir de la manière suivante :

        Généraux.................... 3
        Chef d'état-major............ 1
        Chefs de corps............... 5
        Artillerie divisionnaire....... 3 (1 par batterie).

Prière de prendre les mesures nécessaires pour que ces sonneries soient connues du plus grand nombre d'officiers possible.

P.-S. — D'autres exemplaires seront envoyés ultérieurement.

Le Major général au général Frossard.

Metz, 1ᵉʳ août.

J'ai l'honneur de vous adresser, par ce courrier, 1270 exemplaires d' « Instructions tactiques », à répartir entre tous les officiers du corps d'armée sous vos ordres, savoir :

35 exemplaires pour l'état-major général ;
1005 exemplaires pour les trois divisions d'infanterie et leurs états-majors ;
180 exemplaires pour la division de cavalerie et son état-major ;
45 exemplaires pour l'artillerie ;
5 exemplaires pour le génie.

Veuillez m'accuser réception de cet envoi.

Instructions tactiques.

Au moment d'entrer en campagne, il est certaines considérations sur lesquelles il importe d'appeler l'attention de tous les officiers.

Marche des colonnes. — On ne saurait trop insister sur la nécessité de bien s'éclairer et fort au loin dans les marches. Les commandants de corps d'armée devront pousser leur pointe d'avant-garde assez en avant, pour avoir toujours le temps de déployer leurs forces en cas d'apparition de l'ennemi. Un corps d'armée doit être éclairé à deux lieues au moins devant lui.

Il n'est pas moins important de couvrir ses flancs pour éviter les surprises. — L'histoire des dernières guerres montre que de grands désastres sont dûs à l'oubli de cette précaution. L'emploi des flanqueurs comme l'indique le règlement est sans doute utile, mais ce ne serait pas toujours suffisant. De très petites reconnaissances de cavalerie poussées au loin sur les routes transversales, ou des postes établis temporairement à leurs débouchés, assureront la sécurité complète de la marche des colonnes.

L'avant-garde sera composée de troupes de toutes armes et fortement constituée. Le gros de la colonne suivra à quelque distance. L'artillerie divisionnaire marchera en majeure partie derrière le second bataillon, et sera toujours prête à se porter rapidement sur des points favorables, pour assurer une protection efficace au déploiement de la colonne. On fera bien d'ajouter à l'artillerie de la division de tête une batterie de 12, si l'on prévoit des obstacles à renverser.

Dispositions de combat. — Devant l'ennemi, on se formera habituellement dans l'ordre suivant :

1° Une forte ligne de tirailleurs, le tiers au plus par bataillon, soit deux compagnies y compris les soutiens ;

2° Les quatre autres pelotons de chaque bataillon, déployés ou en colonne, restant en ordre et à rangs serrés, dans la main du chef de bataillon, constitueront la première ligne de bataille ;

3° La deuxième ligne sera formée de bataillons déployés ou en colonne et autant que possible à couvert par un pli de terrain ;

4° Dans chaque corps d'armée, une forte réserve d'une division ou d'une brigade, formera une troisième ligne en colonnes serrées, à la disposition du commandant du corps d'armée seul ;

5° Une réserve générale de l'armée sera constituée et ne recevra d'instructions que du commandant en chef.

Cette disposition générale de combat, est celle qui présente le moins de chances de pertes et se prête le mieux à toutes les formes du terrain. En raison de l'importance actuelle des feux, les colonnes profondes déjà condamnées par l'expérience, doivent être plus que jamais bannies du champ de bataille.

La marche d'une ligne déployée est difficile ; l'ordre en colonne de bataillon a l'inconvénient de donner peu de feux ; une formation mixte sera souvent préférable. On peut alors faire un plus grand usage des feux, que dans l'ordre purement en colonne tout en conservant à l'ensemble une partie de la solidité et de l'impulsion de cet ordre. Quelle que soit la disposition adoptée, il faut être sans cesse en mesure de contenir l'ennemi et se ployer toujours en arrière d'une subdivision, comme se déployer sur la tête des colonnes.

En général, les tirailleurs portés à 300 mètres seulement de la première ligne, suffiront à la garantir des effets sérieux de la mousqueterie.

La deuxième ligne, placée à environ 300 mètres en arrière de la première ligne, sera hors de portée de la mousqueterie, mais en butte au canon. On cherchera donc à l'abriter, et, au besoin on la fera coucher.

Les réserves situées à 500 ou à 1000 mètres au plus, en arrière de la deuxième ligne, seront peu exposées à l'artillerie. Il sera cependant utile de les défiler, si faire se peut.

Les corps d'armée se formeront, autant que possible, par divisions accolées sur deux lignes. C'est la disposition qui se prête le plus facilement aux manœuvres, et permet le mieux au général de division d'avoir ses troupes dans la main et d'en embrasser l'ensemble. Elle rend le déploiement plus rapide par la formation simultanée des deux lignes et c'est celle qui a été le plus souvent employée fructueusement sur les champs de bataille.

Les lignes seront toujours établies en arrière des crêtes en sacrifiant à cette condition essentielle, la rectitude des alignements.

La cavalerie attachée aux divisions d'infanterie suivra la première ou la seconde ligne, particulièrement en débordant les ailes, se couvrant du terrain et prête à agir comme il sera expliqué plus loin.

Les tirailleurs, leurs soutiens, la première et la deuxième ligne détacheront sur leurs ailes des éclaireurs, pour être informés à temps de toutes les entreprises de l'ennemi sur leurs flancs.

Attaque. — Sauf les exceptions motivées par des circonstances particulières, on se conformera aux règles ci-après :

Les tirailleurs déployés se rapprocheront successivement de l'ennemi, en profitant de tous les plis de terrain. Ils se rendront d'un abri à l'autre, au pas de course, afin de subir moins de pertes. Toutes les fois qu'ils seront embusqués, ils s'attacheront soigneusement à tirer avec une grande précision. Les soutiens suivront le mouvement des tirailleurs en restant groupés et en se défilant bien. Leur rôle est de renforcer, s'il est nécessaire, la ligne de tirailleurs ; de s'y porter parfois en ordre compact et d'y exécuter des salves pour ouvrir des brèches dans la ligne ennemie, ou de la prendre d'écharpe en se glissant sur les côtés.

Les tirailleurs et leurs soutiens arrivés près des tirailleurs ennemis, feront un dernier effort, en se lançant au pas de course pour les déloger. Il importe que ce coup de collier n'ait lieu qu'à petite distance ; tout élan, parti de loin, en terrain découvert, expirerait avant d'arriver au but.

La première ligne, soutenue par la deuxième, se portera vivement en avant pour compléter la déroute de l'ennemi ou résister à ses attaques. Les bataillons devront rester dans le plus grand ordre et conserver une formation régulière.

Pour repousser un retour offensif, il ne faut pas quitter la position qu'on vient de conquérir pour courir au-devant de l'ennemi. Il vaut mieux s'arrêter, se déployer et ouvrir un feu nourri, après avoir laissé l'ennemi s'approcher à bonne portée.

Dans l'attaque des localités, villages, fermes, habitations, on cherchera à les envelopper. L'artillerie agira d'abord pour ouvrir des passages et désorganiser la défense. Ensuite les troupes s'avanceront en plusieurs colonnes échelonnées, celles du centre n'entrant en action que lorsque celles des ailes prononceront leur mouvement sur les flancs de l'ennemi.

Dans l'attaque d'un bois on cherchera à envelopper un saillant, avec une forte chaîne de tirailleurs, soutenus par des colonnes échelonnées, de manière à porter des feux croisés sur le point à enlever.

On s'approchera successivement, en profitant de tous les accidents du sol, puis les tirailleurs forceront la lisière du bois au pas de course. Dès qu'on aura pris pied, on en expulsera les défenseurs en débordant constamment leurs flancs.

Pour déboucher d'un bois en face de l'ennemi, on tâchera de sortir simultanément par plusieurs points et à donner le change sur ses intentions, par exemple en attirant l'attention de l'ennemi par une démonstration de cavalerie et d'artillerie sur une aile. Lorsqu'on débouchera d'un bois, la deuxième ligne occupera fortement la lisière pour conserver un appui solide.

Quand l'infanterie aura à déloger de l'artillerie, les tirailleurs profiteront des dépressions du terrain pour s'en approcher insensiblement et se glisser sur un de ses flancs. Parvenus à une petite distance, ils ouvriront un feu actif sur les servants, puis se jetteront sur eux au pas de course.

Pour forcer un pont ou un défilé, on distraira l'attention de l'adversaire en multipliant les démonstrations. On dirigera sur le débouché un feu continu de tirailleurs et on y fera converger le tir des batteries; puis quand on aura menacé les flancs, on lancera une colonne qui traversera promptement le défilé et en occupera la sortie.

En principe, toute attaque doit être précédée d'une reconnaissance. On examinera s'il n'y a pas près des ailes de la position quelque bouquet de bois, un enclos, une ferme, un ravin permettant à des tirailleurs de se poster à couvert pour prendre d'écharpe la ligne ennemie. Il est bien rare que l'on ne rencontre pas quelques champs couverts de moissons, des buissons, des haies, etc..., dans lesquels il est possible de se glisser pour fusiller l'ennemi à petite distance. On l'obligera presque toujours ainsi à reculer. L'artillerie faisant converger ses feux le plus longtemps possible sur les points à enlever, désorganisera la défense et forcera l'ennemi à se tenir abrité sans pouvoir faire un grand usage de sa mousqueterie. L'infanterie pourra alors s'approcher, couverte par ses tirailleurs, et dès que le canon se taira, elle prononcera vivement son attaque.

Elle s'avancera en ordre déployé ou en colonnes de division, à intervalle de déploiement. Près de l'ennemi, les tirailleurs démasqueront les têtes de colonnes, et quand celles-ci seront à leur hauteur, ils se placeront dans les intervalles et marcheront avec elles en redoublant leurs feux.

Dans les colonnes, pas de feux, mais une marche résolue pour aborder l'ennemi au pas de charge. L'attaque à la baïonnette conserve encore aujourd'hui toute sa valeur, à la condition formelle de n'avoir pas à parcourir de longs espaces à découvert.

Défense. — Dans la défense, on aura soin de bien appuyer ses flancs, soit par un obstacle naturel d'un accès difficile, soit par un dispositif échelonné en arrière, soit en garnissant de forts enclos se flanquant mutuellement.

Sur le front de la position on occupera quelques points solides, qui seront crénelés ou barricadés, de manière à briser la première impulsion de l'assaillant et à l'arrêter longtemps sous le feu de la première ligne.

Dans la défensive, le but est de mettre entre soi et l'ennemi des obstacles qui retardent sa marche et l'obligent à s'engager dans ces rentrants battus par des feux croisés.

La deuxième ligne placée en arrière des crêtes du terrain doit, autant que possible, éviter de se montrer. Si la première est repoussée, la deuxième laisse l'ennemi s'avancer; quand il approche, elle se lève, marche à lui, l'accueille par une décharge presque à bout portant et charge à la baïonnette.

Si l'on est contraint de se mettre en retraite, on se retirera toujours en échelons, de manière que les échelons encore en position protègent par leur feu le mouvement de ceux qui se retireront pour aller prendre des positions plus en arrière.

Dans la défense des points habités, on se gardera d'entasser les troupes dans les maisons. On placera dans le dehors une chaîne serrée de tirailleurs bien embusqués, avec leurs soutiens derrière les premières maisons. Sur la place principale ou autour de l'église se tiendra une première réserve, avec des pièces, enfilant les avenues principales. Sur les flancs, on occupera quelque enclos ou maison isolée pour s'opposer aux mouvements tournants et faire des retours offensifs. Derrière le village sera la réserve principale.

Tranchées-abris. — L'usage des tranchées-abris sera avantageux dans la défensive; on en recommande donc l'emploi toutes les fois que les troupes s'établiront défensivement sur un point où elles devront stationner un certain temps et où elles seront exposées aux attaques de l'ennemi; mais il convient de ne pas abuser de ce système, qui se prête peu à l'offensive.

Il est certain que des troupes abritées dans des tranchées seront parfois moins disposées qu'il ne faudrait à en sortir pour prendre une vigoureuse offensive.

Lorsqu'on se servira des tranchées-abris, la deuxième ligne devra être assez rapprochée de la première pour pouvoir promptement repousser l'ennemi s'il parvenait à forcer la tranchée.

Tous les officiers savent que le feu de l'artillerie n'est réellement redoutable que lorsqu'elle connaît bien la distance à laquelle elle tire. Si donc une troupe souffre de l'effet du canon dans une position de quelque étendue, son chef devra la porter un peu en avant; l'artillerie ennemie s'apercevra difficilement de ce changement de position et les projectiles passeront au-dessus de la tête de nos soldats.

Chasseurs à pied. — On évitera d'employer les chasseurs à pied comme troupe de ligne. Les généraux de division les conserveront à leur disposition pour leur confier des missions spéciales auxquelles leur recrutement particulier les rend plus aptes que l'infanterie de ligne, par exemple : protection du passage d'une rivière, enlèvement d'un pont, d'un défilé, escalade de hauteurs, soutien d'artillerie, flanquement des lignes, etc.....

Emploi spécial de la cavalerie. — La cavalerie a quatre missions distinctes :

1° Eclairer l'armée. Pour cela, envoyer très au loin la cavalerie attachée aux divisions d'infanterie. Le nombre n'est pas nécessaire dans les reconnaissances, mais il faut les multiplier. On aura soin d'échelonner la cavalerie dans les reconnaissances, tant pour ménager les chevaux et assurer la retraite que pour exposer moins de monde.

2° Dans le combat, la cavalerie attachée à une division d'infanterie se place généralement en arrière de la première ou de la deuxième ligne de sa division en se défilant de son mieux. Son commandant se tiendra habituellement près du général de division ; il suivra attentivement toutes les phases du combat pour agir au moment opportun.

En principe, la cavalerie ne doit pas s'engager à la fois tout entière. Elle se divisera en trois fractions distinctes : attaque, soutien et réserve, afin d'être toujours en mesure de répondre à une attaque de flanc par une contre-attaque pareille et de se ménager le moyen de donner le dernier coup de sabre.

Elle examinera soigneusement le terrain sur lequel elle peut avoir à charger et elle le reconnaîtra bien, afin de n'être pas arrêtée inopinément par quelque obstacle matériel.

Après la charge, quelle qu'en soit l'issue, on ralliera toujours très rapidement les escadrons et on les remettra en ordre.

Notre cavalerie devra aussi se défier des feintes de la cavalerie prussienne pour l'attirer dans quelque piège ; c'est une manœuvre à laquelle l'ennemi s'est beaucoup exercé durant la paix.

3° Produire de grands effets de masse vers la fin de la bataille pour accabler l'ennemi, empêcher qu'il ne se reforme et faire des prisonniers.

4° Enfin, les commandants de corps d'armée devront envoyer au loin, quand ce sera possible, de forts détachements de cavalerie pour détruire les chemins de fer, les établissements de l'ennemi, se glisser sur ses flancs et même menacer ses derrières pour l'inquiéter et gêner ses approvisionnements.

Génie. — Dans les marches, le génie ouvrira aux colonnes les débouchés nécessaires. Dès le début de l'action, il reconnaîtra promptement les localités et fera établir aussitôt des ponts ou passages provisoires pour faciliter le débouché des troupes, le déploiement de l'artillerie, l'arrivée des munitions, l'évacuation des blessés, etc.....

Dans l'occupation des localités qui appuient les lignes, le génie prêtera son concours à l'infanterie pour en organiser la défense matérielle.

Artillerie. — Dès que l'ennemi sera signalé, les batteries divisionnaires se porteront en avant et ouvriront le feu. Elles peuvent s'avancer jusqu'à 200 ou 300 mètres de la première ligne, sans cesser d'être efficacement flanquées par la mousqueterie. Elles se placeront aux ailes pour ne pas gêner le mouvement de l'infanterie et feront converger leurs feux sur le point essentiel.

Chaque batterie aura toujours un soutien d'infanterie ou de cavalerie.

Lorsqu'une batterie aura pris une position favorable, on l'y maintiendra le plus longtemps possible. Elle pourra ainsi mieux régler son tir et produire de plus grands effets.

L'artillerie doit rechercher toutes les occasions avantageuses de s'engager et ne pas craindre de consommer utilement des munitions. Les commandants d'artillerie divisionnaire veilleront à ce que le parc divisionnaire de cartouches soit placé aussi près que possible de la première ligne, pourvu qu'il soit bien abrité ; on y mettra au besoin une petite garde.

L'action des batteries de réserve doit être courte et décisive. Ces batteries s'engageront de près dès que le commandant du corps d'armée l'ordonnera, et tireront avec vivacité, aussitôt le tir réglé.

Commandement. — Dans le combat, les généraux commandant les divisions et les corps d'armée auront un quartier général fixe, où ils laisseront un officier ou un sous-officier, pour recevoir les ordres et indiquer où on les trouvera.

Toutes les fois qu'un officier général enverra un ordre, il devra le faire confirmer, de manière à s'assurer qu'il est réellement parvenu à destination.

Surprises. — On appelle la plus grande attention de tous les officiers sur les désastreux effets produits, surtout au début d'une campagne, par les surprises. Les paniques seront certainement évitées si tous les officiers se préoccupent sans cesse de mettre en garde leurs soldats contre les attaques inopinées ou les tentatives souvent peu sérieuses de l'ennemi.

Des recommandations incessantes devront être faites à ce sujet. On se gardera avec le plus grand soin. Le service des avant-postes sera surveillé comme le prescrit le règlement. On ne négligera aucune mesure de précaution, surtout la nuit. Néanmoins, si quelque alerte se produit, les officiers maintiendront les hommes dans le calme, les réuniront en arrière des faisceaux et les empêcheront absolument de les rompre sans l'ordre de leurs chefs.

Documents à consulter. — Tous les officiers sont invités à relire et à méditer, outre le règlement sur le service en campagne, les instructions qui ont été publiées par le ministère de la guerre, sur les combats, les avant-postes, la cavalerie et l'artillerie, ainsi que l'ouvrage du général de Brack, spécial à la cavalerie.

Tactique prussienne. — En terminant cette instruction, il n'est pas inutile d'indiquer sommairement la manière probable dont les Prussiens se présenteront devant nous. On ne doit pas s'attendre à voir les bataillons prussiens combattre comme dans la campagne de 1866, dispersés en tirailleurs, sans réserve derrière eux. Tous leurs exercices depuis cette époque ont eu pour but d'habituer leurs troupes à un ordre de combat qui n'offre pas les mêmes inconvénients.

Aujourd'hui le bataillon prussien, formé de 4 compagnies, se décompose en 12 pelotons (chacun de la force d'une de nos sections à peu près), dont 4 destinés au service de tirailleurs. Au début de l'action, 2 pelotons se déploient en tirailleurs, 2 autres constituent les soutiens; les 8 derniers sont maintenus en ordre compact, déployés, ou en colonne double, en colonne de demi-bataillon ou en colonne de compagnie. Quand vient le moment de renforcer les tirailleurs, les 2 pelotons de soutien les rejoignent, se déploient, et sont remplacés aussitôt par 2 autres pelotons tirés du gros du bataillon. Quand le chef de bataillon juge l'ennemi ébranlé par le feu des tirailleurs, les soutiens vont s'intercaler dans la ligne des tirailleurs, et tirent par salves, tandis que le feu à volonté des tirailleurs augmente d'intensité.

Pendant ce temps, le gros du bataillon se rapproche, au pas accéléré, de la ligne des tirailleurs. Quand il n'en est plus qu'à 50 ou 60 pas, on ordonne la charge, on croise la baïonnette, on se précipite au pas de course sur l'adversaire en poussant trois hourras qui doivent compléter chez l'adversaire la démoralisation commencée par le feu.

L'infanterie prussienne cherche à se faire attaquer dans les bois. Elle en occupe faiblement la lisière avec de fortes réserves dans l'intérieur. Cette manœuvre lui a plusieurs fois réussi en 1866, en Bohême. Elle consistait à céder le terrain, puis quand l'infanterie autrichienne pénétrait dans le bois à sa poursuite, elle se trouvait tout à coup chargée en flanc par des forces disposées pour cela à l'avance.

En ce moment même, d'après des rapports sérieux, l'opinion des Prussiens est que notre fusil est bien supérieur au leur, mais que leurs hommes tirent mieux que les nôtres, parce qu'ils sont plus exercés et possèdent plus de calme. Ils disent que nous tirons trop vite et trop haut. Ils ajoutent textuellement : « Si les Français ajustaient comme « nous en ménageant leurs munitions et leur arme, s'ils ne tiraient « jamais qu'après avoir, comme nous, compté un, deux et trois, nous « serions massacrés; mais les Français, emportés par leur nature

« ardente et vive, useront de trop loin leurs munitions, mettront sur-
« tout leurs armes en mauvais état, et c'est alors que l'avantage nous
« reviendra. »

Recommandation essentielle. — L'opinion de nos adversaires nous dit assez comment nous devons les combattre. Il est donc essentiel de prémunir nos soldats contre le gaspillage des munitions. On ne saurait trop leur dire que notre fusil a une supériorité marquée comme portée, comme justesse et comme effet, sur celui de l'ennemi ; qu'ils ne doivent jamais faire feu que lorsqu'ils auront la conscience que le coup peut être efficace ; ne pas se presser et bien ajuster.

Cavalerie prussienne. — La cavalerie prussienne exécute très peu de mouvements sur le champ de bataille. Elle s'avance généralement vers l'ennemi en colonnes d'escadrons par pelotons. Dans cette formation, elle exécute tous les changements de front nécessaires par de simples changements de direction.

Pour se former en ligne et charger, elle n'a qu'à déployer sur la tête de chaque escadron.

Tous les commandements, sauf le commandement général et celui de la charge, sont remplacés par des sonneries.

c) Opérations et mouvements

Le maréchal Bazaine au général Frossard, à Forbach (D. T. Ch.).

Saint-Avold, 1ᵉʳ août, 8 h. 47 matin.

L'Empereur approuve l'opération telle qu'elle a été réglée dans notre conférence d'hier. Dites-moi à quelle heure vous voulez commencer votre opération, afin de régler mes mouvements en conséquence. La 1ʳᵉ division du 3ᵉ corps se portera, dans l'après-midi, à Rosbrück.

On lit, à la suite de la traduction en clair de la dépêche ci-dessus :

Le général Frossard au maréchal Bazaine, à Saint-Avold.

(Sans date.)

Mon opération est réglée dans ses détails ; elle se fera à 10 heures du matin. Le brouillard pourrait empêcher plus tôt. L'ennemi ne s'attendra à rien à cette heure-là. Si votre 1ʳᵉ division règle son mouvement de manière à se trouver près de Werden vers 10 heures, ce sera bien.

Le maréchal Bazaine au général Frossard, à Forbach (D. T. Ch.).

Saint-Avold, 1er août, 4 heures soir.

Le Major général me transmet à l'instant les renseignements suivants ; dans la crainte que vous ne les ayez pas, je vous les transmets : « La concentration de l'ennemi augmenterait entre Conz et Sarrelouis. Vous devez veiller beaucoup du côté de Sarrelouis. »

Au dos de cette pièce on trouve, écrites au crayon, ces lignes de la main du général Frossard :

C'est par suite de ces indications sur les mouvements mal interprétés de l'ennemi que le maréchal Bazaine se préoccupait de la nécessité où il pouvait être de jeter ses forces sur sa gauche, à l'appui de Ladmirault.

Le maréchal Bazaine au général Frossard (D. T. Ch.).

Saint-Avold, 1er août, 5 h. soir.

Que laisserez-vous demain à Forbach ?

Le général Frossard au maréchal Bazaine, à Saint-Avold (D. T. Ch.).

Forbach, 1er août, 7 h. 26 soir.

Je laisse une brigade et quatre escadrons, avec de l'artillerie, à Forbach, et une brigade sur les plateaux à droite.

Le maréchal Bazaine au général Frossard, à Forbach (D. T. Ch.).

Saint-Avold, 1er août, 6 h. 45 soir.

Le Major général me prévient qu'il arrivera ce soir à 9 heures. Il me demande des chevaux pour demain matin.

Le général de Failly au général Frossard, à Forbach (D. T.).

Sarreguemines, 1er août, 6 h. 45 soir.

Je commencerai le mouvement convenu à 5 h. 1/2 du matin.

Le même au même (D. T.).

Sarreguemines, 1er août, 10 h. 36 soir.

Compris dépêche. J'agirai conformément.

DIVISION BATAILLE.

Rapport du 1ᵉʳ août.

Dans la journée du 31 juillet, vers 2 heures, la section des francs-tireurs du 66ᵉ s'est portée sur Guidingen. Un feu de peloton tiré à 600 mètres sur deux uhlans a démonté l'un d'eux. Remontant ensuite le cours de la Sarre, la section a passé la rivière à gué à Grosbliederstroff et a visité sans obstacle le village de Kleinblidersdorf. On ne signale, dans cette région, que des patrouilles ennemies.

Dans la même journée du 31, vers 3 h. 1/2, la pointe du bois situé sur la gauche des grand'gardes du 8ᵉ de ligne a été occupée par une quinzaine de tirailleurs prussiens qui ont tiré sur nos vedettes. Un cheval a été blessé. Le commandant de la grand'garde a fait aussitôt avancer une demi-section le long de la lisière du bois pour débusquer l'ennemi et a établi un poste à 200 mètres en avant de la frontière pour protéger les vedettes. La démonstration des Prussiens ne s'est pas accentuée davantage.

La pointe du bois de droite a été également occupée par une demi-section se reliant avec l'autre par un cordon de sentinelles, et un petit poste s'est installé pendant la nuit dans la ferme des Chasseurs.

Les vedettes de chasseurs, sur la route de Sarrebrück, ont tué hier un tirailleur d'infanterie.

Les francs-tireurs du 23ᵉ, postés aux villages de Grande et de Petite-Rosselle, n'ont aperçu que quelques uhlans hors de portée sérieuse. La cloche du village prussien a été enlevée hier.

Ce matin, une forte reconnaissance devait être faite par deux bataillons et deux escadrons sur Geislautern et Burbach; mais le déplacement du camp du 23ᵉ de ligne et du 12ᵉ bataillon de chasseurs n'a pas permis de lancer aussi loin les deux escadrons, qui n'auraient plus été soutenus.

Les reconnaissances habituelles du matin ont été exécutées en avant de la frontière.

Une compagnie et le peloton de cavalerie détaché à Spicheren ont l'ordre de descendre sur le Moulin de Simbach, d'examiner avec soin le pays sur la rive droite de la Sarre et de reconnaître le terrain qui s'étend entre la route de Sarreguemines à Sarrebrück et la rivière.

Une division de cavalerie a poussé ce matin sa reconnaissance jusqu'au village de Geislautern, qu'elle a même dépassé après l'avoir fouillé. Au retour, quelques uhlans, probablement avertis par le garde forestier prussien, qu'on signale comme servant très bien ses compatriotes, sont venus (appuyés par de l'infanterie) tirailler sur l'arrière-garde qui n'a pas répondu, vu la distance. Il y a sur la route une maison percée de meurtrières.

Le général Fauvart-Bastoul au général Bataille, à Forbach.

Spicheren, 1ᵉʳ août.

Rapport de la reconnaissance exécutée dans la matinée par une compagnie du 67ᵉ et un peloton du 4ᵉ chasseurs.

Le terrain, au delà de la route de Sarrebrück, est une plaine de bois et de prairies s'étendant de la Sarre jusqu'au chemin de fer de Sarrebrück à Sarreguemines, dont la voie semble être parallèle à la rivière et dont elle est séparée par une distance d'environ 500 mètres. A cet endroit, le terrain s'élève en pente raide et boisée et continue à monter ensuite insensiblement. Les sommets des hauteurs sont couronnés de bois. La rivière a une largeur de 10 mètres; ses berges sont à pic, de 1ᵐ,50 environ, et la profondeur d'eau est de 5 à 6 pieds.

A droite du Moulin de Simbach, qui se trouve sur la route, s'étend un bois de 600 mètres de longueur et de 200 mètres de profondeur environ. Il arrive à une vingtaine de mètres de la rivière.

A gauche s'étendent des prairies et l'on aperçoit le village de Guidingen. Il y avait un bac à hauteur de ce village; il a été, dit-on, coulé et les planches enlevées. Mais il y aurait un gué de 1 à 2 pieds de profondeur, à hauteur de l'église de Guidingen, où passent les voitures de fourrage des habitants. Nous ne l'avons pas reconnu, nous étant bornés à fouiller le bois qui se trouve à droite du Moulin, les Prussiens l'ayant occupé la veille.

A l'extrémité droite de ce bois on aperçoit un village qui porte, à ce qu'on nous a dit, le nom de Kleinblidersdorf.

Le général de Laveaucoupet au général Frossard.

Œting, 1ᵉʳ août.

J'ai l'honneur d'accuser réception à Votre Excellence de sa dépêche du 31 juillet courant.

Je viens de visiter les camps de ma division, établis de la manière suivante :

1° A Œting, le quartier général, le génie, la cavalerie (*la brigade du*) général Micheler ;

2° A Behren, le 2ᵉ de ligne ;

3° A Bousbach, l'artillerie et la brigade Doens (*moins le 2ᵉ de ligne*).

J'ai prescrit au général Doens de se mettre immédiatement en rapport avec le poste établi par le général de Failly au-dessus du village de Grosbliederstroff.

J'ai envoyé ce matin, dans la direction de Spicheren, des officiers pour reconnaître les débouchés. M. le commandant Peaucellier est chargé de la principale reconnaissance.

3ᵉ division du 2ᵉ corps.

Rapport journalier du 31 juillet au 1ᵉʳ août.

Œting, 1ᵉʳ août.

La division a quitté ses cantonnements à la date d'hier pour prendre ceux qu'elle occupe aujourd'hui :
1° Quartier général de la division, génie, services administratifs, 2ᵉ brigade et cavalerie divisionnaire, à Œting ;
2° 2ᵉ de ligne, à Behren ;
3° 1ʳᵉ brigade (Doens) et artillerie, à Bousbach.....
Les distributions se font régulièrement. Les denrées sont de bonne qualité.
L'état sanitaire est excellent.

Le général de Laveaucoupet au général Doens, commandant la 1ʳᵉ brigade.

1ᵉʳ août.

Une ration de viande sera distribuée demain matin, à 3 heures, à tous les hommes de la brigade Doens : 63ᵉ de ligne, chasseurs à pied et 2ᵉ, et de l'artillerie. On fera cuire immédiatement la viande, de manière à avoir, si faire se peut, mangé la soupe à 7 heures ou, tout au moins, de manière à emporter la viande cuite, dans le cas où on ferait mouvement.

La viande sera transportée, par les soins de l'intendance, aux camps de Behren et de Bousbach, arrivera vers Behren à 2 h. 1/2 et à Bousbach à 3 heures.

Le pain sera également transporté dans les camps par les soins de l'administration, de manière à être distribué à 6 heures.

M. le général Doens ne fera pas faire, demain matin, les reconnaissances qui lui avaient été prescrites et tiendra sa brigade prête à exécuter les ordres qu'il recevra vers 6 heures du matin.

Il communiquera confidentiellement la présente note à M. le colonel d'artillerie, qui prendra des dispositions analogues.

Note de la main du général Frossard.

(Sans adresse), 2 août 1870.

Ma gauche exécute le mouvement par le village de Schœneck, sur *Gersweiler* (rive gauche de la Sarre). Par conséquence, le mouvement du général Montaudon peut se borner à aller de Rosbrück, par la vallée de la Rosselle, sur *Gross-Rosselle, Ludweiler, Geislautern* et *Werden*, sur la Sarre.

Dans cette vallée, il faut procéder avec prudence et échelonner de petits détachements en tête de colonne. On rencontrera probablement quelques patrouilles d'infanterie et cavalerie prussiennes.

Signé : Général Ch. FROSSARD.

Je pense que, concuremment avec le mouvement que va faire le général Montaudon, par la vallée de la Rosselle, sur *Ludweiler*, etc., il serait bon de diriger sur ce même village de *Ludweiler*, par *Lauterbach*, une autre forte reconnaissance qui combinerait son action avec la première.

C'est seulement à 10 heures que je fais mon mouvement général, à cause de la crainte du brouillard.

La colonne que j'envoie sur Gersweiler demain matin n'y restera pas, parce que j'ai assez à faire de me maintenir sur les hauteurs de Sarrebrück et sur les plateaux.

Je croyais que M. le Maréchal devait, en allant à Werden, exercer aussi son action sur les villages à droite de ce point, c'est-à-dire *Fürstenhausen, Clarenthal* et *Ottenhausen*.

Au reste, d'après la figure que prendra l'opération de demain, je verrai si je puis envoyer du monde à demeure à Gersweiler.

d) Situation et emplacements.

Situation sommaire d'effectif au 1ᵉʳ août.

CORPS.	OFFICIERS.	TROUPE.	TOTAUX.	CHEVAUX.
État-major général...............	12	»	12	38
Division Vergé.................	291	7,346	7,637	595
Division Bataille................	314	8,135	8,449	612
Division de Laveaucoupet.........	298	7,927	8,225	591
Division de cavalerie (de Valabrègue)....................	166	2,229	2,395	2,179
Réserve d'artillerie..............	27	973	1,000	923
Génie.........................	4	146	150	78
TOTAUX........	1,112	26,756	27,868	5,016

2ᵉ CORPS.

Emplacement des troupes au 1ᵉʳ août.

Quartier général..........................	à Forbach.
Division Vergé............................	à Forbach.
Division Bataille..........................	à Forbach.
Division de Laveaucoupet................	à Œting.
Division de cavalerie { Brigade de chasseurs......	à Forbach.
(de Valabrègue) { 7ᵉ dragons.............	à Forbach.
{ 12ᵉ dragons............	à Merlebach.
Réserve d'artillerie et génie.................	à Morsbach et Forbach (1).

Journée du 1ᵉʳ août.

3ᵉ CORPS.

a) Journaux de marche.

Journal de marche de la 1ʳᵉ division.

La 1ʳᵉ division du 3ᵉ corps reçoit l'ordre de partir d'Hombourg à 3 heures de l'après-midi, pour aller occuper Merlebach et Rosbrück.

Elle part en deux colonnes.

La 1ʳᵉ colonne (2), sous les ordres du général de division, part à 4 heures, précédée de la cavalerie (3), emmenant une section d'artillerie avec ses caissons et la compagnie du génie. Elle s'établit à Rosbrück, vers 6 heures (4).

La 2ᵉ colonne, sous les ordres du général Clinchant, comprend la 2ᵉ brigade, l'artillerie, l'ambulance et le convoi administratif.

L'infanterie campe le long de la route de Merlebach, l'artillerie et le convoi administratif dans les prairies en avant de la gare de Bening.

Le général établit son quartier général à la gare de Bening.

---

(1) Le parc d'artillerie s'organise à Lunéville.
(2) Comprenant la 1ʳᵉ brigade d'infanterie de la division.
(3) Quatre escadrons du 3ᵉ chasseurs à cheval : trois s'établiront à Merlebach, un à Morsbach.
(4) Le 18ᵉ bataillon de chasseurs campe à Morsbach.

Journal de marche de la 2ᵉ division.

Le bataillon de chasseurs est détaché à Haut-Hombourg, distant de 4 kilomètres de Saint-Avold (1).

Journal de marche de la 3ᵉ division.

La division, arrivée la veille à Ham-sous-Varsberg, y séjourne le 1ᵉʳ août (2).

Journal de marche de la 4ᵉ division.

Le bataillon du 44ᵉ laissé à Boulay (3) rejoint le régiment; l'ambulance (personnel et matériel) arrive dans la matinée, pour rejoindre la division (4).

Journal de marche de la division de cavalerie du 3ᵉ corps.

Séjour à Saint-Avold des deux brigades de dragons (5).

Arrivée au bivouac de Saint-Avold : de M. le sous-intendant Létang et d'une partie de son personnel; d'un détachement d'infirmiers composé de 1 sous-officier, 1 caporal et 9 hommes; d'un détachement du train composé de 1 sous-officier, 3 brigadiers, 14 cavaliers, 26 chevaux et 8 voitures, dont 1 caisson-ambulance, 3 caissons ordinaires, 2 voitures et 2 chariots.

Le service de l'administration, ainsi que celui du trésor et des postes, commencent à fonctionner.

M. le sous-intendant militaire fait construire un four de campagne, à l'aide duquel il espère fabriquer 3,000 rations de pain en vingt-quatre heures, avec le concours de deux brigades de boulangers auxiliaires

---

(1) Où se trouve toute la 2ᵉ division, et le 2ᵉ régiment de chasseurs à cheval qui lui est attaché.

(2) Elle a avec elle le 10ᵉ régiment de chasseurs à cheval.

(3) Pour assurer le service de la place.

(4) A Boucheporn.

(5) La division Clérembault comprenait 3 brigades : 2 de dragons, 1 de chasseurs. La brigade de chasseurs se trouvait répartie entre les divisions d'infanterie du corps d'armée ainsi qu'il suit :

2ᵉ régiment de chasseurs avec la division Castagny ;

3ᵉ régiment de chasseurs : 4 escadrons avec la division Montaudon ; 2 escadrons avec la division Decaen ;

10ᵉ régiment de chasseurs avec la division Metman.

pris parmi les cavaliers des quatre régiments de dragons exerçant cette profession.

Arrivée d'un détachement de la 4e compagnie du 2e régiment du train, fort de 1 sous-officier, 1 brigadier, 20 hommes, 2 chevaux et 20 mulets, ayant pour matériel 20 bâts et 20 paires de cacolets.

b) Organisation et administration.

Le général Arnaudeau (1) *au général Metman.*

Ham-sous-Varsberg, 1er août.

J'ai l'honneur de vous informer que le détachement de 550 hommes arrivé ce matin pour le 71e, est dépourvu de :

1° Shakos..............................	550
2° Ceintures de flanelle (à une par homme)..	550
3° Petits bidons........................	550
4° Piquets de tente.....................	550
5° Cartouchières.......................	78

On n'a pu lui fournir ces objets ni au Mans ni à Metz.

Il en résulte que plus d'un quart du régiment est dépourvu de shakos.

Le même au même.

Ham-sous-Varsberg, 1er août.

Il paraît qu'à Boulay quelqu'un a été à temps prévoyant, puisque les 550 hommes du 71e qui avaient l'ordre, hier soir, de se diriger de Boulay sur Gommelange, viennent d'arriver ici. Ce détachement arrive sans bidons ni piquets de tente, malgré toutes les démarches faites pour en obtenir.....

J'envoie à l'hôpital 4 hommes du 71e.

P.-S. — Il reste encore au 71e plus de 500 hommes disponibles, qui ne seraient, à coup sûr, pas de trop ici.

Du général de Rochebouët, commandant l'artillerie du 3e corps. — *Ordre.*

Saint-Avold, 1er août.

En exécution des ordres du général commandant l'artillerie de l'armée, les caissons légers pour munitions d'infanterie seront désormais conduits uniformément par les conducteurs à cheval, comme toutes les autres voitures d'artillerie.

---

(1) Commandant la 2e brigade de la division Metman.

c) Opérations et mouvements.

Le maréchal Bazaine au général de Ladmirault.

Saint-Avold, 1ᵉʳ août.

Par suite des instructions de l'Empereur, M. le général Frossard doit s'emparer, demain matin, de la portion de Sarrebrück qui se trouve sur la rive gauche de la Sarre, et occuper les points culminants situés à la droite et à la gauche de Sarrebrück, d'où il pourra, par le feu de son artillerie, détruire la gare de Saint-Jean et rendre impraticable, si cela est possible, sur ce point, la communication par la voie ferrée, entre Sarrelouis et Mayence.

Je dois l'appuyer sur sa gauche, par une démonstration offensive sur Werden ; de Failly doit l'appuyer sur sa droite par une même opération sur Auersmacher. La 3ᵉ division, qui est à Ham-sous-Varsberg, concourra à l'opération, tout en laissant du monde pour garder son campement.

Il serait utile, si vos troupes sont en position à Teterchen, de faire pousser une reconnaissance offensive sur Hargarten et Merten, poussant même jusqu'à Uberherrn et Bisten, en se méfiant beaucoup de Bérus où, dit-on, ils (1) auraient un assez gros détachement avec de l'artillerie.

Notre but est de faire rétrograder tous les détachements prussiens éparpillés dans cette zone, sous les murs de Sarrelouis, de tâcher d'en battre quelques-uns, sans cependant nous compromettre.

Je fais faire cette opération, les troupes étant à la légère, c'est-à-dire sans tentes ni couvertures, les hommes n'ayant dans leur sac que leurs effets, les cartouches de réserve et des vivres pour la journée, avec les ustensiles de campement, de façon à pouvoir faire leur café. La cavalerie de combat nécessaire, ainsi que l'artillerie de combat et les services d'ambulance, avec le moins de voitures possible, en prenant vos cacolets seulement, si vous les avez.

Les tentes restent dressées au camp, avec tous les équipages, sous la garde qu'on jugera nécessaire.

L'opération terminée, c'est-à-dire quand M. le général Frossard me fera prévenir qu'il est fortement installé sur les positions conquises, et je ne pense pas que ce soit avant 4 heures du soir, les troupes rentreraient à leurs campements.

Je vous tiendrai, autant que possible, au courant des phases de l'opération.

Je vous ferai dire, cette nuit, l'heure à laquelle les troupes seront mises en mouvement demain matin.

Il sera bon, à ce moment, de faire courir le bruit que nous allons bloquer Sarrelouis, afin de distraire l'attention de l'ennemi.

---

(1) *Sic.*

Note de la main du Major général.

(Sans date).

Au maréchal Bazaine :

Por l'o pération qui doit être exécutée demain, sous votre commandement, *disposez*, si vous le jugez nécessaire, *des quatre divisions de votre corps* et de *la division Lorencez* du *4ᵉ corps*. Donnez au besoin *les ordres de mouvement et un avis au général Ladmirault qui est à Boulay*.

Faites-moi savoir, aussitôt que possible, ce que vous avez décidé, *si vous faites faire mouvement aux* divisions Lorencez, Decaen et Metman. *L'Empereur appelle* votre attention sur *la garnison de Sarrelouis*.

(Porter en chiffres les mots soulignés.)

Le maréchal Bazaine au Major général (D. T. Ch.).

Saint-Avold, 1ᵉʳ août.

J'ai déjà écrit au général de Ladmirault dans ce sens, sans lui désigner la division, afin de surveiller la route de Sarrelouis qui passe par Bisten et Uberherrn. Les divisions Decaen et Metman concourront en échelon à l'opération. Mais les camps resteront occupés par des détachements suffisants. J'ai envoyé mon sous-chef d'état-major au général Frossard, pour régler d'accord les dernières dispositions et, à son retour, je vous ferai connaître le dispositif des mouvements.

Le Major général au maréchal Bazaine (D. T.).

Metz, 1ᵉʳ août, 4 h. 10 soir.

Je serai ce soir à votre quartier général vers 9 heures, avec 3 officiers. Voulez-vous m'envoyer une voiture à la gare et m'assurer 4 lits nécessaires, ainsi que 4 chevaux d'officier ou de troupe pour monter, moi et ceux qui m'accompagnent ?

Le même au même (D. T.).

Metz, 1ᵉʳ août, 4 h. 30 soir.

Si vous faites mouvoir les divisions demain, ne laissez rien dans leurs camps.

Le maréchal Bazaine au Major général, à Metz (D. T. Ch.).

Saint-Avold, 1ᵉʳ août, 6 h. 40 soir.

Le général Frossard me prévient que son opération est réglée dans les détails, qu'elle se fera à 10 heures du matin, le brouillard pouvant gêner plus tôt, et que l'ennemi ne s'attendra à rien, à cette heure.

Le général Frossard ayant appelé à lui ses troupes qui étaient à Bening, j'ai envoyé la 1re division du 3e corps les remplacer, la droite de cette division s'étendant jusqu'à Rosbrück. Demain matin, elle se portera à Grande-Rosselle, puis descendra sur Furstenhausen et, selon les circonstances, surtout d'après les renseignements que vous m'avez donnés cette après-midi, sur Werden et Geislautern.

La 2e division du même corps appuiera ce mouvement, en venant la remplacer à Grande-Rosselle.

La 3e division enverra une brigade prendre position à Carling (1), pour surveiller le débouché de la Lauter.

La 4e division enverra une brigade en avant de Creutzwald-la-Croix (1), pour surveiller la route de Sarrelouis et inquiéter l'ennemi qui sortirait des bois de Lauterbach.

Pendant que je fais cette dépêche, m'arrive la vôtre, qui m'annonce votre arrivée ce soir à 9 heures. Dois-je donner mes ordres d'exécution dans le sens ci-dessus ?

Le maréchal Bazaine au général Frossard, à Forbach (D. T.).

Saint-Avold, 1er août, 10 h. 45 soir.

Veuillez faire conduire demain matin à la gare, à 7 h. 1/4, cinq chevaux sellés : un pour le Major général, un pour le général Lebrun, un pour le colonel d'Ornant, et deux pour les chefs d'escadron La Veuve et Samuel.

Du maréchal Bazaine. — Ordre.

Saint-Avold, 1er août.

Toutes les troupes doivent s'attendre à être mobilisées, en laissant leur camp tendu et tous leurs impedimenta.

L'infanterie emportera le sac contenant seulement les effets de linge et chaussures, la veste roulée sur le sac, les cartouches et le campement nécessaire pour faire un repas dehors.

La cavalerie partira en selle nue avec un repas pour les hommes et pour les chevaux.

Les troupes montées d'artillerie se conformeront aux prescriptions indiquées pour la cavalerie.

---

(1) Il est facile de voir, en se reportant aux ordres rédigés par le Maréchal pour les 3e et 4e divisions du 3e corps, qu'il fait ici confusion et attribue à la 3e division le rôle dévolu à la 4e, et *vice versa*.

Il ne sera emmené aucune voiture de bagages ; la garde des camps sera constituée d'après le règlement sur le service en campagne et confiée, soit aux grand'gardes et aux postes de police, soit à des compagnies et escadrons laissés au camp.

La cavalerie n'emmènera que des chevaux disponibles. Il ne devra y avoir dans la colonne ni voitures ni cantinières.

Ces dispositions seront appliquées toutes les fois qu'il sera ordonné de former des colonnes mobiles.

MM. les généraux de division veilleront à ce que, au départ, les bidons des hommes soient remplis d'eau mêlée de café.

On laissera les shakos au camp.

Jusqu'à nouvel ordre, le Maréchal prescrit que la soupe du matin soit toujours prête à être mangée à 4 heures. Si l'ordre de départ est donné, les hommes boivent le bouillon et emportent la viande pour faire le repas du milieu du jour.

Dans les divisions d'infanterie, chaque ordre de mobilisation fixera le nombre de bouches à feu qui doivent être emmenées. Il est bien entendu qu'on n'emmènera que des sections ou batteries de combat, et, pour chaque division d'infanterie, 2 caissons de cartouches d'infanterie. Ces dispositions s'appliquent aux batteries de la réserve qui pourraient être appelées à faire partie d'une colonne mobile.

L'artillerie et le génie emmèneront des attelages haut le pied, afin de ne jamais retarder la marche des colonnes.

Le Maréchal rappelle à MM. les généraux divisionnaires que toutes les fois qu'une troupe sera campée près d'une ville ou bourgade, il doit y être établi immédiatement des postes de police pour maintenir le bon ordre et faire rentrer les hommes dans le camp après la retraite.

Ses ordres sont que l'appel du soir soit fait une demi-heure après la retraite et que les hommes manquant aux appels soient punis de corvées ou mis à la garde du camp.

Le chef d'état-major général rappelle aux chefs d'états-majors divisionnaires et d'armes, que, lorsqu'ils sont campés ou cantonnés aux environs du quartier général, ils doivent, immédiatement après leur installation, envoyer comme plantons chez le Maréchal commandant en chef un sous-officier, et chez le général chef d'état-major un brigadier ou caporal. Ces plantons devront apporter l'adresse des généraux de division et du chef d'état-major, ou l'indication de leur installation.

Immédiatement après la retraite, les patrouilles circuleront et renverront à leur camp ou feront rentrer tous les militaires errants. MM. les officiers sans troupe voudront bien veiller eux-mêmes à ce que leurs ordonnances ne soient pas dehors.

Les cantines régimentaires qui auront besoin de médicaments pourront en toucher aux ambulances de leur division.

Les prévôts des divisions et du quartier général veilleront à ce que, sous aucun prétexte, les voitures des cantiniers autorisés ne s'installent sur les voies de communication. Ces voitures devront être munies de leur plaque réglementaire.

Le Maréchal recommande de nouveau, de la manière la plus instante, à MM. les généraux de division et commandants d'armes, que, dans l'établissement de leur camp, les voitures, de quelque espèce qu'elles soient, n'encombrent ni jour ni nuit les voies de communication. Il recommande également qu'on s'occupe d'empêcher la vente des fruits verts.

Le maréchal Bazaine au général de Montaudon.

Saint-Avold, 1ᵉʳ août.

Ordre pour la 1ʳᵉ division.

Demain, 2 août, à 8 h. 1/2 du matin, après avoir mangé la soupe, la 1ʳᵉ division avec tous ses services, ses bagages, etc., se mettra en marche sur Forbach, où elle laissera son convoi et ses bagages, puis se dirigera, par la route de Sarrelouis, sur Petite-Rosselle où elle prendra position, observant principalement en avant Werden, Geislautern et Ludweiler, et faisant occuper Grande-Rosselle, pour observer la route de Sarrelouis, et garder le petit pont en pierre qui est sur la Rosselle.

On devra également occuper la Vieille-Verrerie, d'où l'on observera Aschbach et Gersweiler, qui sera occupé, à 10 h. 1/2 du matin au plus tard, par les troupes du général Frossard. On restera en position jusqu'à mon arrivée.

Les batteries divisionnaires organisées en batteries de combat, les caissons de cartouches (1 par régiment) de réserve.

Une section d'ambulance.

La compagnie du génie avec ses outils.

Les escadrons de chasseurs, moins un peloton qui restera à Forbach, au camp, pour la correspondance.

La batterie à balles restera à Forbach.

Le maréchal Bazaine au général de Castagny.

Saint-Avold, 1ᵉʳ août.

Ordre pour la 2ᵉ division.

Donner l'ordre à la 1ʳᵉ brigade de la 2ᵉ division de se diriger demain matin, à 4 h. 1/2, sur Rosbrück, prenant en passant son bataillon de chasseurs (1).

---

(1) Qui a campé à Haut-Hombourg.

Cette brigade laissera ses bagages à Rosbrück, quand elle se portera en avant, si cela est nécessaire, y fera son café et attendra des ordres.

Une batterie de 12 de la réserve marchera avec cette brigade, ainsi que la compagnie du génie de la réserve, avec son outillage de destruction des voies ferrées.

Le régiment de chasseurs marchera avec le quartier général, qui partira à 6 heures (1).

Le même au même.

Saint-Avold, 1ᵉʳ août.

Ordre.

Demain matin, à 4 h. 1/2, la 1ʳᵉ brigade de la 2ᵉ division quittera Saint-Avold et se dirigera sur Rosbrück.

Une batterie de 12 de la réserve marchera avec cette brigade, ainsi que la demi-compagnie du génie de la réserve.

La batterie sera mobilisée dans les formes prescrites au rapport de ce matin.

L'attelage destiné à atteler la voiture du Maréchal sera rendu à sa porte à 5 h. 1/2, le Maréchal devant partir à 6 heures.

Le maréchal Bazaine au général Metman.

Saint-Avold, 1ᵉʳ août.

Ordre pour la 3ᵉ division.

Demain, 2 août, à 9 heures du matin, après la soupe mangée, la 1ʳᵉ brigade de la 3ᵉ division sera dirigée sur Creutzwald-la-Croix, prenant une bonne position militaire, qui lui permette de bien surveiller la route de Sarrelouis par Uberherrn (où sera probablement un avant-poste d'une division du 4ᵉ corps, du général de Ladmirault), les bois de la vallée de la Lauter, Tieferten, Werbel et tout le pays que la vue embrasse.

Un escadron (2) et une section d'artillerie seront mis à la disposition de cette brigade. On chasserait l'ennemi des positions désignées, s'il y était, mais on ne s'engagerait pas dans les bois.

Dans le cas où la 1ʳᵉ brigade serait engagée, il y aurait lieu de la faire soutenir en laissant un détachement assez fort pour la garde du camp.

---

(1) 2ᵉ régiment de chasseurs.
(2) Du 10ᵉ régiment de chasseurs, affecté à la 3ᵉ division.

Le quartier général du 3ᵉ corps restera à Saint-Avold, où devront être expédiées toutes les dépêches de service, et le vôtre restera à Ham-sous-Varsberg.

Les batteries à balles resteront aux quartiers généraux des divisions.

Le maréchal Bazaine au général Decaen.

Saint-Avold, 1ᵉʳ août.

Ordre pour la 4ᵉ division.

Demain, 2 août, à 9 heures du matin, après avoir mangé la soupe, la 1ʳᵉ brigade sera dirigée sur Carling, prenant une bonne position militaire qui lui permette de bien observer la zone boisée de Lauterbach (où l'ennemi a un gros détachement) et de conserver ses communications avec Boucheporn, qui fera occuper le point dénommé « maison isolée de la Porcelette » par la 2ᵉ brigade.

Un escadron de chasseurs (1) sera donné à cette brigade (la 1ʳᵉ) ainsi qu'une section d'artillerie.

Ajouter aux ordres des 3ᵉ et 4ᵉ divisions que, dans le cas où leur 1ʳᵉ brigade serait engagée, ils devront la faire soutenir, tout en laissant un détachement assez fort pour la garde de leur camp (2).

Le général de Montaudon au maréchal Bazaine, à Saint-Avold (D. T.).

Béning, 1ᵉʳ août, 8 h. 50 soir.

Ma division, arrivée facilement, occupe les positions indiquées.

Le général Aymard, commandant la 1ʳᵉ brigade, au général de Montaudon.

Rosbrück, 1ᵉʳ août.

J'ai l'honneur de vous rendre compte que je me suis installé au camp, conformément à vos instructions. Je ferai prendre, ce soir, des renseignements sur la route.

---

(1) La 4ᵉ division du 3ᵉ corps avait deux escadrons du 3ᵉ chasseurs.

(2) Les minutes des ordres pour les divisions du 3 corps sont de la main du maréchal Bazaine. Ces minutes paraissent être des projets, destinés à l'état-major du corps d'armée, pour lui permettre de rédiger l'ordre définitif, sans omettre aucune des prescriptions que le maréchal Bazaine considérait comme essentielles.

L'ordre relatif aux prises d'armes à la légère, a été communiqué; le génie n'a pas de quoi pétarder; le commandant prétend même qu'il a besoin d'instructions spéciales, suivant l'opération qu'il aurait à exécuter.

Un boucher du village prussien qui est devant nous, Nass-Weiller, m'a promis de la viande, pour toute ma colonne, à 0 fr. 50.

Le détachement du 51e, arrivé hier, n'a pu toucher le pain qui lui était dû.

Le général de Potier, commandant la 1re brigade, au général Metman,

Ham-sous-Varsberg, 1er août.

Je viens de visiter les grand'gardes que j'ai placées hier. Elles se relient avec celles de la 2e brigade et permettent, vu leur éloignement, d'être prévenu à temps, en cas d'attaque.

Dans la direction de Creutzwald et de la frontière, il existe une croupe dénudée se prolongeant jusqu'à l'horizon, entre des bois. Bien qu'ayant placé deux petits postes à la lisière extérieure du bois de droite, nous ne pouvons pas voir, aussi loin qu'on le désirerait, les mouvements qui pourraient se produire sur la croupe en question.

Pour obvier à cet inconvénient, je désirerais que, d'après vos ordres, il fût mis à ma disposition un peloton de chasseurs à cheval destiné à faire le service de vedette au delà des petits postes, et à faire, en outre, le matin au point du jour, un service de reconnaissance en avant de nos avant-postes.

Si vous le jugez convenable, la cavalerie fournirait, d'une manière permanente, à chaque brigade de la division, un peloton destiné à coopérer avec l'infanterie au service des avant-postes. Le 10e chasseurs ayant quatre escadrons de guerre, ce tour de service ne reviendrait au même peloton que tous les huit jours, ce qui ne serait pas fatigant.

Le même au même.

Ham-sous-Varsberg, 1er août.

Pour toute sécurité, j'ai fait retirer la nuit les postes placés au delà du hameau qui est en avant de nous, à droite, et les deux postes détachés qui se trouvaient de l'autre côté de la lisière d'un bois, en avant du centre de notre position, et je les ai fait placer sur le bord du ravin qui est de notre côté. J'ai aussi fait abattre les tentes des grand'gardes et placer une compagnie de plus dans l'intervalle qui sépare nos grand'-gardes de celles de la 1re brigade. La brigade est donc couverte sur son front par quatre compagnies.

Le lieutenant-colonel du 29ᵉ de ligne au général de Polier.

Camp de Ham, 1ᵉʳ août.

J'ai l'honneur de vous rendre compte de la reconnaissance que j'ai faite ce matin avec un escadron du 10ᵉ régiment de chasseurs.

Parti du camp à 5 h. 1/2, je suis rentré à 10 heures, après avoir fouillé le village et le vallon de Creutzwald, ainsi que les hauteurs qui dominent le village et sur lesquelles passe la route de Saint-Avold à Sarrelouis.

Je n'ai rencontré nulle part trace de l'ennemi, mais voici les renseignements que j'ai recueillis :

Des troupes nombreuses, dont on ne connaît pas le chiffre, mais qui se composeraient d'infanterie, de cavalerie et d'artillerie, seraient campées à Bérus et aux environs. Bérus est situé au sommet d'un piton qui domine les environs et dont les pentes raides sont couvertes d'un bois épais. Ce bois s'étend, à l'ouest, jusqu'au village de Berveiller. Entre ce bois et la frontière, il y a un terrain découvert d'environ 2 kilomètres de large. Il ressortirait des renseignements que j'ai pris, que les Prussiens ont pris leurs dispositifs de défense, non seulement à Bérus, mais aussi dans tout le bois dont je viens de parler.

On m'a dit que des pièces d'artillerie sont placées à la lisière du bois.

Tels sont les renseignements que j'ai pris à plusieurs sources différentes et que je crois exacts parce qu'ils concordent entre eux.

Le brigadier de gendarmerie de Creutzwald n'a pu me donner aucun renseignement. Je le signale comme me paraissant ne s'être pas occupé de ce qui se passe dans le pays.

L'espion que je vous ai envoyé ce matin est signalé comme espion par la notoriété publique, dans le village. Cependant le brigadier de gendarmerie ne s'en est pas préoccupé.

. . . .

Le général Arnaudeau, commandant la 2ᵉ brigade, au général Metman.

Ham-sous-Varsberg, 1ᵉʳ août.

J'ai l'honneur de vous rendre compte qu'un détachement de 542 hommes est arrivé à Boulay hier, à 2 heures. Ce sont des hommes de la réserve destinés au 71ᵉ de ligne. Le capitaine qui commande est parti ce matin à 4 heures pour Gommelange. Le détachement n'a ni solde, ni vivres pour la journée du 1ᵉʳ août.

Il serait indispensable, je pense, de leur envoyer un guide qui les amènerait ici et, si c'est possible, des vivres pour aujourd'hui et demain, jour où ils nous rejoindraient à Ham.

d) Situation et emplacements.

Situation sommaire d'effectif du 3ᵉ corps, au 1ᵉʳ août.

CORPS.	OFFICIERS.	TROUPE.	TOTAUX.	CHEVAUX.	OBSERVATIONS.
État-major général........	36	44	80	104	
Division Montaudon.......	281	7,923	8,204	553	
Division de Castagny......	306	7,630	7,936	653	
Division Metman.........	293	7,682	7,975	641	45 mulets.
Division Decaen..........	297	9,116	9,413	626	
Division de cavalerie (de Clérembault)..............	316	4,051	4,367	4,051	28 mulets.
Artillerie................	38	2,079	2,117	2,351	1 mulet.
Génie...................	7	221	228	103	
Gendarmerie.............	1	12	13	12	
Troupes d'administration..	18	883	901	716	254 mulets.
Services administratifs.....	38	»	38	»	
Totaux.....	1631	39,641	41,272	9,810	328 mulets.

3ᵉ CORPS.

Emplacement des troupes au 1ᵉʳ août.

Quartier général.................... à Saint-Avold.
Division Montaudon .... à Béning, Merlebach, Rosbrück.
Division de Castagny .... à Saint-Avold.
Division Metman.................... à Ham-sous-Varsberg.
Division Decaen.................... à Boucheporn.
Division de cavalerie (de Clérembault).. à Saint-Avold.
Réserve d'artillerie et génie .... à Saint-Avold (1).

---

(1) Equipage de pont, à Forbach ; parc d'artillerie, à Metz.

Journée du 1er août.

4e CORPS.

a) Journaux de marche.

Journal de marche du 4e corps d'armée.

Arrivée à Boulay des bagages du quartier général du corps d'armée, qui ont campé à Ebersviller.

Le général en chef va visiter l'installation des 1re et 3e divisions d'infanterie.

1re division. — Marche sur Bouzonville par deux routes à peu près parallèles et arrive sur cette position.

Un bataillon du 57e, qui vient s'établir à Filstroff, a un petit engagement à ses avant-postes, suivi d'une reconnaissance exécutée par les deux régiments de hussards (1) qui marchent avec cette division ; 4 ou 5 Prussiens sont tués ou blessés.

Le détachement de 200 hommes venu du dépôt du 57e régiment rejoint ce corps.

2e division. — La division, moins le 3e bataillon du 98e, arrive à Boulay et campe à l'embranchement des routes de Sarrelouis et de Bouzonville.

3e division. — Le quartier général de la division et la 1re brigade arrivent à Coume (2).

2e brigade (général Berger) à Teterchen (3).

Le détachement de 400 hommes, venu du dépôt du 33e de ligne, arrive à Coume. Un autre, de 602 hommes, du 65e, part de Thionville pour Teterchen.

---

(1) Le 1er août, le 7e hussards qui, jusqu'à présent, avait été attaché à la division de Lorencez, passe à la division de Cissey, qui a dès lors deux régiments de hussards (2e et 7e).

(2) Le quartier général de la 3e division et la 1re brigade étaient en réalité à Coume depuis le 31 juillet, 4 heures du soir, ainsi que la compagnie du génie, les 5e et 9e batteries d'artillerie (1er régiment).

(3) La 2e brigade de la 3e division avec la 10e batterie du 1er régiment étaient à Teterchen depuis le 31 juillet au soir.

Administration. — L'intendant militaire du corps d'armée, resté à Thionville pour former un grand convoi d'approvisionnement destiné au 4ᵉ corps, part de cette place vers 3 heures de l'après-midi pour Boulay avec le détachement de 300 hommes du 64ᵉ, qui rejoint son corps, et la 3ᵉ compagnie du 3ᵉ régiment du train. Jusque-là, le 4ᵉ corps a trouvé des approvisionnements assez facilement par la voie ferrée des Ardennes.

Ordre est donné de faire filer à l'avenir les détachements du 4ᵉ corps sur Metz pour rejoindre Boulay (1).

Journal de marche de la division de Cissey.

La division quitte ses bivouacs à 4 h. 1/2 du matin, en raison de l'excessive chaleur pendant le jour, et se rend à Bouzonville où elle doit relever la division de Lorencez (3ᵉ du 4ᵉ corps) (2). La 1ʳᵉ brigade est établie, dès son arrivée, à droite de la route de Sarrelouis ; la 2ᵉ brigade à gauche de cette même route, sur les hauteurs d'Heckling. Un bataillon du 57ᵉ est placé en grand'garde à Filstroff, excellente position militaire, presque entourée par la Nied ; un escadron de hussards est établi à cet avant-poste. La brigade de cavalerie légère, aux ordres du général de Montaigu (2ᵉ et 7ᵉ hussards) est provisoirement attachée à la 1ʳᵉ division. Elle bivouaque près de la ville. Le quartier général de la division est installé dans Bouzonville.

A 11 heures du matin, une alerte a lieu en avant de la 2ᵉ brigade ; un petit poste est attaqué par un parti ennemi, mais tient bon, blesse et tue quelques cavaliers prussiens. Le général fait immédiatement prendre les armes, par mesure de prudence, autant que pour exercer la troupe à prévenir toute surprise ; l'artillerie attelle, le 2ᵉ hussards, passant la Nied à gué, arrive en quelques instants à Heckling. Le général de Montaigu pousse alors une reconnaissance assez loin avec ses deux régiments (3), mais l'ennemi s'est replié en toute hâte derrière des bois (4).

---

(1) Les réserves d'artillerie et du génie du 4ᵉ corps sont à Boulay.
(2) La division de Lorencez est à Coume et Teterchen et non à Bouzonville. Il y a confusion avec la 1ʳᵉ brigade de la 2ᵉ division du 4ᵉ corps.
(3) 2ᵉ et 7ᵉ hussards.
(4) L'artillerie de la division (5ᵉ, 9ᵉ, 12ᵉ batteries du 15ᵉ d'artillerie) campe près de la 1ʳᵉ brigade, au bord de la Nied, ainsi que la compagnie du génie.

Souvenirs inédits du général de Cissey.

1er août.

Réveil à 3 h. 1/2 pour partir à 4 h. 1/2; la chaleur étouffante de la saison et aussi un peu l'obligation de nous garantir de toute surprise m'obligent à faire lever mes hommes aussi matin. Je me dirige sur Bouzonville où je dois remplacer la division de Lorencez. Je me fais précéder par mon chef d'état-major et une partie de ses officiers, sous l'escorte d'un peloton de hussards; nous arrivons de bonne heure et j'établis les troupes, la 1re brigade à droite de la route de Sarrelouis, et la 2e à gauche, à Heckling.....

On me constitue une brigade de cavalerie, avec le 7e hussards, sous les ordres du général de Montaigu.

Le quartier général est établi chez le maire. Je saisis cette occasion pour consigner une nouvelle observation sur la maladresse de notre administration; on paie les fournisseurs en bons au lieu de les payer en numéraire, et cependant le payeur de la division, qui nous a rejoints à Bouzonville, a de l'or et des billets presque à discrétion.

Journal de marche de la division Grenier.

A 10 heures du matin, la 3e division (de Lorencez) relève la 1re brigade de la 2e division à Bouzonville et à Filstroff (1). Celle-ci se met alors en marche sur Boulay (2), point que rallient, ce même jour, les 64e et 98e (à l'exception d'un bataillon du 98e resté à Thionville) (3).

Ce jour, à Boulay, se trouvent réunis l'état-major du 4e corps, les états-majors de la 2e division tout entière (sauf un bataillon), la 2e brigade de cavalerie (3e et 7e dragons) et enfin la réserve d'artillerie.

Journal de marche de la division de Lorencez.

M. l'abbé Sobaux, aumônier de la division, rejoint son poste à cette date.

---

(1) Il y a là une inexactitude. La division de Lorencez resta le 1er août à Coume et Teterchen. La 1re brigade de la division Grenier fut relevée à Bouzonville et à Filstroff par la division de Cissey.

(2) Avec l'artillerie et la compagnie du génie.

(3) Constituant la 2e brigade de la division Grenier et venant de Kédange.

2ᵉ BRIGADE (Berger).
Journal de marche.

Teterchen, 1ᵉʳ août.

A cette date, nos brigades manœuvrant toujours séparées, je fus désigné pour aller occuper Teterchen, gros village dans lequel se trouve un couvent très riche de religieux Passionnistes. C'est à Teterchen que les hommes de la réserve destinés au 65ᵉ rejoignirent leur corps.

Ma brigade, à ma sortie de Thionville, comptait à peine 2,500 à 2,700 hommes. A Teterchen, mes deux régiments avaient presque leur effectif doublé; seulement, ces hommes de la réserve avaient rallié leurs corps dans un état qui laissait beaucoup à désirer. Ils n'avaient presque pas de campement, pas de couvertures, et beaucoup n'avaient même pas leur capote.....

Journal de marche de la division de cavalerie du 4ᵉ corps.

La colonne, composée comme précédemment (1), a quitté Hombourg à 6 heures du matin et est allée bivouaquer à Boulay (26 kilomètres), quartier général du 4ᵉ corps.

Journal de campagne du lieutenant Palle.

1ᵉʳ août.

Départ de Thionville pour Boulay à 7 heures du matin (42 kilomètres). Les pelotons de servants marchent à leurs pièces (2). Nous déjeunons sur la route de Metzervisse. Depuis Kédange, jusqu'à Dalstein, Hestroff et Gommelange, nous trouvons des traces de campement...
. . . .
Nous arrivons à 6 heures du soir.

Le capitaine Basset (capitaine en 2ᵉ à la 9ᵉ batterie), envoyé en avant pour prendre les ordres, nous fait camper sur le mamelon, au Nord-Ouest de Boulay, près des jardins, avec tout le reste de la réserve et une division d'infanterie. La division de cavalerie est au sud de Boulay, sur la route de Metz.

---

(1) Brigade de dragons (3ᵉ et 11ᵉ régiments) et les 5ᵉˢ escadrons des 2ᵉ et 7ᵉ hussards, à l'exception d'un peloton de ce dernier régiment mis à la disposition de la 2ᵉ division du 4ᵉ corps.

(2) Deux batteries de la réserve d'artillerie étaient restées le 30 juillet à Thionville.

Toutes les troupes quittant Thionville emportent six jours de vivres (dont quatre de biscuit) et six de fourrage. C'est une réserve à laquelle on ne devra toucher qu'à partir du jour où on touchera les vivres de campagne. Les officiers reçoivent avis de bien approvisionner leurs cantines de cuisine et de ne pas compter sur les ressources que peut procurer le territoire ennemi. Approvisionner les ordinaires de manière à pourvoir aux premiers besoins. Chaque homme doit avoir deux paires de chaussures. Recouvrir de drap les bidons.

b) **Organisation et administration.**

Le Colonel commandant la place de Thionville au général de Ladmirault, à Boulay (D. T.).

Thionville, 1er août, 10 heures matin.

Arrivés depuis hier matin : 304 hommes du 64°, partiront aujourd'hui.

Arrivés depuis hier matin : 605 hommes du 65°, partiront aujourd'hui.

Arrivés depuis hier matin : 322 hommes du 98°, partiront aujourd'hui.

Arrivés depuis hier matin : 103 hommes du 1er, partiront aujourd'hui.

Plusieurs autres annoncés pour aujourd'hui et jours suivants. Faut-il faire partir le 3° bataillon du 98°? Courrier expédié hier à 6 heures par le capitaine Doreau.

Le capitaine d'état-major Doreau au général chef d'état-major du 4° corps, à Boulay (D. T.).

Thionville 1er août, 11 h. 50 matin.

Intendant part pas, à cause d'arrivée de 10° compagnie du train ; complète cinq détachements annoncés pour ce soir. Intendant partira demain très bonne heure, puis-je attendre avec lui ?

Le même au même (D. T.).

Thionville, 1er août, 3 h. 15 soir.

602 hommes 65° et section hors rang, partis pour Coume ; 304 hommes 64°, pour Boulay, escortant convoi 300 voitures, avec 3° compagnie du train. Demain matin, 5 heures, 103 du 1er de ligne pour Bouzonville ;

75 du 2ᵉ bataillon pour Coume avec équipage du trésor, 12 gardes mobiles conducteurs, 23 chevaux emmenant 12 voitures ambulance ; ordre donné à gare de porter à Metz tous détachements venant de Charleville, à partir de ce soir. Intendant part. Je pars, coucherons en route.

Le général Laffaille, commandant l'artillerie du 4ᵉ corps, au général Soleille, à Metz (D. T.).

Boulay, 1ᵉʳ août, 7 h. 8 matin.

La cavalerie du 4ᵉ corps est pourvue des moyens d'enclouage.

Le même au même.

Boulay, 1ᵉʳ août.

Je reçois une dépêche qui m'annonce que le matériel du parc du 4ᵉ corps, moins l'équipage de pont, est rassemblé à Verdun. Le parc serait donc prêt à être mobilisé, si les troupes qui doivent l'atteler étaient rendues à leur destination (1).

J'ai l'honneur de vous prier de vouloir bien hâter l'envoi de ces troupes, et me faire connaître quelle localité je dois assigner au colonel directeur, comme nouveau point de rassemblement. J'avais primitivement désigné la place de Thionville, en prescrivant la mise en route la plus prompte ; il est possible qu'il y ait lieu de modifier ces ordres.

c) Opérations et mouvements.

Le général de Ladmirault au Major général, à Metz.

Boulay, 1ᵉʳ août.

J'ai l'honneur de vous accuser réception de votre dépêche du 1ᵉʳ août (2ᵉ section), m'informant que j'aurai à soutenir, par des démonstrations offensives, une opération dirigée contre Sarrebrück.

M. le maréchal Bazaine vient de me donner également ses instructions, et j'aurai à pousser une reconnaissance offensive sur Hargarten et Merten.

Je ferai également reconnaître, aussi loin que possible, la route de Teterchen à Sarrelouis. Je ne puis retirer la 1ʳᵉ division de Bouzonville qui occupe une très forte position et garde la gauche de toute la ligne.

---

(1) C'étaient : 2ᵉ compagnie (P) ; 2ᵉ compagnie (B) ; 11ᵉ compagnie (P) ; 11ᵉ compagnie (B) ; 6ᵉ compagnie (B), du 1ᵉʳ régiment du train d'artillerie.

Le général de Cissey au général de Ladmirault.

Bouzonville, 1ᵉʳ août.

Je suis arrivé à Bouzonville avec nos têtes de colonnes, à 7 h. 1/2 du matin, ayant marché par deux routes à peu près parallèles. La marche d'hier a été très pénible, par suite d'un violent orage que nous avons reçu, et celle de ce matin s'en est ressentie.

Les hommes sont trop chargés : le général Bellecourt partage mon opinion à cet égard, et les shakos commencent à jalonner les routes et à marquer les bivouacs abandonnés.

Il est indispensable que de l'argent nous soit envoyé sans délai; officiers et soldats en manquent également, moi tout le premier. J'envoie à Thionville, pour le 2ᵉ hussards et pour l'artillerie, voir si le receveur des finances voudra payer leurs états de solde.

Un grand nombre de soldats ont des mandats sur la poste, qui ne leur sont pas payés, parce qu'il n'y a pas un centime au bureau; ils crient hautement que c'est de l'argent qui leur est dû légalement, et des menaces écrites ont été adressées au maire, à ce sujet. Je n'ai pas besoin de vous dire que toute tentative de voie de fait serait énergiquement réprimée.

L'intendance ne sait nullement ordonnancer notre solde. Elle n'a reçu aucun tarif, et ne sait nullement ordonnancer les frais de bureau et les frais de représentation aux officiers et fonctionnaires des diverses catégories.

Tout cela s'arrangera certainement, mais il serait urgent qu'on pût, au moins, donner des acomptes, car on vit au jour le jour, obligé d'acheter tout comptant, et la concurrence fait naturellement hausser les prix dans une assez forte proportion.

P. S. — On m'apprend qu'il y a un rassemblement de troupes prussiennes à Nied-Altdorff et à Loignon, sur la frontière. Ce rassemblement serait fort d'environ 2,000 hommes. J'espère recevoir d'autres renseignements dans la journée, qui vous seront communiqués.

Le général de Cissey au général de Ladmirault.

Bouzonville, 1ᵉʳ août.

J'ai l'honneur de vous accuser réception de votre dépêche en date du 1ᵉʳ août. Je ferai exécuter demain, suivant vos ordres, une reconnaissance sur la route de Sarrelouis.

Situation sommaire d'effectif au 1ᵉʳ août.

CORPS.	OFFICIERS.	TROUPE.	TOTAUX.	CHEVAUX.
État-major général.....................	32	»	32	75
Division de Cissey.	322	7,713	8,035	617
Division Grenier.....................	319	7,768	8,087	625
Division de Lorencez..................	315	8,424	8,739	640
Division de cavalerie (Legrand)	178	2,303	2,481	2,400
Réserve d'artillerie....................	26	990	1,046	1,006
Réserve du génie.....................	4	136	140	77
Train des équipages militaires	3	107	110	79
Force publique.......................	5	85	90	65
Service des subsistances................	4	46	50	4
— des hôpitaux........	14	130	144	5
— du campement....................	1	»	1	1
Trésor et postes.	17	»	17	17
TOTAUX.............	1,240	27,702	28,942	5,611

4ᵉ CORPS

Emplacement des troupes au 1ᵉʳ août.

Quartier général................	à Boulay.
Division de Cissey...............	à Bouzonville.
Division Grenier................	à Boulay et Bouzonville (1).
Division de Lorencez.............	à Coume (2).
Division de cavalerie (Legrand)...	à Bouzonville (3), Filstroff (3), Boulay (4).
Réserve d'artillerie et génie.......	à Boulay (5).

---

(1) D'après le journal de marche de la division Grenier, elle n'aurait plus occupé Bouzonville le 1ᵉʳ août, mais serait tout entière à Boulay.
(2) Une brigade et une batterie à Teterchen.
(3) Brigade de hussards.
(4) Brigade de dragons.
(5) Parc d'artillerie s'organise à Verdun.

Journée du 1ᵉʳ août.

5ᵉ CORPS.

a) Journaux de marche.

Journal de marche du 5ᵉ corps d'armée.

Le 1ᵉʳ août, à 11 h. 1/2 du matin, une voiture escortée par un sergent et deux hommes, partie de Stürzelbronn pour aller à Bitche, chercher des vivres et la solde, a été attaquée à l'embranchement du chemin venant d'Eppenbrunn, par une patrouille de cavaliers bavarois.

Le sergent s'est retiré en tiraillant sur une grand'garde voisine, qui a envoyé du renfort, a fait plusieurs prisonniers et blessé plusieurs cavaliers, dont un officier.

Le cheval seul de la voiture a été blessé, du côté des Français.

Journal de marche de la 2ᵉ division.

A dater du 1ᵉʳ août, l'armée est placée, au point de vue des allocations, sous le régime de campagne. L'indemnité de rassemblement est, par ce fait même, supprimée. On suivra le tarif d'Italie jusqu'à décision du Ministre de la guerre.

Les troupes conservent les mêmes positions.

Celles qui sont auprès de Sarreguemines et à Rohrbach reçoivent des ordres pour une reconnaissance qui doit être exécutée le lendemain.

Après la soupe du soir, la batterie Dulon (7ᵉ du 2ᵉ) va à Grosbliederstroff rejoindre le général Lapasset et se placer sous ses ordres.

La division de l'Abadie est autorisée à faire tirer à la cible, de 2 heures à 3 heures de l'après-midi.

1ʳᵉ BRIGADE (Lapasset).

Journal de marche.

1ᵉʳ août.

La brigade séjourne à Grosbliederstroff, où elle campe depuis le 27 juillet, protégeant cette partie de la frontière et gardant les gués de la Sarre.

b) **Organisation et administration.**

Le général de Failly au Major général, à Metz (D. T.).

Sarreguemines, 1er août, 10 h. 15 matin.

Les hommes de la réserve du 4e bataillon de chasseurs à pied sont retenus à Chambéry par le général de subdivision, faute d'ordres du Ministre. D'après les informations qui m'ont été données au 2e corps, il a paru un ordre de l'armée, allouant les vivres de campagne à tout le monde. A partir d'aujourd'hui, j'applique cette mesure au 5e corps, d'après les tarifs d'Italie; prière de répondre à ma demande de supprimer les shakos; il en manque déjà plus d'un tiers. Il y a nécessité d'envoyer, de l'intérieur, un commandant de place permanent à Sarreguemines.

Le Major général au général de Failly, à Sarreguemines.

Metz, 1er août.

J'ai l'honneur de vous informer que, par décret du 31 juillet 1870, l'Empereur a promu au grade de général de division M. le général Grenier, commandant la 1re brigade de la 1re division du 5e corps.

Par décision impériale du même jour, M. le général Grenier a été nommé au commandement de la 2e division du 4e corps et remplacé dans le commandement de la 1re brigade de la 1re division du 5e corps par M. le général Saurin, qui commande actuellement la subdivision des Côtes-du-Nord.

Le Major général au général de Failly, à Sarreguemines.

Metz, 1er août.

J'ai l'honneur de vous informer que le Ministre de la guerre prescrit les mesures nécessaires pour qu'il soit formé, dans les dépôts de remonte de l'intérieur, des convois de chevaux aptes à remonter les officiers d'infanterie, les officiers sans troupe et assimilés des corps de l'armée du Rhin qui n'ont pas pu se pourvoir de montures avant leur départ.

Ces envois seront de 60 à 70 chevaux; il en sera affecté un au 5e corps.

Un avis ultérieur fera connaître la date de la mise en route pour leur destination; mais, en attendant, je vous prie de donner les ordres nécessaires pour qu'aussitôt leur arrivée, ces chevaux soient livrés aux destinataires.

Division de cavalerie du 5ᵉ corps d'armée.

1ʳᵉ BRIGADE (de Bernis).

Ordre général n° 2.

Metz, 1ᵉʳ août.

A l'occasion du combat de Schirlenhof, en avant de Niederbronn, le lieutenant de Chabot, du 12ᵉ chasseurs, est nommé chevalier de la Légion d'honneur ; le brigadier Charpentier et le cavalier de 1ʳᵉ classe (illisible), du même régiment, ont reçu la médaille militaire.

c) Opérations et mouvements.

Ordre de marche du 5ᵉ corps, pour le mouvement du 2 août.

Les deux premières divisions d'infanterie et la cavalerie du corps d'armée feront, demain 2 août, une grande reconnaissance sur la rive droite de la Sarre et de la Blies.

Le mouvement commencera à 3 h. 1/2 du matin.

Le 5ᵉ lanciers quittera Rohrbach pour se porter dans la direction d'Obergailbach, puis de Niedergailbach, où il se reliera avec les troupes qui seront à sa gauche.

Le 3ᵉ lanciers se rendra à la ferme de Wising et, de là, à Bliesbrücken, puis à Rheinheim, où il traversera la Blies. De Rheinheim, il s'avancera jusque sur les hauteurs qui dominent Gersheim à droite.

Première division. — Le 64ᵉ quittera la ferme de Wising à 3 h. 1/2, ira à Bliesbrücken, puis à Rheinheim, où il attendra les lanciers, les laissera passer en avant, et les appuiera en se portant à 1 ou 2 kilomètres au nord de Rheinheim. Un bataillon restera comme réserve à Bliesbrücken. Le colonel Flogny, avec l'escadron de hussards de la 1ʳᵉ division et l'escadron du 12ᵉ chasseurs, prendra la route de Frauenberg, traversera le village, suivra la route de Deux-Ponts et poussera sa tête de colonne jusqu'à Bebelsheim (1).

---

(1) Le 5ᵉ hussards, appartenant à la 1ʳᵉ brigade de la division de cavalerie du 5ᵉ corps, avait été fractionné ainsi : 1 escadron à l'escorte du général commandant le corps d'armée ; 1 escadron par division d'infanterie.

L'historique du 12ᵉ chasseurs ne fait aucune mention de l'escadron de ce régiment dont il est question ci-dessus. L'historique du 5ᵉ corps signale son arrivée le 29 juillet à Sarreguemines.

Le colonel Flogny commandait le 5ᵉ hussards.

Une brigade de la division Goze se rendra à Frauenberg. Un de ses régiments traversera la Blies, ira prendre position sur le plateau qui domine le village, à 2 kilomètres au Nord. Ce détachement aura une batterie avec lui. L'avant-garde de ce détachement (au moins un bataillon) sera poussée en avant du bois de Neuwiederwald (1). Le reste de la brigade et une batterie prendront position sur les hauteurs qui dominent la rive gauche de la Blies.

L'autre brigade se portera sur la rive gauche de la Blies, au-dessus de Bliesguerschwiller. Elle aura avec elle la 3ᵉ batterie de la division. Elle ne passera point la Blies.

Deuxième division. — La brigade Maussion, précédée de l'escadron divisionnaire, ira prendre position au-dessus d'Auersmacher (l'infanterie passera par le pont du chemin de fer, l'artillerie et la cavalerie traverseront la Blies sur le pont de bateaux, près du confluent). Cette brigade, après s'être déployée, et une fois le village d'Auersmacher reconnu, se portera en avant et ira prendre position sur le plateau qui s'étend de la Bliés à la Sarre, entre Bliesguerschwiller et Kleinblidersdorf.

Le général fera reconnaître par la cavalerie divisionnaire, appuyée par de l'infanterie, le village de Ranschbach et le point de Wintringen, sur le chemin de Fechingen, au Nord.

La brigade Lapasset ne traversera pas la Sarre et ira prendre position face à cette rivière, au nord de Grosbliderstroff, sur les hauteurs, pour protéger le mouvement de la 2ᵉ brigade sur la rive droite de la Sarre. Cette brigade commencera son mouvement à 4 heures et sera soutenue par une batterie qui lui sera envoyée dès ce soir.

Ces divers mouvements se feront de façon que toutes les têtes de colonne arrivent, autant que possible, à 7 heures, et non avant, à leur position extrême.

L'artillerie de réserve (batteries de combat) suivra le mouvement de la brigade Maussion, en ne passant le pont de la Blies qu'après l'ambulance divisionnaire de la 2ᵉ division.

La compagnie de génie de réserve restera à la tête de pont de bateaux de la Blies. Le génie marchera avec ses outils. Les ambulances marcheront avec leurs divisions.

Les bagages des corps chargés resteront dans le camp avec une garde. Les bagages de la brigade Maussion seront parqués à Welferding.

---

(1) Il s'agit sans doute du Bois appelé Breiter-Wald sur la carte de l'état-major allemand au 1/100,000.

Le général en chef autorise, pour la journée, une voiture par officier général et une voiture par régiment.

Les bagages ne se mettront en route que sur un ordre du général en chef et dans le cas où, par suite de la présence de l'ennemi, les troupes resteraient en position.

Le 11ᵉ de ligne laissera un bataillon à Sarreguemines, trois compagnies au grand parc d'artillerie fournissant un poste au pont de bateaux sur la Sarre, trois compagnies au pont de pierre en ville détachant un poste au pont de bateaux de la Blies, sur la rive gauche.

La prévôté se tiendra prête à marcher avec les bagages. Le train régulier sera paré, sans atteler, et prêt à marcher. Le convoi auxiliaire ne marchera pas.

Dans tous ces mouvements, laisser toujours libre la moitié des rues et des routes, afin que la circulation puisse être maintenue et que les ordres puissent être communiqués.

On laissera à Sarreguemines un officier par corps, pour recevoir les détachements de la réserve qui pourraient arriver, ainsi que le matériel pour assurer l'ordre et la police des bagages et parer aux éventualités.

La brigade Maussion détachera un demi-bataillon à l'artillerie de réserve, lequel passera au pont du chemin de fer avec la brigade et rejoindra cette artillerie au pont de bateaux de la Blies.

Prescriptions au rapport général du 1ᵉʳ août.

Dans la marche d'une division isolée, le parc divisionnaire marchera dans l'ordre suivant :

    1° Caissons d'infanterie à 2 roues ;
    2° Caissons d'infanterie à 4 roues ;
    3° Caissons de munitions d'artillerie.

Ce parc, dans son ensemble, marchera en tête du convoi.

Quand on marchera sur une seule colonne, tous les parcs divisionnaires marcheront en un seul convoi, d'après l'ordre occupé par les divisions dans la colonne.

Le général de Failly au général Frossard (D. T:).

Sarreguemines, 1ᵉʳ août.

Je demande d'avancer l'heure de l'opération du lendemain et de la mettre à la pointe du jour, au lieu de 11 heures du matin.

Du général Frossard. — Réponse.

Non, le mouvement se fera demain matin, à 10 heures. Tout est réglé, le Maréchal est informé.

Du maréchal Bazaine (D. T.).

L'Empereur approuve l'opération telle qu'elle a été arrêtée dans notre conférence d'hier. Votre mouvement se règlera sur celui du général Frossard.

Ordre du corps d'armée, n° 1.

L'armée va entrer en pays ennemi et se portera en avant. Les villages qui vont être traversés par les troupes, le seront ensuite par les convois de vivres. Il y a donc urgence, il y a bonne politique à se concilier les bonnes dispositions de ces populations. En conséquence, défense expresse de piller, de dévaster. Respecter les propriétés et les habitants, payer tout, et, s'il y a lieu de faire des réquisitions, les faire régulièrement par l'intermédiaire du bourgmestre, ainsi qu'il est pratiqué en France.

Rapport du général de Lespart.

Bitche, 1er août.

Aujourd'hui, 1er août, à 11 h. 1/2 du matin, une voiture partie de Stürzelbronn, avec un sergent et deux hommes d'escorte, pour venir à Bitche chercher les vivres et la solde, a été attaquée à hauteur du chemin venant d'Eppenbrunn, par un peloton de 22 cavaliers prussiens.

Le cheval de la voiture a été blessé d'un coup de sabre à la tête et d'une balle à la hanche droite.

Le sergent et les deux hommes se sont repliés sur une grand'garde française voisine, commandée par le capitaine Cascnave, et ces forces réunies ont fait un prisonnier qui a été ramené à Bitche.

En outre, le capitaine Cazenave a relevé, de cette escarmouche, 5 selles, 2 pistolets, 2 mousquetons, 1 sabre et 1 cheval. L'officier qui commandait le détachement ennemi aurait été blessé au bras.

D'après les renseignements tirés du prisonnier, un régiment de cavalerie est à Pirmasens, avec un régiment d'infanterie bavaroise. Le 12e hussards y arrive.

d) Situations et emplacements.

Situation sommaire d'effectif le 1ᵉʳ août.

CORPS.	OFFI-CIERS.	TROUPE.	TOTAUX.	CHEVAUX.
Division Goze....................	297	7,489	7,886	700
Division de l'Abadie d'Aydrein.....	253	6,091	6,344	593
Division Guyot de Lespart........	296	7,349	7,645	694
Division de cavalerie (Brahaut).....	147	2,116	2,263	2,007
Réserve d'artillerie..............	30	834	864	754
Réserve du génie................	12	124	136	96
Intendance.....................	68	653	721	559
Gendarmerie....................	5	85	90	52
Totaux........	1,124	24,779	25,903	5,502

Emplacement des troupes au 1ᵉʳ août.

Quartier général.................... à Sarreguemines.
Division Goze...................... à Sarreguemines.
Division de l'Abadie d'Aydrein........... à Sarreguemines (1).
Division Guyot de Lespart............... à Bitche.
Division de cavalerie (Brahaut) ... . à Bitche, Niederbronn, Sarreguemines.
Réserve d'artillerie et génie............. à Sarreguemines (2).

Journée du 1ᵉʳ août.

6ᵉ CORPS.

a) Journaux de marche.

Journal de marche de la 1ʳᵉ division.

Dans la journée d'hier, 31 juillet, le Maréchal commandant en chef a passé une grande revue de tout le corps d'armée.

---

(1) Brigade Lapasset à Grosbliederstroff.
(2) Parc d'artillerie à Lunéville, en voie de formation.

Un détachement du 10ᵉ de ligne est arrivé hier. Il devait y avoir 499 hommes; dix de ces hommes manquaient à l'appel. Il en est rentré sept dans la matinée de ce jour.

Un détachement de deux capitaines, trois sous-lieutenants et 700 hommes du 4ᵉ de ligne, venant de Saint-Etienne, est arrivé au camp; trois hommes manquaient à l'appel.

Dans la matinée, évolutions de régiment; dans la journée, école de tirailleurs pour les troupes d'infanterie.

Dans l'artillerie, manœuvres de campagne pour les hommes venus de la réserve.

Les troupes du génie ont travaillé dans l'intérieur du camp.

Les divers corps de la division ont fait exécuter, dans la matinée, les exercices de tir par les hommes de la réserve.

Journal de marche de la 2ᵉ division.

A 5 heures, les troupes de la division ont exécuté une manœuvre de guerre du côté du champ de tir de la batterie d'expérience, sous les ordres du général commandant la division. Départ à 5 heures, rentrée à 8 h. 1/2.

Arrivée au camp, dans la matinée, d'un détachement du 20ᵉ de ligne, fort de 303 hommes, venant du dépôt.

Journal de marche de la 3ᵉ division.

Le 1ᵉʳ août, la division continue à compléter sa mise sur le pied de guerre.

L'ordre arrive de se mettre en route le 2 août, pour rallier le camp de Châlons en deux colonnes.

b) Organisation et administration.

Le Général commandant en chef à Lyon au maréchal Canrobert (D. T.).

Lyon, 1ᵉʳ août, 3 h. 25 soir.

200 hommes du 4ᵉ de ligne, dirigés sur le camp de Châlons, sont partis de Saint-Etienne ce matin à 9 heures.

Le 6ᵉ régiment de chasseurs (1), dirigé sur le camp de Châlons, partira de Pierrelatte (Drôme) en deux trains, ce soir à 9 h. 15 et demain à 9 h. 15.

---

(1) Constituant, avec le 1ᵉʳ hussards, la 1ʳᵉ brigade de la division de cavalerie du 6ᵉ corps.

Le Général commandant la division militaire à Rouen au maréchal Canrobert (D. T.).

Rouen, 1ᵉʳ août, 6 h. 50 soir.

D'après les ordres du Ministre, en date du 30 juillet, 400 hommes du dépôt du 94ᵉ partent demain de Rouen, à 6 h. 55 matin. Ils arriveront à Paris à 10 h. 20, pour se rendre au camp de Châlons.

J'ignore l'heure de départ de Paris et l'heure d'arrivée au camp.

Le général Labastie, commandant l'artillerie du 6ᵉ corps, au général Soleille, à Metz (D. T.).

Camp de Châlons, 1ᵉʳ août, 7 h. 55 matin.

La cavalerie du 6ᵉ corps n'est pas pourvue de moyens d'enclouage des pièces ; elle n'a que l'Instruction.

Le Colonel directeur du parc du 6ᵉ corps au général Bertrand, au camp de Châlons.

La Fère, 1ᵉʳ août.

J'ai eu l'honneur de vous rendre compte ce matin par la voie du rapport, que le matériel des quatre réserves divisionnaires pourrait être attelé au premier ordre ; les réparations rendues nécessaires par leur transport en chemin de fer étant sur le point d'être terminées.

Je crois devoir ajouter à ces renseignements les observations suivantes :

1° Les caissons légers de ces réserves n'ont chacun qu'un demi-approvisionnement d'obturateurs en caoutchouc, c'est-à-dire 450 par coffre au lieu de 900.

Le Ministre est prévenu de cette situation, mais seulement pour ce qui concerne une de ces réserves, celle qui vous a été envoyée par la direction de Bourges ;

2° Les trois réserves récemment arrivées de Toulouse, ont tous leurs coffres chargés en cartouches modèle 1866, sans qu'on nous ait fait savoir pourquoi on s'est écarté des prescriptions d'après lesquelles le 5ᵉ caisson modèle 1827 de chaque réserve doit avoir deux coffres chargés en cartouches modèle 1863 (Instruction de 1869 sur la composition et le chargement des batteries, page 59). Si c'est par suite d'une erreur que ces réserves n'ont qu'un seul modèle de cartouches et s'il était urgent, au moment où elles se mettront en marche, qu'elles eussent un approvisionnement en cartouches modèle 1863, je vous demanderai l'autorisation de prélever sur les quatre caissons modèle 1827, chargés en cartouches de ce modèle et faisant partie du parc proprement dit, les six coffres nécessaires pour ramener ces trois réserves à leur composition réglementaire.

c) Opérations et mouvements.

Le général La Font de Villiers au maréchal Canrobert (D. T.).

Soissons, 1er août, 1 h. 30 soir.

Reçu le télégramme prescrivant le départ de la 3e division en deux colonnes (1).

d) Situations et emplacements.

Situation sommaire d'effectif au 1er août.

CORPS.	OFFICIERS.	TROUPE.	TOTAUX.	CHEVAUX.
État-major général....................	11	»	11	45
Division Tixier..........	308	7,526	7,834	513
Division Bisson.......................	287	7,721	8,008	549
Division La Font de Villiers..............	287	7,063	7,350	469
Division Levassor-Sorval...............	281	7,144	7,425	492
Division de cavalerie (de Salignac-Fénelon)...	195	2,525	2,720	2,458
Artillerie............................	24	1,080	1,104	884
Génie (sapeurs conducteurs)..............	»	39	39	64
Force publique.......................	5	83	88	60
Services administratifs (1)...............	75	760	835	104
Totaux................	1,473	33,941	35,414	5,640

(1) Les services administratifs ne sont pas organisés et les divers besoins du 6e corps sont assurés au moyen des ressources du camp de Châlons.

6e CORPS.

Emplacement des troupes au 1er août.

Quartier général................... au camp de Châlons.
Division Tixier .... au camp de Châlons.
Division Bisson.................... au camp de Châlons.

---

1) De Soissons sur le camp de Châlons.

Division La Font de Villiers......... à Soissons (1).
Division Levassor-Sorval............ à Paris (1).
Division de cavalerie de Salignac-Fénelon....................... } au camp de Châlons.
Réserve d'artillerie et génie (en voie de rassemblement)............ } au camp de Châlons (2).

Journée du 1er août.

7e CORPS.

a) Journaux de marche.

Journal de marche de la 2e division.

Le général Liébert, commandant la 2e division du 7e corps, arrive à Belfort le 1er août.

Journal de marche de la brigade la Bastide (3).

La 2e brigade de la 2e division (Liébert) est formée à Belfort à la date du 1er août. Elle se compose du 53e régiment de ligne et du 89e. Le 89e est arrivé le 29 juillet et le 53e le 31 juillet.

Au fur et à mesure de leur arrivée, les deux régiments sont campés au sud de Belfort, entre la rivière et le chemin de fer : le 89e face à la rivière, la droite à hauteur du Moulin-Neuf, la gauche à hauteur des premières maisons du faubourg de France, ayant la cavalerie entre ce point et le faubourg de France.

Le 53e campe en seconde ligne.

Journal de marche de la réserve d'artillerie.

Les batteries de la réserve étaient arrivées successivement. Le 1er août, elles étaient toutes campées sous Belfort.

Le service s'organisait dans les diverses armes; les effets de campe-

---

(1) L'artillerie et la compagnie du génie des 3e et 4e divisions sont au camp de Châlons.

(2) Le parc d'artillerie s'organise à la Fère. Il doit être attelé par : 4e compagnie (P.), 4e compagnie (B.), 10e compagnie (B), 3e compagnie (P,), 3e compagnie (B.) du 1er régiment du train d'artillerie.

(3) 2e brigade de la 2e division d'infanterie.

ment manquants étaient réclamés ou bien on se les procurait par achat direct. Il en a été ainsi pour se procurer les ceintures de flanelle, les musettes-mangeoires et divers autres effets. Les chevaux manquants étaient acquis par l'intermédiaire d'un dépôt éventuel auquel étaient remis également les chevaux de la gendarmerie, parmi lesquels le général de Liégeard en a pris un à titre onéreux.

18,000 obturateurs avaient été annoncés, mais ils manquaient encore et quelques régiments d'infanterie n'avaient pas tous les rechanges réglementaires. M. le capitaine Caro fut alors envoyé en mission à Paris pour les y recevoir et les rapporter lui-même sans délai.

b) Organisation et administration.

Le Major général au général Douay (D. T.).

Metz, 1er août, 3 h. 20.

Des deux divisions de votre corps d'armée, qui occupent Colmar et Belfort, quelle est celle qui sera la première prête à être dirigée sur le Bas-Rhin? Où en est votre cavalerie?

Le général Douay au Major général, à Metz (D. T.).

Belfort, 1er août, 5 h. 30 soir.

Les divisions de Colmar et de Belfort sont exactement dans le même état d'imperfection; elles attendent le résultat des démarches faites à Paris pour compléter le matériel et les ustensiles de campement.

J'espère, d'ici deux à trois jours, qu'il sera obtenu; le 4e hussards, qui est à Altkirch, reçoit à l'instant le campement de Paris; il sera prêt à marcher; les lanciers assurent le complément du campement.

La division Liébert, de Belfort, attend encore le 6e bataillon de chasseurs, venant d'Italie (1).

Le même au même (D. T. ch.).

Belfort, 1er août, 7 h. 5 soir.

Le maréchal de Mac-Mahon me demande où en est l'organisation de mon corps. Je lui donne les mêmes renseignements qu'à vous. Il exprime le désir de voir le 7e corps aller le remplacer à Strasbourg. Je lui réponds que, s'il ne s'agit que d'occuper cette ville, les troupes du 7e corps peuvent marcher, soit par chemin de fer, soit par terre, mais qu'elles ne peuvent ni bivouaquer, ni camper, sans le campement

---

(1) Ce bataillon rejoindra la division Liébert à Altkirch le 4 août.

attendu de Paris et qui pourra nous rallier à Strasbourg; qu'enfin il faudrait faire venir de Lyon la 3ᵉ division, la cavalerie (1).

Au général Doutrelaine, à Belfort. — Lettre du Comité des Fortifications. Signature illisible.

Paris, 1ᵉʳ août.

Depuis que vous avez quitté Paris, tous nos moyens ont été employés à constituer, pour M. le général Coffinières, des dossiers aussi complets que possible, tant pour ce qui concerne les places fortes que pour ce qui regarde les reconnaissances. Je suppose que, quand il y aura apparence qu'un corps aura à faire une opération déterminée, le général fera passer au commandant du génie de ce corps les documents qui pourront lui être utiles. Si cependant une nature particulière de renseignements vous était utile en ce moment, je vous serais reconnaissant de vouloir bien me le faire connaître et je ferais mon possible pour vous les fournir.

Je commence à avoir quelques photographies et, après en avoir fourni e génie des corps qui se dirigent vers Sarrebrück, je m'empresse de vous envoyer :

1 plan à 1/5,000ᵉ de Sarrelouis ;
1 plan à 1/20,000ᵉ de Germersheim ;
1 plan à 1/20,000ᵉ de Rastadt.

Vous avez dû recevoir du dépôt de la guerre, ou vous allez recevoir très incessamment :

1° Les cartes à 1/80,000ᵉ du dépôt de la guerre, pour les frontières de France où vous opérez ;

2° Des photographies de cartes allemandes à 1/50,000ᵉ, 1/60,000ᵉ, ou 1/80,000ᵉ, suivant les cas, pour le théâtre de la guerre à l'étranger.

3° La carte de l'Europe centrale à 1/320,000ᵉ.

c) Opérations et mouvements.

Le général Doutrelaine au général Véronique, à Paris.

Belfort, 1ᵉʳ août.

Il vient de m'arriver aujourd'hui à Belfort les 2ᵉ et 4ᵉ compagnies du 2ᵉ régiment du génie qui doivent être attachées, l'une à la 1ʳᵉ division dont le quartier général est à Colmar, l'autre à la 3ᵉ qui doit se former à Lyon. Ces deux compagnies, inutiles à Colmar et à Lyon, me rendront ici de grands services.

---

(1) 2ᵉ brigade Jolif du Coulombier, de la division de cavalerie du 7ᵉ corps.

Le personnel de l'état-major du génie du 7ᵉ corps s'est augmenté aujourd'hui par l'arrivée du capitaine Chaie-Fontaine. Il ne me manque plus que le garde Iffli.

Les travaux du camp retranché de Belfort sont en pleine activité. On a pris possession des terrains de Bellevue et l'on a commencé hier l'exécution de l'ouvrage qui doit occuper cette hauteur. Il y a aujourd'hui 1400 travailleurs militaires et 400 travailleurs civils sur les chantiers des hautes et basses Perches, de Bellevue et des Barres.

Mais pour outiller tous ces ouvriers il m'a fallu recourir à une mesure extrême que les circonstances ont rendu impérieuse: les outils de l'entreprise et de l'approvisionnement de défense étant insuffisants, et le parc du corps d'armée n'étant pas encore arrivé, j'ai dû, sur l'ordre du général Douay, faire un emprunt sur l'approvisionnement de dépôt. Je limiterai cet emprunt autant que possible, et j'espère ne pas mettre en service plus de 1800 pelles et 1000 pioches de ce dernier approvisionnement. Je donne avis de ce fait au général commandant le génie de l'armée.

J'ai accompagné avant-hier le général Douay dans une tournée qu'il a faite à Huningue. Les renseignements que nous avons recueillis nous ont paru très rassurants, et je crois qu'il n'y a rien à craindre, en ce moment, du côté de la frontière badoise et de la frontière suisse.

Néanmoins, comme les circonstances peuvent changer d'un jour à l'autre et comme nous nous trouvons tout à fait dégarnis à l'Est de Belfort et de Colmar, j'ai soumis hier, au général Douay, un projet de défensive du Haut-Rhin depuis Huningue en me basant sur les moyens dont dispose ou va disposer le 7ᵉ corps (1).

Le général Douay a goûté ce projet et il en a entamé l'exécution, en envoyant à Altkirch et à Huningue un de ses régiments de cavalerie (2).

Ci-joint la copie de la note que je lui ai remise à ce sujet . . . . .

Le général Doutrelaine au Directeur du service télégraphique, à Colmar.

Belfort, 1ᵉʳ août.

Vous m'avez entretenu hier de l'opportunité de soustraire, en cas d'attaque, à l'action de l'ennemi, les fils télégraphiques des alentours de la place de Belfort. Cette mesure présenterait un intérêt réel, si elle pouvait aboutir à conserver nos communications télégraphiques avec l'Ouest et le Midi. Mais on ne saurait en espérer un pareil résultat, car il est évident que si l'ennemi, maître de la campagne, arrivait devant

---

(1) Voir 3ᵉ fascicule, page 196.
(2) 4ᵉ hussards.

Belfort, il s'empresserait, avant même de songer à attaquer cette place, de détruire, hors de son rayon d'action, les divers fils qui la relient à l'intérieur de la France. Je ne vois donc pas de raisons sérieuses de modifier l'installation actuelle des lignes télégraphiques près de la place de Belfort.

En ce qui touche les nouveaux postes télégraphiques à établir le long du Rhin, en outre de ceux de Huningue, Rosenau, Bantzenheim et Neuf-Brisach, déjà construits, et celui de Niffer en construction, je m'empresse de vous faire savoir qu'après avoir examiné la question et en avoir causé avec le général Douay, l'établissement des deux postes projetés à Nambsheim et à Arzenheim me paraît tout à fait indispensable.

Le général m'a invité à vous prier d'en vouloir bien presser l'organisation, autant qu'il dépendra de vous.

d) **Situations et emplacements.**

Situation sommaire d'effectif au 1er août.

CORPS.	OFFICIERS.	TROUPE.	TOTAUX.	CHEVAUX.	OBSERVATIONS.
Quartier général..........	40	59	99	110	
Division Conseil-Dumesnil.	206	5,181	5,387	420	
Division Liébert..........	219	6,187	6,406	102	
Division Dumont..........	198	5,078	5,276	325	Le 79e de ligne n'est pas arrivé.
Division de cavalerie (Ameil).	207	2,735	2,942	2,329	
Réserve d'artillerie.......	28	1,020	1,048	964	
Réserve du génie.........	4	119	123	30	
Totaux..........	902	20,379	21,281	3,980	

7e CORPS.

Emplacement des troupes au 1er août.

Quartier général .... à Belfort.
Division Conseil-Dumesnil............ à Colmar.
Division Liébert .... à Belfort.
Division Dumont .... à Lyon.
Division de cavalerie (Ameil).......... à Belfort (4e hussards, à Altkirch) (1) (2).

---

(1) Réserves d'artillerie et du génie à Belfort.
(2) Parc d'artillerie en voie d'organisation à Vesoul. Il doit être

Journée du 1ᵉʳ août.

GARDE IMPÉRIALE.

a) Journaux de marche.

Journal de marche de la Garde.

Les deux premières colonnes du parc d'artillerie proprement dit sont embarquées à Versailles, pour Metz.
Constitution de l'ambulance de la 1ʳᵉ division d'infanterie.

Journal de marche de la division Deligny.

L'ambulance divisionnaire est constituée, sous la direction de M. le médecin-major de 1ʳᵉ classe Mouillac.

Journal de marche de la division Picard.

Séjour au bivouac de Chambières.
Marche militaire pour les troupes d'infanterie de la division, à 2 h. 1/2, sur la route de Saint-Julien.
Rentrée au bivouac à 6 heures.

Journal de marche de la division de cavalerie.

Séjour au bivouac de Chambières.
Arrivée au quartier général de M. l'abbé Gillet de Kervéguen, aumônier de la division de cavalerie.
Arrivée au quartier général de 80 voitures de réquisition, portant à 130 le nombre des voitures de réquisition auxiliaires du train des équipages, destinées à porter les approvisionnements en vivres et fourrages qui doivent suivre la division, lors de la mise en marche.
Un ordre du major général de l'armée prescrit que, à partir du 3 août, toute la garde impériale touchera les vivres de campagne.
Les deux batteries d'artillerie attachées à la division complètent leur mise sur le pied de guerre par l'arrivée des 18 voitures de réserve qui leur manquaient jusqu'alors.

---

attelé par : 10ᵉ compagnie (B); 8ᵉ compagnie (B); 7ᵉ compagnie (P); 7ᵉ compagnie (B); 11ᵉ compagnie (P), du 2ᵉ régiment du train d'artillerie.

Journal de marche de la réserve d'artillerie.

Les réserves de quatre batteries de réserve, ainsi qu'une colonne du parc, arrivent à Metz.

b) Organisation et administration.

Le Major général au général Bourbaki, commandant la Garde impériale.

Metz, 1ᵉʳ août.

Afin d'activer le déchargement des trains de subsistances militaires arrivés dans la gare de Metz, il est indispensable que cette opération soit poursuivie *de jour et de nuit ;* c'est même une nécessité devenue impérieuse.

En conséquence, j'ai l'honneur de vous prier de vouloir bien faire commander une corvée composée de 40 hommes, pour travailler de 7 heures du soir à minuit, et une autre de 40 hommes également, pour remplacer la première et travailler de minuit à 6 heures du matin.

La corvée employée de 7 heures à minuit ne devra quitter son service qu'après avoir été relevée par celle qui doit arriver à minuit.

Une ration extraordinaire de vin, à titre de gratification, est allouée à tous les sous-officiers, caporaux et soldats qui participent à ces diverses corvées, de jour ou de nuit.

Le général Vinoy, commandant les dépôts de la Garde impériale, au général Bourbaki, à Metz.

Paris, 1ᵉʳ août.

Le détachement de 850 hommes, que vous avez reçu probablement avant que votre lettre ne me fût parvenue, a dû vous prouver avec quelle promptitude les intentions de l'Empereur ont été remplies. Le chiffre ci-dessus avait été indiqué par le Ministre, et il a bien eu de la peine à être atteint, aussi sera-t-il impossible de vous envoyer un nouveau détachement d'infanterie, à moins que l'on nous envoie du monde, ce qui me paraît bien difficile ; mais, vous avez la ressource de puiser dans tous les régiments de l'armée du Rhin, et vous n'aurez que l'embarras du choix.

Croyez, du reste, mon cher Général, qu'en ce qui me concerne ici, vous trouverez toujours le concours le plus empressé, heureux, pour mon compte, de pouvoir aider de tout mon pouvoir aux succès qui vous attendent.

d) Situation et emplacements.

Situation sommaire d'effectif au 1ᵉʳ août.

CORPS.	OFFI-CIERS.	TROUPE.	TOTAUX.	CHEVAUX.
État-major général............	28	»	28	83
Division Deligny................	344	8,263	8,607	769
Division Picard.................	292	7,183	7,475	690
Division de cavalerie (Desvaux)....	292	3,915	4,207	4,093
Artillerie......................	74	1,770	1,844	1,802
Génie........................	17	269	286	115
Troupes d'administration.........	14	506	520	523
Services administratifs..........	46	85	131	25
Totaux.....	1,107	21,991	23,098	8,100

GARDE IMPÉRIALE.

Emplacement des troupes au 1ᵉʳ août.

Quartier général............ à Metz.
Division Deligny............ à Metz (bataillon de chasseurs à Thionville).
Division Picard............. à Metz.
Division de cavalerie (Desvaux). à Metz.
Artillerie................... à Metz (1).

Journée du 1ᵉʳ août.

RÉSERVE DE CAVALERIE.

a) Journaux de marche.

Journal de marche de la 1ʳᵉ division (du Barail).

Le 1ᵉʳ régiment de chasseurs d'Afrique arrive à Lunéville, centre de formation de la division.

---

(1) Le parc d'artillerie de la Garde commence à s'embarquer à Versailles. Sa 1ʳᵉ colonne arrive à Metz.

Les 2ᵉ, 3ᵉ et 4ᵉ régiments de cette arme sont encore en route pour rejoindre, venant d'Algérie.

Journal de marche de la 2ᵉ division (de Bonnemains).

La division séjourne à Lunéville.

Journal de marche de la 3ᵉ division (de Forton).

La 3ᵉ division de réserve de cavalerie est à Pont-à-Mousson, où elle a été formée à la date du 25 juillet.

b) Organisation et administration.

Le général du Barail au Major général, à Metz.

Lunéville, 1ᵉʳ août.

J'ai l'honneur de rendre compte à Votre Excellence de l'arrivée, ce matin, à Lunéville d'un détachement du 1ᵉʳ régiment de chasseurs d'Afrique, composé de 27 officiers, 253 hommes et 273 chevaux ou mulets.

Les chevaux, soit qu'ils aient eu à souffrir des fatigues de la traversée ou du trajet en chemin de fer, sont dans un état d'entretien qui laisse à désirer, et je prie Votre Excellence de vouloir bien décider que les régiments de chasseurs d'Afrique toucheront, pendant les quelques jours qu'ils doivent rester à Lunéville, la ration allouée aux chevaux de grosse cavalerie, soit 2 kil. 500 de foin, 5 kil. 050 d'avoine et 7 kil. de paille.

En marge : « Approuvé ».

c) Opérations et mouvements.

Le général de Bonnemains au Major général (D. T.).

Lunéville, 1ᵉʳ août, 8 h. 30 matin.

Je reçois les ordres de départ pour les régiments de la division ; il n'est rien prescrit à l'égard des batteries d'artillerie, ni de la gendarmerie, attachées à la division.

Réponse annexée à la dépêche ci-dessus. — *Sans indication d'heure.*

C'est votre division complète, avec son artillerie, gendarmerie et tous ses services, qui est dirigée sur Brumath. Répartissez entre les deux colonnes.

Je préviens le Ministre.

Signé : Maréchal Le Bœuf.

d) Situations et emplacements.

1re DIVISION DE RÉSERVE DE CAVALERIE (Du Barail).

Situation d'effectif (Il n'en existe pas à la date du 1er août).

2e DIVISION DE RÉSERVE DE CAVALERIE (De Bonnemains).

Situation d'effectif au 1er août.

Les seules indications touchant l'effectif de la 2e division de réserve de cavalerie, à la date du 1er août, se trouvent dans la dépêche suivante du général de Bonnemains.

Le général de Bonnemains au Major général (D. T.).

Lunéville, 1er août, 7 heures matin.

Sont à Lunéville : 2e division de réserve de cavalerie, 2,318 hommes, officiers compris, et 2,077 chevaux ;

Artillerie de la 2e division de réserve de cavalerie, 7e et 8e batteries du 19e régiment d'artillerie : 319 hommes, officiers compris, 358 chevaux, 12 canons, 26 voitures ; artillerie de la 1re division de réserve de cavalerie, 5e et 8e batteries du 19e régiment d'artillerie : 316 hommes, officiers compris, 346 chevaux, 12 canons, 26 voitures ; 1er régiment du train des équipages militaires (2e compagnie légère) : 221 hommes, 41 chevaux, 179 mulets, part ce matin à 8 heures pour Metz, voies ferrées ; 2e régiment du train d'artillerie, détachement de la 4e compagnie (*bis*) : 32 hommes, 44 chevaux ; 2e régiment du train d'artillerie, détachement de la 9e compagnie principale : 43 hommes, 66 chevaux ; 2e régiment du train d'artillerie, détachement de la 4e compagnie principale : 16 hommes, 32 chevaux ; 1re batterie (*bis*) du 5e d'artillerie, avec subsistants des trois compagnies d'ouvriers et d'artificiers : 89 hommes, 8 chevaux, 130 voitures (1) ; gendarmerie, force publique : 43 hommes, 44 chevaux ; 1er chasseurs d'Afrique : 380 hommes, officiers compris, 373 chevaux et mulets arrivent à l'instant.

---

(1) Le parc d'artillerie du 2e corps s'organise à Lunéville.

3º DIVISION DE RÉSERVE DE CAVALERIE (de Forton).

Situation sommaire d'effectif au 1ᵉʳ août.

CORPS.		OFFI-CIERS.	TROUPE.	TOTAUX.	CHEVAUX.
1ʳᵉ brigade....	1ᵉʳ dragons.......	41	532	573	512
	9ᵉ dragons.......	39	532	571	514
2ᵉ brigade	7ᵉ cuirassiers.....	38	517	555	510
	10ᵉ cuirassiers....	40	496	536	504
Artillerie (1)....	....	1	»	1	2
	TOTAUX......	159	2,077	2,236	2,042

(1) 7ᵉ et 8ᵉ batteries du 20ᵉ.
Le général de division n'a pas reçu avis de l'arrivée de son artillerie.
M. Liénard, sous-lieutenant, venant de l'École de Metz, a seul rejoint.

Journée du 1ᵉʳ août.

RÉSERVE D'ARTILLERIE.

a) Journal de marche.

Au même moment où ces instructions prévoyantes (1) émanaient de l'administration centrale, le général commandant l'artillerie de l'armée prescrivait aux généraux commandant l'artillerie des corps d'armée toutes les mesures propres à faciliter et à activer le fonctionnement de ces instructions.

Les généraux furent invités à diriger leurs parcs sur le point qui leur semblerait le plus convenable et à donner directement les ordres de mouvement, après s'être entendus avec les commandants des corps.

Le général Canu au général Soleille, à Metz.

Nancy, 1ᵉʳ août.

J'ai l'honneur de vous faire connaître que les batteries des 13ᵉ et 18ᵉ régiments composant la réserve générale d'artillerie, sont en ce moment réunies à Nancy. Le matériel d'artillerie est complet, ainsi

---

(1) Voir le journal de marche de la réserve d'artillerie à la date du 31 juillet.

que le personnel. Quelques voitures à bagages d'officiers manquent, soit qu'il n'y en eût pas dans les garnisons des régiments, soit que le règlement n'ayant pas prévu le cas où les colonels et lieutenants-colonels marcheraient avec leur troupe, on en ait refusé à ces Messieurs.

Je vous prie de vouloir bien faire combler cette lacune et décider que le colonel a droit à une voiture à 4 roues et le lieutenant-colonel à une voiture à 2 roues.

Deux officiers, MM. de la Brosse et Malvy, du 13e régiment, qui viennent d'arriver au corps, ne sont pas montés. Une demande de chevaux, provenant de la gendarmerie et en ce moment à Nancy, a été soumise au général commandant la subdivision, qui a refusé de l'autoriser, sous prétexte qu'il ne pouvait, et surtout qu'il ne voulait donner aucun ordre concernant l'armée.

Comme je n'ai malheureusement pas qualité pour résoudre cette question, qui regarde essentiellement le territoire, je vous adresse les deux demandes avec prière de les faire signer, soit par la division à Metz, soit par l'état-major général de l'armée.

Mon chef d'état-major est arrivé hier.

Le Major général au général Soleille.

Metz, 1er août.

J'ai l'honneur de vous informer que, par décret impérial du 24 juillet, M. le général de division Canu, commandant la réserve générale d'artillerie de l'armée du Rhin, est nommé aux fonctions d'aide de camp auprès de la personne de Sa Majesté.

M. le général Canu prendra immédiatement possession de ses nouvelles fonctions.

Le Major général au général Soleille, commandant de l'artillerie de l'armée.

Metz, 1er août.

Par dépêche du 31 juillet 1870, le général de division commandant en chef la garde impériale me fait connaître les besoins de l'artillerie de son corps d'armée, pour compléter son matériel.

Les 4 batteries de réserve manquent de :

    8 caissons d'artillerie ;
    4 affûts de rechange,
    Et 4 chariots de batterie.

Les 2 batteries attachées à la division de cavalerie manquent de

    4 caissons d'artillerie ;
    2 affûts de rechange,
    Et 1 chariot de batterie.

Le parc d'artillerie de la garde étant indépendant et ne pouvant fournir aucun de ces objets de matériel, j'ai l'honneur de vous prier de prendre telle mesure que vous jugerez convenable pour pourvoir ces batteries du matériel qui leur fait défaut et qui a été laissé à Paris, faute d'hommes et de chevaux.

Le Major général au général Soleille.

Metz, 1er août.

J'ai l'honneur de vous informer que la 1re portion du parc d'artillerie du 1er corps d'armée partira de Besançon le 3 août, par les voies ferrées, pour Strasbourg.

M. le Maréchal commandant le 1er corps d'armée est informé de cette disposition.

Le général Mitrecé, directeur général des parcs et des équipages d'artillerie de l'armée du Rhin, au général Soleille.

Toul, 1er août.

Pour faire suite à ma lettre du 29 juillet (n° 1), j'ai l'honneur de vous faire connaître que les arsenaux de Metz et de Strasbourg seront, dans le courant de la semaine prochaine, en mesure de me livrer les fractions n° 2 et n° 2 bis du grand parc de campagne.

Je viens, en conséquence, vous prier de vouloir bien me faire savoir si votre intention est de maintenir, pour le moment, ces deux fractions dans les places où elles vont être formées, ou si, au contraire, elles devront refluer sur la place de Toul, aussitôt qu'elles seront mises à ma disposition.

Dans l'un comme dans l'autre cas, je vous demande, dès à présent, l'autorisation d'envoyer successivement à Metz et à Strasbourg un des officiers attachés au grand parc, afin d'y procéder à la vérification et à la prise en charge de chacune des fractions dont il s'agit.

En marge, à hauteur du 2e alinéa : « Oui, concentrer à Toul ».

Le général Soleille au général Canu, commandant la réserve générale d'artillerie, à Nancy.

Metz, 1er août.

Il a été entendu entre S. Exc. le Major général de l'armée et le Ministre de la guerre, que les parcs des divers corps d'armée, y compris les équipages de pont de corps d'armée, se réuniraient, personnel et matériel, sur des points déterminés : le lieu de concentration du parc de la réserve générale est Toulouse.

C'est là que se trouve le directeur du parc de la réserve générale, prenant possession de ce qui lui appartient, au fur et à mesure que les éléments lui sont fournis. C'est à lui qu'il appartient de nous prévenir, vous et moi, que la totalité ou telle partie du parc est arrivée et prête à être mise en marche.

Je vous prie, de votre côté, mon cher général, de vouloir bien me faire connaître le point sur lequel vous jugeriez le plus convenable de diriger le parc, en raison des positions que vous occupez et des opérations que vous avez à exécuter, afin de me mettre en mesure de donner les ordres de mouvement.

Le général Canu au Major général.

Nancy, 1er août.

J'ai déjà eu l'honneur de vous rendre compte que le 13e régiment n'avait qu'une très petite partie des effets de campement qui lui étaient nécessaires. Vous m'avez répondu que les corps étaient autorisés à faire des achats d'urgence ; mais, malheureusement, on ne trouve pas ces objets dans le commerce, et le temps nous presse si vivement que l'on ne voit pas la possibilité de s'en procurer assez promptement. Je viens d'apprendre que le dépôt d'un régiment d'infanterie, qui est à Nancy, a en magasin une grande quantité de ces objets et, comme il ne doit pas faire mouvement, en ce moment du moins, je viens vous prier de vouloir bien lui faire donner l'ordre de verser au 13e régiment les objets dont ce dernier corps a besoin.....

Le Général, directeur de l'artillerie au ministère de la guerre, au général Soleille, à Metz.

Paris, 1er août.

Une lettre de Forgeot m'apprend que le Major général, dans sa courte visite à Strasbourg, s'est un peu fâché sur le compte rendu qui lui a été fait de l'insuffisance des objets de rechange, aiguilles et obturateurs, dans les régiments spéciaux venus d'Afrique et chez les hommes de la réserve arrivant des dépôts.....

D'abord, M. le Major général a été mis au courant, par moi, de cette insuffisance au moment de la déclaration de guerre. Il sait que je n'ai pu, au premier moment, mettre que 450 obturateurs par caisson léger d'infanterie, au lieu de 900. Il sait aussi que notre gêne a été aggravée par une résolution, prise sans me consulter, qui donne à chaque homme 3 aiguilles de rechange au lieu de 2, et 2 caoutchoucs de rechange au lieu d'un. J'ai des raisons de croire que les corps qui se sont trouvés dans le voisinage des directions d'artillerie ont profité de la permission et qu'ils se sont très bien pourvus, au détriment de beaucoup d'autres, il est vrai, qui sont arrivés trop tard à la distribution.

Au fond, chaque homme ayant, suivant l'ancien règlement, 3 aiguilles et 2 obturateurs, le mal n'était pas bien grand, surtout en tenant compte des rechanges portées par les voitures divisionnaires.

Quoi qu'il en soit, j'ai, dès le premier jour, organisé sur le pied de la plus grande activité, les ateliers de fabrication des aiguilles et des caoutchoucs, dans nos établissements et dans ceux de l'industrie et, aujourd'hui 1er août, la production quotidienne est de 3,000 aiguilles et de 10,000 obturateurs. Nous arrriverons, du 8 au 10 août, à 10,000 et 14,000.

J'ai déjà pu envoyer le complément des obturateurs à plusieurs corps d'armée, par ordre de numéros, et une lettre de Gagneur arrivée aujourd'hui, m'annonce l'arrivée de ces pièces de rechange au 2e corps. Les autres ne tarderont pas à recevoir les leurs.

Les cartouches m'ont également préoccupé. J'ai réinstallé la fabrication partout où cela est possible. J'arriverai prochainement à une fabrication de 500,000 par jour, et j'étudie les moyens de faire plus. C'est la gaze de soie qui gêne au début.....

d) Situation et emplacements.

Situation à la date du 1er août.

CORPS.	NOMBRE DE BATTERIES.	PRÉSENTS SOUS LES ARMES.				EFFECTIF TOTAL.		OBSERVATIONS.
		Hommes.		Chevaux.				
		Officiers.	Troupe.	d'officiers.	de troupe et de trait.	Hommes.	Chevaux.	
État-major général de l'artillerie.............	»	17	34	33	17	51	50	à Metz.
État-major de la réserve de l'artillerie.........	»	6	»	9	»	6	9	à Nancy (1).
État-major du grand parc de campagne.........	»	10	»	18	»	10	18	à Toul.
Troupes { de la réserve générale.....	16	64	2,056	111	1,955	2,120	2,066	à Nancy.
{ du grand parc de campagne.	»	20	643	24	»	663	24	à Toul
Totaux.....	16	117	2,733	195	1,972	2,850	2,167	

(1) Le parc de la réserve générale s'organise à Toulouse.

État des batteries existantes au 1ᵉʳ août.

CORPS.	BATTERIES MONTÉES			BATTERIES à cheval de 4.	BATTERIES de montagne.	TOTAUX.	OBSERVATIONS.
	de 4.	à balles.	de 12.				

1° A l'armée du Rhin.

CORPS.	de 4.	à balles.	de 12.	à cheval de 4.	de montagne.	TOTAUX.	OBSERVATIONS.
Régim^t monté de la garde.	4	2	»	»	»	6	
Id. à cheval de la garde.	»	»	»	6	»	6	
1ᵉʳ régiment...	4	2	2	»	»	8	
2ᵉ...	6	2	»	»	»	8	
3ᵉ...	»	»	»	»	2	2	
4ᵉ...	6	2	»	»	»	8	
5ᵉ...	4	2	2	»	»	8	
6ᵉ...	4	2	2	»	»	8	
7ᵉ...	4	2	2	»	»	8	
8ᵉ...	7	1	»	»	»	8	
9ᵉ...	6	2	»	»	»	8	
10ᵉ...	7	»	1	»	»	8	
11ᵉ...	4	2	2	»	»	8	
12ᵉ...	6	2	»	»	»	8	
13ᵉ...	»	»	8	»	»	8	
14ᵉ...	3	»	3	»	»	6	
15ᵉ...	6	2	»	»	»	8	
17ᵉ...	»	»	»	8	»	8	
18ᵉ...	»	»	»	8	»	8	
19ᵉ...	»	»	»	8*	»	8	*Dont 1 à balles.
20ᵉ...	»	»	»	8	»	8	

2° En France (n'ayant pu rejoindre l'armée du Rhin).

3ᵉ régiment...	»	»	»	»	1	1	

3° En route (venant de Civita-Vecchia).

14ᵉ régiment...	»	2	»	»	»	2	

4° En Algérie.

....	»	»	»	»	»	5	Incomplète en chevaux.
TOTAUX...	71	25	22	38	3	164	

Batteries de l'armée du Rhin au 1ᵉʳ août 1870 (1).

CORPS.	NOMBRE DES BATTERIES.				TOTAL			OBSERVATIONS.
	4 RAYÉ de camp.	4 RAYÉ de montagne.	CANONS à balles.	12 RAYÉ de camp.	des BATTE-RIES.	des BOUCHES à feu.	des VOITURES de batte-ries.	
Garde impériale........	10	»	2	»	12	72	216	Nombre de coups de 4 rayé de camp. 136,944
1ᵉʳ corps.............	14	»	4	2	20	120	368	de canon { de 12 rayé de camp. 17,028
2ᵉ corps.............	10	»	3	2	15	90	278	de canons à balles... 64,728
3ᵉ corps.............	14	»	4	2	20	120	368	Coups de canon dans les caissons. 218,700
4ᵉ corps.............	10	»	3	2	15	90	278	Nombre de cartouches mod. 1863..... 530,712
5ᵉ corps.............	10	»	3	2	15	90	368	Id. mod. 1866..... 9,500,000
6ᵉ corps.............	17	»	4	2	20	120	368	
7ᵉ corps.............	10	»	3	2	15	90	278	
Divisions de cavalerie........	5	»	1	»	6	36	108	
Réserve générale........	8	2	»	8	18	108	332	
Totaux........	108	2	24	22	156	936	2,962	

Observations (suite) :

Batteries
- de 4 rayé de camp. — Officiers 4, Hommes 148, Chevaux 121
- à balles........... — 4, 145, 125
- de 12 rayé de camp. — 4, 196, 465
- à cheval........... — 5, 201, 226

(1) Ce tableau, dressé par M. Martinien, employé aux Archives historiques, d'après diverses situations administratives, n'est donné ici qu'à titre d'indication et de comparaison avec les documents des Archives historiques.

SITUATION

du matériel d'artillerie et des munitions de l'armée du Rhin au 1er août.

Situation du matériel d'artillerie et

DÉSIGNATION des CORPS D'ARMÉE, PARC ET RÉSERVE.		CANONS MONTÉS sur affûts.			CAISSONS A MUNITIONS						CHARIOTS		FORGES DE CAMPAGNE.	AF REC
		de campagne		à balles.	de campagne		de canons à balles.	pour cartouches modèles		à 2 roues pour cartouches modèle 1866.	de batterie.	de parc.		de c pag
		de 4.	de 12.		de 4 rayé.	de 12 rayé.		1866.	1863.					de 4 rayé.
Garde impériale.	Batteries divisionnaires et réserves.	60	»	12	80	»	16	8	(a) 2	28	26	»	12	10
	Parc.	»	»	»	48	»	»	15	3	3	4	20	9	5
	TOTAL	60	»	12	128	»	16	23	5	31	30	2	21	15
1er corps.	Batteries divisionnaires et réserves.	84	12	24	112	24	32	16	(a) 4	56	44	»	20	14
	Parc.	»	»	»	68	24	»	28	4	3	8	29	12	7
	TOTAL	84	12	24	180	48	32	44	8	59	52	29	32	21
2e corps.	Batteries divisionnaires et réserves.	60	12	18	80	24	24	12	(a) 3	42	33	»	15	10
	Parc.	»	»	»	48	24	»	21	3	3	7	24	11	5
	TOTAL	60	12	18	128	48	24	33	6	45	40	24	26	15
3e corps.	Batteries divisionnaires et réserves.	84	12	24	112	24	32	16	(a) 4	56	44	»	20	14
	Parc.	»	»	»	68	24	»	28	4	3	8	29	12	7
	TOTAL	84	12	24	180	48	32	44	8	59	52	29	32	21
4e corps.	Batteries divisionnaires et réserves.	60	12	18	80	24	24	12	(a) 3	42	33	»	15	10
	Parc.	»	»	»	48	24	»	21	3	3	7	24	11	5
	TOTAL	60	12	18	128	48	24	33	6	45	40	24	26	15
5e corps.	Batteries divisionnaires et réserves.	60	12	18	80	24	24	12	(a) 3	42	33	»	15	10
	Parc.	»	»	»	48	24	»	21	3	3	7	24	11	5
	TOTAL	60	12	18	128	48	24	33	6	45	40	24	26	15
6e corps.	Batteries divisionnaires et réserves.	102	12	6	136	24	8	16	(a) 4	56	44	»	20	17
	Parc.	»	»	»	82	24	»	28	4	3	8	17	12	9
	TOTAL	102	12	6	218	48	8	44	8	59	52	17	32	26
7e corps.	Batteries divisionnaires et réserves.	60	12	18	80	24	24	12	(a) 3	42	33	»	15	10
	Parc.	»	»	»	48	24	»	21	3	3	7	24	11	5
	TOTAL	60	12	18	128	48	24	33	6	45	40	24	26	15
Réserve générale d'artillerie.	Batteries de la réserve.	48	48	»	64	96	»	»	»	»	32	»	16	8
	Parc.	»	»	»	38	96	»	4	»	»	5	11	8	4
	TOTAL	48	48	»	102	192	»	4	»	»	37	11	24	12
Grand parc		»	»	»	240	88	»	208	16	»	16	80	36	56
A la garde et aux corps d'armée		570	84	138	1218	336	184	287	53	388	346	194	221	143
A la réserve générale d'artillerie		48	48	»	102	192	»	4	»	»	37	11	24	12
Au grand parc		»	»	»	240	88	»	208	16	»	16	80	36	56
TOTAL GÉNÉRAL		618	132	138	1560	616	184	499	73	388	399	262	281	211

(1) Ce document ne mentionne pas les batteries des divisions de la réserve de cavalerie. L tembre 1870 », donnant les chiffres suivants pour la composition primitive de l'artillerie de la 3 batterie, 4 ; forges, 2 ; afûts de rechange de 4, 2 ; afûts de rechange de 12, 2 ; projectiles de

(a) Le document original n'indique rien au sujet de ce renvoi.

LA GUERRE DE 1870-1871.

de l'armée du Rhin au 1ᵉʳ août (1).

OBLONGS CHARGÉS			BOITES à MITRAILLE		SACHETS EN ÉTOFFE remplis pour canons		COUPS pour CANONS à balles.	CARTOUCHES A BALLE	
de 12								modèle 1866.	modèle 1863.
ordinaires.	à balles.	ordinaires.	de 4.	de 12.	de 24.	de 12.			
10,230	»	»	1,210	»	12,680	»	5,022	579,744	26,208
4,917	»	»	467	»	5,980	»	4,608	463,320	58,968
15,147	»	»	1,677	»	18,660	»	9,630	1,043,064	85,176
14,322	172	1,290	1,694	86	17,752	1,548	10,044	1,159,488	52,416
6,963	146	1,095	661	73	8,468	1,314	9,216	833,976	78,624
21,285	318	2,385	2,355	159	26,220	2,862	19,260	1,993,464	131,040
10,230	172	1,290	1,210	86	12,680	1,548	7,533	869,616	28,512
4,917	146	1,095	467	73	5,980	1,314	6,912	634,392	58,968
15,147	318	2,385	1,677	159	18,660	2,862	14,445	1,504,008	87,480
14,322	172	1,290	1,694	86	17,752	1,548	10,044	1,159,488	52,416
6,963	146	1,095	661	73	8,468	1,314	9,216	833,976	78,624
21,285	318	2,385	2,355	159	26,220	2,862	19,250	1,993,464	131,040
10,230	172	1,290	1,210	86	12,680	1,548	7,533	869,616	28,512
4,917	146	1,095	467	73	5,980	1,314	6,912	634,392	58,968
15,147	318	2,385	1,677	159	18,660	2,862	14,445	1,504,008	87,480
10,230	172	1,290	1,210	86	12,680	1,548	7,533	869,616	28,512
4,917	146	1,095	667	73	5,980	1,314	6,912	634,392	58,968
15,147	318	2,385	1,677	159	18,660	2,862	14,445	1,504,008	87,480
17,391	172	1,290	2,057	86	21,556	1,548	2,511	1,159,488	52,416
8,415	146	1,095	801	73	10,236	1,314	2,304	833,976	78,624
25,806	318	2,385	2,858	159	31,792	2,862	4,814	1,993,464	131,040
10,230	172	1,290	1,210	86	12,680	1,548	7,533	869,616	28,512
4,917	146	1,095	667	73	5,980	1,314	6,912	634,392	58,968
15,147	318	2,385	1,677	159	18,660	2,862	14,445	1,504,008	87,480
8,184	688	5,160	968	344	10,144	6,192	»	»	»
3,894	584	4,380	370	292	4,736	5,256	»	»	78,624
12,078	1,272	9,540	1,338	636	14,880	11,448	»	»	78,624
74,780	1,624	12,180	8,500	812	92,064	14,616	25,920	44,471,520	626,704
140,778	2,226	16,695	15,650	1,113	177,532	20,034	110,745	13,039,488	828,216
12,778	1,272	9,540	1,338	636	14,880	11,448	»	»	78,624
74,780	1,624	12,180	8,500	812	92,064	14,616	25,920	44,471,520	626,704
227,636	5,122	38,415	25,488	2,561	284,476	46,098	136,665	57,511,008	1,533,544

ns à ce sujet se trouvent dans une « Situation du matériel et des munitions du 1ᵉʳ au 15 septerie : canons de 4, 12 ; caissons de 4, 16 ; caissons pour cartouches d'infanterie, 2 ; chariots de ss modèle 1866, 47,520 ; cartouches modèle 1863, 6,552.

GÉNIE DE L'ARMÉE.

Le général de Coffinières, commandant le génie de l'armée du Rhin au Major général.

Metz, 1er août.

Le 1er régiment du génie pouvant en ce moment disposer de la 15e compagnie de sapeurs, j'ai l'honneur de proposer à Votre Excellence de vouloir bien décider que cette compagnie sera détachée au fort de Queuleu, où elle pourra être utilisée avantageusement pour les travaux en cours d'exécution.

Situation au 1er août.

CORPS.	PRÉSENTS SOUS LES ARMES.				EFFECTIF.		OBSERVATIONS.
	HOMMES.		CHEVAUX.		HOMMES.	CHEVAUX.	
	Officiers.	Troupe.	d'officiers.	de troupe et de trait.			
État-major du génie........	15	4	24	»	19	24	
Troupes du génie...........	8	225	12	46	233	58	
TOTAUX.....	23	229	36	46	252	82	

Situation du matériel du Génie à la date du 1er août 1870.

OUTILS ET MACHINES.	VOITURES.	CHEVAUX.	EMPLACEMENT.	OBSERVATIONS.	
GRAND QUARTIER GÉNÉRAL.					
Grand parc n° 1........	56	387	Satory.	En formation. Il manque encore 60 conducteurs. Le détachement d'ouvriers est à Metz prêt à rejoindre.	
1re comp. de mineurs du 3e rég..............	2	12	Metz.	Présente avec ses voitures de section.	
1re comp. de sapeurs du 3e rég. (chemins de fer).	8	40	Id.	Id.	Id.
Corps franc des chemins de fer.............	24	88	Id.	Id.	Id.
2e comp. de sapeurs du 1er rég. (télégraphe)...	26	125	Id.	Id.	Id.
Brigade civile de télégraphie...............	7	32	Id.	Id.	Id.

OUTILS ET MACHINES.	VOI-TURES.	CHE-VAUX.	EMPLACE-MENT.	OBSERVATIONS.
GARDE IMPÉRIALE.				
Parc de corps d'armée...	9	61	Metz.	La compagnie de réserve n'est pas désignée.
8ᵉ comp. de sapeurs du 3ᵉ rég.	2	12	Id.	Présente. 1ʳᵉ division.
10ᵉ comp. de sapeurs du 3ᵉ rég.	2	12	Id.	— 2ᵉ division.
1ᵉʳ CORPS.				
Parc de corps d'armée...	»	»	»	Le parc est arrivé à Lyon non attelé.
Moitié de la 1ʳᵉ comp. de sapeurs du 1ᵉʳ rég. (chemin de fer) (réserve)..	4	20	Strasbourg.	Présente.
2ᵉ comp. de mineurs du 1ᵉʳ rég. (réserve)......	2	12	Id.	Id.
3ᵉ comp. de sapeurs du 1ᵉʳ rég.	2	12	Id.	Id. 1ʳᵉ division.
8ᵉ comp. de sapeurs du 1ᵉʳ rég.	2	12	Id.	Id. 2ᵉ division.
9ᵉ comp. de sapeurs du 1ᵉʳ rég.	2	12	Id.	Id. 3ᵉ division.
13ᵉ comp. de sapeurs du 1ᵉʳ rég.	2	12	Id.	Id. 4ᵉ division.
2ᵉ CORPS.				
Parc de corps d'armée...	9	61	Forbach.	Les voitures de section sont au complet.
2ᵉ comp. de sapeurs du 3ᵉ rég. (réserve)......	2	12	Id.	Id. Id.
9ᵉ comp. de sapeurs du 3ᵉ rég.	2	12	Id.	Les voitures de section sont au complet. 1ʳᵉ division.
12ᵉ comp. de sapeurs du 3ᵉ rég.	2	12	Id.	Les voitures de section sont au complet. 2ᵉ division.
13ᵉ comp. de sapeurs du 3ᵉ rég.	2	12	Id.	Les voitures de section sont au complet. 3ᵉ division.
3ᵉ CORPS.				
Parc de corps d'armée...	9	61	Metz.	Complet.
Moitié de la 1ʳᵉ comp. du 1ᵉʳ rég. (réserve)......	4	20	Id.	Id.
4ᵉ comp. de sapeurs du 1ᵉʳ rég. (réserve)......	2	12	Id.	Id.
12ᵉ comp. de sapeurs du 1ᵉʳ rég.	2	12	Id.	Complet. 1ʳᵉ division (la 6ᵉ compagnie n'étant pas arrivée).
10ᵉ comp. de sapeurs du 1ᵉʳ rég.	2	12	Id.	Complet.
11ᵉ comp. de sapeurs du 1ᵉʳ rég.	2	12	Id.	Id.
6ᵉ comp. de sapeurs du 1ᵉʳ rég.	»	»	»	N'est pas encore arrivée.

OUTILS ET MACHINES.	VOI-TURES.	CHE-VAUX.	EMPLACE-MENT.	OBSERVATIONS.
4ᵉ CORPS.				
Parc de corps d'armée...	9	61	Thionville.	Complet.
2ᵉ comp. de mineurs du 2ᵉ reg. (réserve)......	2	12	Id.	Id.
9ᵉ comp. de sapeurs du 2ᵉ rég.............	2	12	Id.	Id. 1ʳᵉ division.
10ᵉ comp. de sapeurs du 2ᵉ rég.............	2	12	Id.	Id. 2ᵉ division.
13ᵉ comp. de sapeurs du 2ᵉ rég.............	2	12	Id.	Id. 3ᵉ division.
5ᵉ CORPS.				
Parc de corps d'armée...	9	61	Bitche.	Complet. Arrivé le 29 juillet.
5ᵉ comp. de sapeurs du 2ᵉ rég. (réserve)......	2	12	Id.	Id.
6ᵉ comp. de sapeurs du 2ᵉ rég.............	2	12	Id.	Id. 1ʳᵉ division.
8ᵉ comp. de sapeurs du 2ᵉ rég.............	2	12	Id.	Id. 2ᵉ division.
14ᵉ comp. de sapeurs du 2ᵉ rég.............	2	12	Id.	Id. 3ᵉ division.
6ᵉ CORPS.				
Parc de corps d'armée...	9	61	Châlons.	Complet. Les voitures de section sont arrivées le 27 juillet.
14ᵉ comp. de sapeurs du 3ᵉ rég. (réserve)......	2	12	Id.	Id.
3ᵉ comp. de sapeurs du 3ᵉ rég.............	2	12	Id.	Id. 1ʳᵉ division.
4ᵉ comp. de sapeurs du 3ᵉ rég.............	2	12	Id.	Id. 2ᵉ division.
7ᵉ comp. de sapeurs du 3ᵉ rég.............	2	12	Id.	Id. 3ᵉ division.
11ᵉ comp. de sapeurs du 3ᵉ rég.............	2	12	Id.	Id. 4ᵉ division.
7ᵉ CORPS.				
Parc de corps d'armée...	»	»	»	Pas de nouvelles de l'arrivée des voitures de section.
12ᵉ comp. de sapeurs du 2ᵉ rég. (réserve)......	»	»	»	Pas de nouvelles de l'arrivée des voitures de section.
2ᵉ comp. de sapeurs du 2ᵉ rég.............	»	»	»	1ʳᵉ division. N'est pas arrivée.
3ᵉ comp. de sapeurs du 2ᵉ rég.............	»	»	»	2ᵉ division. Vient d'Afrique ; n'est pas arrivée.
4ᵉ comp. de sapeurs du 2ᵉ rég.............	»	»	»	N'est pas arrivée.

RENSEIGNEMENTS

GRAND QUARTIER GÉNÉRAL.

BULLETIN DE RENSEIGNEMENTS POUR LA JOURNÉE DU 1ᵉʳ AOUT.

On continue à signaler de différents côtés, la marche de colonnes prussiennes dirigées du Rhin vers la Sarre.

Ces renseignements ne concernent pas, toutefois, des corps d'armée ou des divisions constituées; ils se réduisent à affirmer le passage ou la présence de certains corps de troupes à des points déterminés.

Si les informations reçues sont toutes exactes, elles constateraient, dans leur ensemble la présence, sur la rive gauche du Rhin, de régiments d'infanterie ou de cavalerie appartenant aux six corps d'armée suivants : IIe, IIIe, VIe, VIIe, VIIIe et Xe corps d'armée. Ainsi, le 21e régiment d'infanterie (IIe corps), les 22e et 38e (VIe corps), 48e (IIIe corps), 9e dragons (Xe corps) seraient passés à Bingen, se dirigeant sur le Palatinat ou sur Kaiserlautern.

Le 5e hussards (IIe corps) aurait été porté, du 29 au 30 juillet, de Wittlich sur Sarrelouis, le 13e régiment d'infanterie (VIIe corps), serait passé à Conz, en marche sur Sarrebrück; le 3e bataillon de pionniers (IIIe corps) serait au nord de Duttweiler, à Frederichsthal, chargé de détruire un tunnel. De plus, une partie du XIe corps, venant par l'Eifel, serait attendu à Trèves aujourd'hui ou demain.

D'autre part, on affirme qu'une partie des réserves prussiennes, d'abord convoquées, aurait été renvoyée, temporairement du moins, faute d'effets d'habillement et d'équipement.

D'après le rapport d'une de nos reconnaissances, l'ennemi établit quelques ouvrages sur le plateau, à l'ouest de Sarrelouis, dans le but de défendre le débouché des routes qui traversent cette place, savoir : En avant de Bérus, à Oberfelsberg, sur le Limberg, croupe allongée qui resserre la Sarre, au nord-est de ce plateau, et enfin entre Carling et Guerstling.

Le 27 juillet, le 70e régiment d'infanterie (VIIIe corps) aurait quitté Sarrelouis pour se rendre à Sarrebrück. Il paraît fort probable que ce corps d'armée, tout au moins, est réparti à proximité de cette dernière ville.

On signale, aux environs de Saint-Ingbert, une division mixte, composée de troupes prussiennes et bavaroises.

RENSEIGNEMENTS ARRIVÉS LE 1ᵉʳ AOUT AU SOIR.

Trèves, Wittlich, Conz.

Passage continuel de troupes, en nombre considérable, les 7ᵉ, 11ᵉ, 13ᵉ de ligne, des hussards et des lanciers. Les positions de Conz, Saarburg, Mettlach, Merzig renforcées; impossible d'en déterminer au juste le chiffre; ce sont les deux corps d'armée nᵒˢ VIII et XI. Les troupes échelonnées sur la Sarre, entre Saarbug et Conz, sont évaluées à 25,000 hommes, à Trèves, 12,000. On croit que ces troupes ne sont que de passage; elles arrivent le soir et repartent le lendemain.

Wittlich, Trèves.

Les approvisionnements de vivres et de fourrages s'accumulent toujours. Pas de troupes stationnaires; rien que passage de la réserve et de la Landwehr du 13ᵉ de ligne; un régiment de hussards noirs.

Deux généraux prussiens sont arrivés hier soir, avec leur état-major, à Trèves.

Un agent des chemins de fer prussiens m'apprend, à l'instant, que presque toutes les troupes sont parties, cette nuit et ce matin de Trèves, ainsi que la majeure partie de celles de Conz, pour garder le bassin houiller de la Sarre. . . . .

J'apprends à l'instant, que dix généraux auraient dîné hier à l'hôtel de Trèves, à Trèves. On les croit en route vers Sarrebrück et le Palatinat.

Un agent de Thionville au Major général.

Thionville, 1ᵉʳ août, 7 h. du matin.

J'ai l'honneur de vous faire connaître que d'après les renseignements qui me sont parvenus hier soir, l'effectif des troupes prussiennes qui viennent de se concentrer entre Trèves, Conz et Wasserbillig ne s'élèverait encore qu'à *cinq mille hommes; mais une partie du XIᵉ corps, accourant par l'Eifel, serait attendue à Trèves dans les vingt-quatre heures.* On m'assure que ce renseignement est exact.

En ce moment, *un millier* d'hommes gardent la frontière Luxembourgeoise, du côté de Wasserbillig :

Environ 1000 hommes occupent Conz.

Environ 500 hommes occupent Igel.

Environ 1000 hommes occupent Saarburg.

Et environ 1000 sont disséminés entre Mettlach et Merzig.

Parmi les troupes dirigées sur Sarrelouis et Sarrebrück, on cite le 13ᵉ de ligne, qui serait venu de Wiesbaden.

Aujourd'hui ou demain doivent arriver à Trèves, entre autres le

7ᵉ régiment de uhlans et plusieurs régiments de hussards, qui iraient occuper la frontière luxembourgeoise.

On m'assure de tous côtés que *beaucoup d'hommes de la réserve sont provisoirement renvoyés chez eux, parce qu'on n'est pas encore en mesure de les habiller et de les équiper.*

. . . .

Il est très difficile en ce moment de passer la frontière prussienne.

. . . .

On parle de l'arrivée à Coblentz du roi de Prusse et de la présence du prince Frédéric-Charles sur le théâtre de la guerre.

. . . .

Suivant les feuilles et les conversations prussiennes, les escarmouches qui ont eu lieu jusqu'à ce jour, auraient révélé *que nos soldats visent généralement trop haut et tirent trop précipitamment.*

. . . .

P.-S. — Au moment d'expédier ma dépêche (11 heures), on m'avise qu'une *dizaine de mille hommes*, viendraient d'arriver à Trèves et une *quarantaine de mille hommes se concentreraient entre Conz et Sarrelouis.*

Le Ministre de la guerre au Major général.

Paris, 1ᵉʳ août.

De Bruxelles on me communique ce qui suit :

On me télégraphie à l'instant. On ne fait pas de mitrailleuses pour la Prusse, à Liège ; mais l'armée prussienne en possède 50 tout au plus, qui ont été faites en Prusse.

Note de la main du Major général.

(Sans date.)

Au maréchal Bazaine et à Ladmirault :

Des renseignements qui me parviennent, indiquent que la concentration de l'ennemi augmenterait entre Conz et Sarrelouis. Vous avez à veiller beaucoup du côté de Sarrelouis.

Ajouter au maréchal Bazaine : Il n'y a pas de voitures à Metz ; on télégraphie à Paris pour en avoir et vous les envoyer.

Une annotation en marge, indique que des dépêches en ce sens ont été expédiées au maréchal Bazaine et au général de Ladmirault, le 1ᵉʳ août à 3 heures.

Le Préfet de la Moselle au Major général de l'armée du Rhin.

Metz, 1ᵉʳ août.

Je crois devoir continuer à communiquer les renseignements que m'apportent les dépêches.

Depuis deux jours, des mouvements de troupes assez considérables s'effectuent entre Bittburg, Wittlich, Trèves, Sarrelouis et Sarrebrück.

Dans la nuit du 29 au 30, on dit que plus de 3,000 hommes de troupes d'infanterie des 60° et 70° régiments et environ 500 cavaliers du 5° hussards (à brandebourgs blancs) se sont dirigés de Bittburg et Wittlich sur Sarrelouis et Sarrebrück, suivis d'un matériel considérable.

Dans la soirée du 30 juillet, de nouvelles troupes, plus nombreuses, on en évalue le chiffre à 12,000 hommes venus de la même direction, se seraient rencontrés entre Trèves, Conz et Wasserbillig (ce dernier point est à la frontière, entre le grand duché et la régence de Trèves, sur le chemin de fer de Luxembourg à Trèves).

Bittburg se trouve sur la route directe de Trèves à Cologne et Aix-la-Chapelle, et Wittlich sur la route de Coblentz.

On active, en ce moment autant qu'on le peut, les travaux du chemin de fer en construction, qui passe entre la Moselle et Wittlich.

On dit que le camp d'approvisionnement de Wittlich n'est gardé que par des soldats de la réserve.

1er CORPS.

Le maréchal de Mac-Mahon au Major général, à Metz.

Strasbourg, 1er août.

BULLETIN DU 1er AOUT, AU MATIN.

De Marckolsheim, près Schlestadt, sur le Rhin, on a entendu une batterie de huit tambours environ, d'une troupe paraissant venir du village badois de Burkeim, derrière le Sponeck.

Sur la frontière, près Wissembourg, les postes sont toujours peu nombreux; il n'y avait que 18 hommes à Fischbach. L'ennemi s'occupe de faire des abatis et d'autres ouvrages, sur la route de Wissembourg à Landau.

Le maréchal de Mac-Mahon au Major général, à Metz.

Strasbourg, 1er août.

BULLETIN DE RENSEIGNEMENTS DU 1er AOUT, AU SOIR.

Un ancien soldat de la légion étrangère, qui s'est présenté venant de Bâle, pour reprendre du service, et qui va être dirigé sur Tours, a dit : « qu'il a vu, aux environs de Lörrach (Grand duché de Bade),

« 25 ou 30,000 soldats ennemis ; qu'il a entendu dire qu'il y aurait
« quatre corps d'observation sur la rive droite du Rhin, le 1er près de
« Lörrach, les 2e et 3e en face de Neuf-Brisach et de Strasbourg, le 4e
« dans la direction de Lauterbourg. Il a vu, dit-il, beaucoup d'artil-
« lerie près Lörrach. »

Il confirme tous les renseignements qui disent qu'on fait des redoutes
et d'autres travaux, pour y placer du canon, entre Strasbourg et Rastadt, et qu'on a miné des parties de terrain, surtout aux environs de
cette dernière place.

Le Maréchal de Mac-Mahon au Major général (D. T.).

Strasbourg, 1er août, 7 h. 40 soir.

Près Wissembourg, il n'y a que des forces très minimes détachées
à Bergzabern et Annweiler. Huit régiments à Landau, beaucoup de
troupes à Pirmasens. Masses ennemies concentrées entre Landau,
Maxau et Germersheim.

On a construit des ouvrages à Maxau ; 7 à 800 hommes, à 2 kilomètres de Lauterbourg, campés. De nombreux postes dans la forêt.
A Kandel, deux régiments. Badois et Bavarois se retirent sur toute la
ligne pour faire place aux Prussiens.

Le capitaine Iung au Major général (D. T.).

Strasbourg, 1er août, 6 h. 45 soir.

Les troupes badoises et wurtembergeoises ont été remplacées, autour
de Rastadt, par les troupes prussiennes. Les Prussiens sont à Bade et
environs. Wurtembergeois et Badois se rendent, par voies rapides,
depuis deux jours, vers le Nord et l'Ouest, pour être encadrés, dit-on,
entre les corps prussiens, dans le Palatinat. A la date du 31, personne
à Neustadt ; à Constance, personne ; à Fribourg, le général prussien est
nommé gouverneur d'Ulm. Composition, sur le papier, de l'armée allemande, d'après renseignements francfortois : trois corps avec landwehr,
pour couvrir frontière maritime de l'Ems à Dantzig ; 160,000 hommes
sous Vogel et Herwarth.

Steinmetz vers Coblentz, avec deux corps et deux divisions landwehr,
70,000 hommes.

Prince Charles, de Mainz à Mannheim, avec six corps, 160,000 hommes.

Prince royal, vers Carlsruhe, avec deux corps prussiens et les Alliés,
160,000 hommes.

J'envoie détachements demain.

2e CORPS.

Division Bataille.

BULLETIN DE RENSEIGNEMENTS DU 1er AOUT.

Un Français qui arrive de Kreutznach, où il était encore vendredi dernier, confirme les renseignements déjà donnés sur une concentration fort importante de troupes prussiennes dans cette localité.

Il estime que 8,000 hommes environ sont arrivés, tant par le chemin de fer que par terre, et qu'après avoir dépassé Kreutznach, ils y seront remplacés par des troupes très incessamment attendues. Ces renforts viennent de Bingen. Il a remarqué les 12e, 20e (nouveaux numéros) et 48e régiments d'infanterie, un bataillon de chasseurs, le 12e régiment d'artillerie, un régiment de hussards noirs.

Il a vu sur les murs une proclamation disant que le régiment du prince Charles a demandé l'attaque contre les Français.

A Fischbach, il ne signale rien.

A Duttweiler, il a rencontré un fort convoi de voitures d'artillerie qui venaient vers Sarrebrück.

Un espion arrive de Saint-Ingbert et de Deux-Ponts. A Deux-Ponts, on attend l'état-major du IVe corps d'armée prussien, qui doit s'y concentrer et se réunir à l'armée bavaroise.

Le colonel bavarois Harttmann commande actuellement à Deux-Ponts, où se trouvent le 1er bataillon de chasseurs bavarois, le 27e régiment d'infanterie prussienne, et 3 escadrons du 11e hussards prussien.

Le 5e régiment de chevau-légers bavarois est échelonné sur la frontière, entre Güdingen et Saint-Ingbert. Sa portion principale est à Saint-Ingbert, avec 2 bataillons du 11e régiment d'infanterie bavaroise.

A Brebach et Sulzbach, il y a des détachements de uhlans.

A Neunkirchen, le général commandant le VIIIe corps d'armée, a établi son quartier général. Il a avec lui le général Woyna (?) qui commande la 16e division, composée des 28e, 29e, 68e, 69e, 70e d'infanterie prussienne.

Il y a également, à Neunkirchen, 3 batteries à cheval du 3e d'artillerie (batteries à 6 pièces, canons de 6), et 2 compagnies de pionniers, qui travaillent au pont.

On attend de nouvelles troupes d'infanterie pour occuper le Köllerthal.

Le mot d'ordre est qu'on marchera sur la Sarre. Aujourd'hui, les troupes ont un repos ou séjour.

Autres renseignements. — On attend des troupes à Sarrebrück, entre autres le 8° bataillon de chasseurs. Ces troupes doivent venir en quatre étapes de Coblentz par le Hunsrück. Le 69° doit aussi venir à Sarrebrück.

On parle de changements dans les commandements des corps d'armée..

3ᵉ CORPS.

BULLETIN DE RENSEIGNEMENTS DU 1ᵉʳ AOUT.

Le général Metman, chargé de prendre des renseignements sur l'état actuel du cours de la Sarre, envoie un rapport dont voici le résumé :

Le cours de la Sarre est partout profond et, au delà de Merzig, il n'existe aucun passage praticable.

Entre Sarrelouis et Merzig, il y a trois gués :

1° Fremersdorf — le plus difficile des trois ;

2° Rehlingen. Le gué correspond à Itzbach ; c'est la direction dont l'étude était recommandée. Ce gué est facile, ouvert ; des deux côtés les rives se présentent à plat et découvertes, pas d'escarpements, pas de bois. Le fond de la rivière est sablonneux, mais parsemé de trous qu'il faudrait reconnaître et faire marquer visiblement ;

3° Pachten. Ce gué est aussi favorable que celui de Rehlingen, mais moins commode parce qu'il n'est pas directement sur la route.

On assure que, par suite de la sécheresse exceptionnelle de l'année, il y a certainement, en ce moment, d'autres gués praticables, soit entre Rehlingen et Pachten, soit au-dessus et au-dessous de ces deux points. (Il est bon d'ajouter à ceci que, depuis la construction du canal de la Sarre, les riverains se plaignent de ce que le niveau a baissé.)

Les travaux de défense entrepris sur le Filsberg et le Limberg, et entre Berus et Filsberg, ne peuvent avoir que très peu d'importance.

La rive gauche de la Sarre est à peu près abandonnée. Sur la rive droite il est très difficile, sinon impossible, de savoir ce qui s'y passe. Personne ne peut passer de la rive droite à la rive gauche.

Mouvements de troupes. — A la date du 30, on rend compte que beaucoup de troupes, arrivées de Wittlich et de Bittburg, prennent le chemin de fer à Trèves, pour se diriger sur Sarrebrück. On expédie aussi du matériel de guerre vers cette partie de la frontière, et on active énormément les travaux de chemin de fer de l'Eifel, comme si on comptait s'en servir dans quelques jours.

Noms des généraux commandant les corps d'armée prussiens (extraits des journaux prussiens par un agent de Thionville) :

Iᵉʳ corps..................	De Manteuffel.
IIᵉ corps..................	De Franzecky.
IIIᵉ corps.................	D'Alvensleben II.
IVᵉ corps..................	D'Alvensleben I.
Vᵉ corps...................	De Kirchbach.
VIᵉ corps..................	De Tümpling.
VIIᵉ corps.................	De Zastrow.
VIIIᵉ corps................	De Gœben (?
IXᵉ corps..................	De Manstein.
Xᵉ corps...................	De Voights-Rhetz.
XIᵉ corps..................	De Bose (?)
XIIᵉ corps.................	Prince royal de Saxe.

Le général Herwarth de Bittenfeld aura ou aurait eu le commandement supérieur des corps d'armée de l'Ouest et le général de Falkenstein, celui des corps de l'armée du Nord.

4ᵉ CORPS.

BULLETIN DE RENSEIGNEMENTS DU 1ᵉʳ AOUT.

Sarrebrück, Sarrelouis, Merzig. — Concentration de masses considérables (50,000 hommes) vers Sarrebrück, Sarrelouis et Merzig.

Il y aurait 3,000 hommes disséminés à Trassem, Tawern et Borg. (Renseignements fournis par les reconnaissances.)

Wittlich, Trèves, la Sarre. — On réunit à Wittlich (rive gauche de la Moselle, à hauteur de Trarbach) des approvisionnements de toutes sortes.

Par Wittlich, passent toutes les troupes qui viennent du Rhin vers Trèves, par voie de terre.

A Trèves, ces troupes sont dirigées, par la voie ferrée, de Merzig et en amont, vers Sarrelouis. (Rapports d'espions.)

Chemin de fer de la rive gauche de la Moselle. — On active la construction du chemin de fer (rive gauche de la Moselle) qui doit relier Trèves, à travers l'Eifel, aux rives du Rhin vers Coblentz et Bonn.

Les ouvriers reçoivent double paye. (Rapports d'espions.)

La Moselle. — L'ennemi a établi un pont de bois à Schweich, sur la Moselle, et doit en établir cinq autres semblables, à Neumagen, Berncastel, Zell et Uerzig.

La Sure. — Les Prussiens font surveiller la Sure et ont quelque monde vers Echternach. (Rapports fournis par les reconnaissances.)

Frontière, du côté de Sierck. — La reconnaissance faite le 28 juillet, par les hussards français et un bataillon du 73ᵉ de ligne, du côté de

Perl et Borg, aurait motivé une alerte chez l'ennemi, en face de nous. (Renseignements fournis par les reconnaissances.)

Renseignements généraux. — Il se confirme de toutes parts que les troupes ennemies ont de la peine à se procurer des vivres. Cependant le Luxembourg continue à leur fournir des provisions en riz, sucre et café.

L'ennemi préparerait avec soin des positions défensives, où il nous attendrait. (Rapports d'espions.)

Division de Cissey.

BULLETIN DE RENSEIGNEMENTS.

Bouzonville, 1ᵉʳ août.

Vers 11 heures du matin, peu de temps après que l'assiette du bivouac des troupes de la 1ʳᵉ division fût arrêtée, une trentaine de coups de feu, tirés sur nos avant-postes, du côté de Heckling et Filstroff, fit croire un instant à une démonstration assez sérieuse de l'ennemi, qui peut se trouver devant nous.

Une forte reconnaissance du terrain, en avant de Filstroff et de Heckling, fut immédiatement exécutée par les deux régiments de hussards (brigade Montaigu). Elle fut soutenue par les troupes d'infanterie de la 2ᵉ brigade (de Goldberg), et le général de division se transporta, avec son état-major, aux avant-postes de la 2ᵉ brigade.

Les rapports de la reconnaissance dont il s'agit, que j'ai l'honneur de vous adresser ci-joint, firent reconnaître que la démonstration prussienne était une simple alerte causée par de fortes patrouilles ennemies.

.... A Nied-Altdorf (Prusse) il y a eu 2 Prussiens tués et 3 blessés.....

7ᵉ CORPS.

BULLETIN DE RENSEIGNEMENTS DU 1ᵉʳ AOUT.

Aucun mouvement sur la rive badoise ne m'a été signalé. Je crois toujours qu'il n'y a pas de troupes dans le sud du grand-duché de Bade.

Le bruit a couru que 2,000 soldats wurtembergeois sont cantonnés dans la Forêt-Noire, en arrière du Val d'Enfer. Ce n'est qu'un bruit.

. . . .

Le départ des courriers de Belfort pour Metz est à 6 heures du soir et à 5 heures du matin. Comme tous les renseignements n'arrivent que dans la journée, le 7ᵉ corps ne peut fournir qu'un seul bulletin, celui du soir. S'il y avait une nouvelle importante arrivant la nuit, elle serait transmise de suite par le télégraphe à M. le Maréchal major général.

Renseignements tirés de la presse.

Le Nord, 1er août.

. . . .

L'organisation de toute l'armée du Sud est presque achevée, grâce à l'activité infatigable de tous. Le prince royal est attendu demain à Carlsruhe.

. . . .

L'Écho du Parlement, 1er août.

Un journal allemand assure que le général de Moltke aurait dit les paroles suivantes au lendemain de la déclaration de guerre :

« Si Napoléon n'a pas marché sur le Rhin le 21 au soir, il ne l'abordera jamais entre Mayence et Cologne. »

On écrit de Cologne, le 29 juillet, au *Journal de Liège* :

« Dans un jour ou deux, l'armée prussienne, toute la landwehr y comprise, sera entièrement sur le pied de guerre et prête à entrer en campagne ; les derniers landwehrs arrivent par bandes et sont aussitôt incorporés. L'armée du Rhin est prête au combat et n'attend, pour livrer bataille, que de pouvoir choisir son terrain. L'armée du Nord, qui occupe le Holstein, est, m'assure-t-on, en forces suffisantes pour repousser les troupes françaises, dans la probabilité d'un débarquement sur le littoral de la Baltique. L'armée du Sud, sous la conduite du prince royal de Prusse, n'attend que l'ordre de se porter en avant pour concentrer ses forces en un même point avec celles de l'armée du Rhin.

« De vastes magasins sont établis en différents endroits, notamment à Mayence, Coblentz et Cologne ; ordre a été donné cette nuit même d'arrêter les approvisionnements de Coblentz. Deutz a reçu le complément de fortifications nécessaire à son système de défense. A Cologne, on se sent en mesure de parer à toutes les éventualités possibles ; les forts avancés ont été complètement dégagés : outre les fossés, les différentes portes ont été protégées par de fortes palissades ; on a pratiqué de larges tranchées à travers les belles promenades qui entourent la ville, afin d'ouvrir la vue sur la campagne et de donner libre accès au feu de l'artillerie des remparts.

« Deux mille ouvriers ont été requis la semaine dernière pour effectuer ces travaux. Néanmoins, d'après toutes les probabilités, Cologne restera en dehors de la ligne d'opérations ; celles-ci seront concentrées dans un quadrilatère qui se présente sur la carte en losange irrégulier, et qui est formé par des lignes reliant Cologne au Nord, Mayence à l'Est, Strasbourg au Midi et Sarrebrück à l'Ouest.

Journée du 2 août.

Le 2 août au matin, la situation réciproque des forces en présence dans la région de Sarrebrück est la suivante :

a) *Troupes françaises.*

2ᵉ CORPS. — Quartier général : Forbach.

1ʳᵉ division (Vergé) .... au N.-E. de Forbach.

2ᵉ division (Bataille).
- 1ʳᵉ brigade (Pouget).
  - 12ᵉ bataillon de chasseurs... au N.-E. de Forbach.
  - 8ᵉ de ligne.... Stiring.
  - 23ᵉ de ligne.... au N.-E. de Forbach.
- 2ᵉ brigade (Fauvart-Bastoul).
  - 66ᵉ de ligne.... Spicheren.
  - 67ᵉ de ligne.... Spicheren.
  - 1 batterie de 12 de la réserve.. Spicheren (1).
  - 1 batterie divisionnaire..... Spicheren.
- Artillerie divisionnaire (deux batteries)............... Forbach.
- Compagnie du génie......... Forbach.

3ᵉ division (Laveaucoupet)
- 1ʳᵉ brigade (Doëns).
  - 10ᵉ bataillon de chasseurs... Bousbach.
  - 2ᵉ de ligne.... Behren.
  - 63ᵉ de ligne.... Bousbach.

---

(1) Cette batterie a bivouaqué à Spicheren dès le 1ᵉʳ août au soir conformément à l'ordre de mouvement du 2ᵉ corps pour la journée du 2. (Voir page 7.)

3ᵉ division (Laveaucoupet) (*suite*.)	2ᵉ brigade (Micheler).	24ᵉ de ligne....	Œting.
		40ᵉ de ligne....	Œting.
	Artillerie divisionnaire.......		Bousbach.
	Compagnie du génie.........		Œting.
Division de cavalerie.	Brigade de chasseurs........		Forbach.
	Brigade de dragons.	7ᵉ dragons....	Forbach.
		12ᵉ dragons....	Merlebach.
Réserve d'artillerie.	1ʳᵉ et 2ᵉ divisions (1)........		Morsbach.
	3ᵉ division................		Béning.
Réserve du génie........................			Morsbach.

La mission du 2ᵉ corps pour la journée du 2 août, consiste à s'emparer « des hauteurs qui bordent la rive « gauche de la Sarre, au-dessus (au sud) de Sarre- « brück ».

b) *Troupes allemandes* (2)

(sous les ordres du général comte Gneisenau.)

A Wölcklingen-Wehrden.	Le 3ᵉ bataillon du *69ᵉ* régiment (moins une compagnie)......... 100 hulans du *7ᵉ* régiment..........	Sous les ordres du lieutenant-colonel von Sulicki.
A Malstatt...	La 10ᵉ compagnie du 3ᵉ bataillon du *69ᵉ*.	
A Sarrebrück (rive gauche).	6ᵉ et 7ᵉ compagnies du *40ᵉ*..........	Fournissant des avant-postes mixtes sur la ligne : Champ de manœuvres, Nussberg, Winterberg, Saint-Arnual.
	Un escadron et trois pelotons du *7ᵉ* hulans............	Le gros de la 6ᵉ compagnie, à la sortie Est de Sarrebrück. Le gros de la 7ᵉ compagnie, à la sortie Ouest de Sarrebrück. Les hulans, dans leur quartier de Sarrebrück.
A Sarrebrück (rive droite).	5ᵉ compagnie du *40ᵉ*. Réserve d'avant-postes.	

---

(1) Les batteries de la réserve étaient groupées deux par deux, formant trois divisions.

(2) Les nᵒˢ des régiments allemands seront à l'avenir écrits en *italiques*.

A Brebach...	8ᵉ compagnie du *40ᵉ*. Un peloton de hulans.	Observant vers Sarreguemines.
A Duttweiler.	Un escadron du *7ᵉ* hulans.	
A Raschpfuhl.	1ᵉʳ et 3ᵉ bataillons du *40ᵉ*............ 2ᵉ escadron du *9ᵉ* hussards............ 6ᵉ batterie légère du *8ᵉ* régiment......	Chargés de recueillir éventuellement le détachement de Sarrebrück et constituant la réserve du général Gneisenau.
A Hensweiler.	2ᵉ bataillon du *29ᵉ*. 1ᵉʳ escadron du *9ᵉ* hussards. 6ᵉ batterie lourde du *8ᵉ* régiment.	

COMBAT DE SARREBRÜCK.

I. — 2ᵉ CORPS.

Les dispositions prescrites par l'ordre de mouvement du 1ᵉʳ août pour l'attaque des hauteurs qui dominent Sarrebrück, peuvent se résumer ainsi :

En 1ʳᵉ ligne, la division Bataille, par brigades accolées, chaque brigade pourvue d'une batterie de 4 et pouvant être appuyée par une batterie de 12 de la réserve (1); le 5ᵉ régiment de chasseurs remplissant le rôle de cavalerie divisionnaire.

En 2ᵉ ligne, la 2ᵉ brigade (Micheler) de la 3ᵉ division (Laveaucoupet), avec une batterie divisionnaire et la compagnie du génie, derrière l'aile droite de la division Bataille ;

La 1ʳᵉ brigade (Letellier-Valazé) de la division Vergé, avec une batterie divisionnaire et la compagnie du génie, derrière l'aile gauche de cette division.

Sur les ailes, deux reconnaissances devaient être en-

---

(1) La 10ᵉ batterie de 12 du 5ᵉ d'artillerie avait été mise, dès le 1ᵉʳ août, sous les ordres du général Fauvart-Bastoul, et devait prendre position immédiatement sur le Kother-Berg.

La 11ᵉ batterie de 12 du 5ᵉ devait, au contraire, marcher au début du combat derrière la 1ʳᵉ brigade de la division Vergé.

voyées; la première par le moulin de Simbach, sur Saint-Arnual, fournie par la division Laveaucoupet; la seconde par Schœneck, sur Gersweiler, par la division Vergé.

Pour plus de clarté, l'exposé du combat sera divisé en opérations de la 1re ligne, de la 2e ligne et des reconnaissances sur les ailes.

1° 1re *ligne* (division Bataille).

a) *Mouvements de la droite* (brigade Bastoul) :

A 8 heures du matin, la brigade Micheler (2e de la 3e division) quitte son bivouac d'Œting, avec une batterie divisionnaire (8e du 15e d'artillerie), la compagnie du génie de la 3e division et un peloton du 7e dragons. Elle arrive à Spicheren à 9 heures et, conformément aux ordres du général Frossard, met à la disposition du général Bastoul un bataillon du 40e de ligne et la compagnie du génie. Le lieutenant-colonel Thibaudin, du 67e de ligne, prend le commandement de ces deux unités, du 3e bataillon du 67e de ligne et d'un peloton du 5e chasseurs ; son premier objectif est Saint-Arnual.

« Après avoir traversé, dit-il dans son rapport, le
« ravin de Spicheren pour atteindre la forêt de Saint-
« Arnual (1) sans être vu des postes avancés de l'ennemi,
« je m'engageai à travers bois sur le chemin d'Arnual,
« m'éclairant de très près, la colonne prête à tout évène-
« ment, bien que j'eusse la conviction que la forêt ne
« pouvait être occupée par l'ennemi à cause des pentes
« impraticables par lesquelles elle tombe dans la plaine.
« Il était 10 h. 20 quand j'arrivai à portée du village
« que je devais enlever. Les hauteurs par lesquelles
« j'abordais la plaine dominent Arnual et la route de
« Sarreguemines à Sarrebrück, qui traverse ce village. »

Le lieutenant-colonel reconnaît la position et attend, pour prononcer son attaque, l'arrivée à sa gauche des 66e et 67e de ligne (brigade Bastoul).

---

(1) Stiftswald.

« Vers 10 heures, le major von Horn, le nouveau
« commandant du 2e bataillon du 40e, qui venait d'ar-
« river dans la matinée même et avait aussitôt visité
« les avant-postes, se trouvait précisément au gros de
« la 6e compagnie (Sarrebrück, rive gauche), lorsque
« de forts contingents ennemis furent signalés à cette
« dernière, à la fois par la sentinelle double de la
« ferme Löwenburg et par la vedette de hulans de
« Saint-Arnual (1). »

La 6e compagnie se porte en avant aussitôt : un peloton occupe la ferme Löwenburg et la partie occidentale du Winterberg, un peloton s'établit sur la partie orientale, le 3e peloton, sous les ordres directs du capitaine, se dirige sur Saint-Arnual (2). En même temps, la 7e compagnie, prévenue également par un petit poste, se porte au champ de manœuvres, et la 5e compagnie à la Maison-Rouge.

Sur ces entrefaites, voyant les 66e et 67e de ligne déboucher sur sa gauche, le lieutenant-colonel Thibaudin lance sur Saint-Arnual trois compagnies du 3e bataillon du 67e, qui abordent le village par le saillant sud, tandis qu'il conduit lui-même les deux autres compagnies du 3e bataillon du 67e vers le centre « par les pentes
« abruptes qui y descendent, du bois d'abord et ensuite
« d'un petit plateau entre le bois et le village ».
Malgré la supériorité numérique de l'assaillant, le peloton de la 6e compagnie prussienne « peut tenir assez
« longtemps, sous la protection des positions que l'en-
« nemi occupait à l'extérieur, derrière la ligne du chemin
« de fer de Sarreguemines ». La 8e compagnie du 40e, placée à Brebach, avait déployé, en effet, une ligne de tirailleurs dans les fossés de la route, et

---

(1) *Études de guerre*, Verdy du Vernois, 3e fascicule, page 318.
(2) D'après l'historique du 40e, par von Gisevius, page 54. La compagnie allemande est à trois pelotons.

deux pièces de la 6ᵉ batterie légère du *8ᵉ* régiment, venues de Raschpfuhl, avaient pris position près du cimetière de Brebach, « gênant beaucoup le mouve-« ment » du 67ᵉ de ligne.

« Le temps me pressait, dit le rapport du lieutenant-« colonel Thibaudin, et j'avais hâte d'aborder les pentes « du plateau de Sarrebrück pour faciliter l'ascension aux « colonnes des 67ᵉ et 66ᵉ de ligne. J'ordonnai alors au « commandant du bataillon du 40ᵉ de ligne, placé sous « mes ordres, tenu jusque-là en réserve, d'entrer dans « le village avec trois compagnies, tandis que j'achevais « de le faire envelopper par ma gauche avec la 5ᵉ com-« pagnie du 3ᵉ bataillon du 67ᵉ. Ce mouvement fut décisif, « et l'ennemi se retira du village dans la direction de « Sarrebrück (1). »

La compagnie du génie de la 3ᵉ division met aussitôt

---

(1) L'historique du *40ᵉ* de von Gisevius s'exprime ainsi :

« La mort du capitaine Grundner (commandant la 6ᵉ compagnie), le 16 août, n'a pas permis d'élucider ce qui s'est passé à l'extrême gauche, du côté de Saint-Arnual, et les recherches minutieuses qui n'ont été entreprises que par la suite n'ont pas fait la lumière sur ce point. Il est certain que les Français ont occupé sans combat la lisière sud-est de Saint-Arnual ; il est probable que le capitaine Grundner, avec le peloton du sergent-major Bœcker, n'a pu atteindre Saint-Arnual, mais qu'il a été refoulé auparavant par les colonnes débouchant du village. » (Page 57.)

L'historique du *40ᵉ* donne, sur le combat de Saint-Arnual, « des indi-« cations reposant, dit Verdy du Vernois, sur des communications sérieuses « ultérieurement recueillies ». (*Études de guerre*, 3ᵉ fascicule, page 319.)

D'autre part, l'historique du 67ᵉ de ligne, rédigé après la guerre, dit que « le bataillon (du 67ᵉ) franchit le terrain boisé qui était devant « lui, pénétra dans le village que les Prussiens avaient abandonné, « et disposa aussitôt des compagnies derrière les haies et les murs de « clôture extérieurs. Il eut à subir néanmoins une fusillade et le feu « d'une batterie qui tuèrent ou blessèrent une vingtaine d'hommes. « Les Prussiens, séparés de nous par une prairie de 300 à 400 mètres, « par une rivière non guéable, la Sarre, et abrités derrière la levée du « chemin de fer, tiraient à coup sûr ».

Saint-Arnual en état de défense; les trois compagnies du 40ᵉ de ligne, jusqu'alors gardées en réserve, s'établissent sur la croupe au sud du village, tandis que la 5ᵉ compagnie du 3ᵉ bataillon du 67ᵉ gravit les pentes Est du Winterberg pour se lier aux 1ᵉʳ et 2ᵉ bataillons du 67ᵉ, qui se dirigent sur ce point. Elle est suivie, à 11 h. 30, par le reste du bataillon ; Saint-Arnual reste occupé par le bataillon du 40ᵉ de ligne et la compagnie du génie de la 3ᵉ division.

Pendant que ces événements se passaient à l'extrême droite, la brigade Fauvart-Bastoul avait quitté à 9 h. 45 le camp de Spicheren, marchant sur les hauteurs du Winterberg et du Repperts-Berg. Les deux régiments, « précédés par leurs pelotons de tirailleurs organisés d'avance », forment deux colonnes, précédées chacune d'un peloton du 5ᵉ chasseurs. La batterie divisionnaire (8ᵉ du 5ᵉ d'artillerie), affectée à la brigade, suit le 66ᵉ à distance, la batterie de 12 de la réserve (10ᵉ du 5ᵉ d'artillerie), prend position sur l'éperon Nord, coté 300, du plateau de Spicheren (Rother-Berg), prête à préparer l'attaque de l'infanterie (1). Le 67ᵉ (1ᵉʳ et 2ᵉ bataillons), sous le commandement du colonel Mangin, suit d'abord

---

(1) D'après une relation du combat de Sarrebrück communiquée à la Section historique par M. le colonel Devaureix, alors lieutenant au 66ᵉ de ligne *et appartenant à la compagnie, soutien de cette batterie*, celle-ci aurait pris position ensuite sur le Galgenberg, d'où elle aurait ouvert le feu « moitié sur les défenseurs du Repperts-Berg, moitié sur ceux du Winterberg. »

D'autre part : 1° le rapport du chef d'escadron Rebillot sur le tir des deux batteries de 12 de la réserve, le 2 août, s'exprime ainsi :

« La 10ᵉ batterie du 5ᵉ régiment, envoyée dans la soirée du 1ᵉʳ août
« près de Spicheren, aux ordres du général Bastoul, a pris position, ce
« matin, à 9 h. 30, sur un mamelon désigné par S. Exc. le général
« en chef, mamelon d'où on pouvait appuyer efficacement le mouve-
« ment de la brigade ; ce mouvement s'étant effectué sans obstacles
« sérieux, la batterie a été portée en avant par un chemin dangereux
« et s'est mise en batterie, sur la hauteur qui domine la gare de Sar-

la route de Spicheren à Sarrebrück, puis se déploie derrière sa ligne de tirailleurs et parvient, sans aucune perte, jusqu'au pied des pentes raides du Winterberg. Là, le colonel entendant sur sa droite, vers Saint-Arnual, « une fusillade et même une canonnade assez « vive », envoie deux compagnies à l'Est du Tief-Weiher pour appuyer le bataillon du 67ᵉ engagé à Saint-Arnual. Puis, après un repos de cinq minutes, il fait

---

« rebrück. Elle a tiré 42 coups sur des groupes qui se retiraient de la « ville.....; »

2° Le rapport du général Gagneur, commandant l'artillerie du 2ᵉ corps, est muet sur la position qu'aurait prise sur le Galgenberg la batterie de 12 dont il s'agit et sur le tir qu'elle aurait exécuté. Par contre, il mentionne la mise en batterie sur les hauteurs qui dominent immédiatement Sarrebrück et le tir consécutif ;

3° L'historique du 5ᵉ régiment d'artillerie ne mentionne pas la mise en batterie et le tir dont parle M. le colonel Devaureix ;

4° Le rapport du général Bataille ne parle de cette batterie de 12 qu'au moment où elle vient s'établir sur les hauteurs de Sarrebrück ;

5° Le rapport du général Fauvart-Bastoul dit que cette batterie, établie sur l'éperon Est du plateau de Spicheren, protégeait le mouvement de la brigade, mais il n'est pas question de son tir ;

6° La relation du grand état-major prussien ne parle pas davantage du tir de l'artillerie française contre les défenseurs du Winterberg et du Repperts-Berg ;

7° Le général Verdy du Vernois s'exprime ainsi à ce sujet (*Études de guerre*, page 426) :

« Au début, une partie de l'artillerie prit position sur les éperons du plateau de Spicheren, une autre partie accompagna l'infanterie. Elle n'eut à ce moment, il est vrai, qu'une action très limitée (1), attendu », etc.

Et en note (1) : « Les rapports prussiens ne mentionnent aucun fait « se rapportant à l'action de l'artillerie ennemie jusqu'au moment de « son apparition sur les hauteurs de Sarrebrück. »

De cet ensemble de documents, il paraît résulter que, suivant toutes probabilités, la batterie de 12 dont il s'agit a pris position sans tirer, « tout près et à gauche de la route (de Spicheren à Sarrebrück), sur « le mamelon coté 300 », d'après les prescriptions du général Frossard en date du 1ᵉʳ août, et n'a ouvert le feu, pour la première fois, que des hauteurs au Sud de Sarrebrück.

sonner la charge et enlève la position du Winterberg
« en la tournant par les deux ailes ». Les fractions de
la 6ᵉ compagnie du *40ᵉ* se replient sur Sarrebrück,
laissant une trentaine de prisonniers entre les mains
du 67ᵉ.

« L'artillerie ennemie (deux pièces placées au cime-
« tière de Brebach), apercevant nos troupes sur le revers
« sud du plateau, qu'elle prenait d'enfilade, pouvait
« devenir dangereuse ; le colonel Mangin demanda une
« section de 4 de la 3ᵉ division, qui tira avec tant de
« justesse (11 h. 30), qu'après quelques coups l'artillerie
« ennemie dut cesser son feu et se retirer pour ne plus
« reparaître (1). » Cette section de 4, en batterie « sur
« la hauteur de Saint-Arnual (2) », envoya ensuite
« quelques obus sur un enclos de Brebach, à murs cré-
« nelés, qui abritaient des tirailleurs prussiens et dans
« le bois en arrière, où l'on voyait les groupes de leurs
« réserves. Les tirailleurs ont cessé leur feu après quatre
« ou cinq coups et ne sont plus revenus (3) ».

Pendant que les deux bataillons du 67ᵉ marchent
contre le Winterberg, le 66ᵉ, qui a pour objectif le Repperts-Berg, déploie d'abord ses deux premiers bataillons
(10 h. 45) entre la gauche du 67ᵉ et la grande route de
Forbach à Sarrebrück.

« Le 3ᵉ bataillon, débouchant le dernier dans la plaine,
« ne put entrer en ligne immédiatement ; je lui donnai
« l'ordre, dit le rapport du colonel du 66ᵉ, de marcher
« en colonne derrière la gauche du 2ᵉ bataillon déployé. »

---

(1) Rapport du lieutenant-colonel Thibaudin, du 67ᵉ de ligne.

(2) Ce sont les termes du Journal de marche de l'artillerie de la division. Aucun des rapports sur le combat de Sarrebrück, ni l'historique du 15ᵉ régiment d'artillerie n'ont permis de déterminer exactement l'emplacement de cette section.

(3) Rapport du lieutenant commandant la section de droite de la 8ᵉ batterie du 15ᵉ d'artillerie.

Le Repperts-Berg n'était occupé à ce moment que par un peloton de grand'garde de la 7ᵉ compagnie du 40ᵉ, mais bientôt la 5ᵉ compagnie, envoyée à Maison-Rouge, exécute un mouvement offensif qui refoule les tirailleurs du 66ᵉ parvenus déjà près de la crête.

« Ne voyant pas arriver sur ma gauche les troupes qui
« devaient concourir au mouvement de mon aile mar-
« chante, je fis rapidement porter en ligne et déployer
« le 3ᵉ bataillon (1). »

Peu après, le Repperts-Berg est enlevé et le général Bastoul envoie aussitôt à la batterie divisionnaire attachée à sa brigade, l'ordre d'y venir prendre position. La 5ᵉ compagnie du 40ᵉ se replie sur le vieux pont (d'amont) de Sarrebrück, où elle arrive presque en même temps que la 6ᵉ, qui avait défendu Saint-Arnual et le Winterberg. Les deux compagnies occupent ce pont (2).

b) *Mouvements de la gauche* (brigade Pouget).

Pendant que ces événements se passaient dans le secteur compris entre les routes : Sarrebrück—Forbach et Sarrebrück-Sarreguemines, la 1ʳᵉ brigade de la division Bataille, commandée provisoirement par le colonel Haca, du 8ᵉ de ligne (3), s'était portée, à 10 heures du matin, sur la grande route, à hauteur de Stiring, sans se montrer. Son mouvement ne devait commencer que quand les progrès de la brigade Bastoul « lui auraient facilité « l'accès des hauteurs ».

La brigade se forme par régiments accolés; le 8ᵉ de ligne, à gauche, a, comme point de direction, le champ de manœuvres, un de ses bataillons suivant la voie ferrée en échelon avancé; le 23ᵉ de ligne, à droite, est

---

(1) Rapport du colonel du 66ᵉ.
(2) Il y a deux ponts à Sarrebrück : l'un est le vieux pont en amont, l'autre le pont neuf en aval.
(3) En raison de l'état de santé du général Pouget.

chargé d'établir la liaison avec l'aile gauche de la brigade Bastoul; le 12ᵉ bataillon de chasseurs suit en soutien de l'artillerie. En avant du front de la brigade et sur son aile gauche, quatre escadrons environ du 5ᵉ chasseurs remplissent le rôle de cavalerie divisionnaire (1).

« Le mouvement de la 1ʳᵉ brigade sur Sarrebrück,
« dit le rapport du colonel du 8ᵉ de ligne, s'est effectué
« dans l'ordre suivant :

« Le 3ᵉ bataillon du 8ᵉ de ligne a suivi la voie ferrée
« en fouillant le bois, sur sa gauche et sur sa droite,
« jusqu'à hauteur du village de Drathzug, où il s'est re-
« joint aux deux autres bataillons du même régiment.
« Ces deux bataillons, après s'être formés en avant de
« Stiring, à l'abri du bois qui longe la droite de la voie
« ferrée, se sont prolongés à droite de ce bois jusqu'au
« ravin qui aboutit à la tête des lacs. Arrivés à ce point,
« ils se sont déployés vers la droite, en se couvrant de
« tirailleurs, et se sont rejoints aux bataillons du 23ᵉ de
« ligne. Ceux-ci, qui s'étaient portés sous bois, jusqu'à
« la maison *du poste des vedettes* (2), pour appuyer sur
« la gauche le mouvement de la 2ᵉ brigade, se sont éga-
« lement déployés : le 1ᵉʳ bataillon, à droite de la route
« de Sarrebrück; les deux autres, à gauche de la même
« route, les uns et les autres couverts par deux compa-
« gnies de tirailleurs. Le 12ᵉ bataillon de chasseurs
« à pied a été, dès le début, et est resté chargé de sou-
« tenir l'artillerie.

« C'est dans cet ordre que la brigade a été portée en
« avant par votre ordre (3) et a franchi successivement,
« en refoulant quelques postes avancés, les ravins fort
« difficiles qui coupent le terrain jusqu'au champ de ma-
« nœuvres de Sarrebrück, où elle s'est établie. Les

---

(1) Le 5ᵉ chasseurs comprenait cinq escadrons.
(2) Il s'agit probablement de la maison de la douane.
(3) Ordre du général Bataille.

« troupes ont montré beaucoup d'entrain et ont bien
« supporté les fatigues très pénibles de la marche dans
« un terrain coupé et difficile. En arrivant sur le plateau
« du champ de manœuvres, elles ont eu à soutenir, sur
« la gauche, un feu de tirailleurs assez vif, auquel les
« compagnies détachées du 8ᵉ de ligne ont répondu avec
« célérité et sang-froid. »

La 7ᵉ compagnie du *40ᵉ*, qui occupait le champ de manœuvres, se replie, sur le pont d'aval, après avoir résisté énergiquement et « laissé l'assaillant s'appro-
« cher jusqu'à 300 pas » (1). « Le lieutenant Gold-
« schmidt couvre ce mouvement avec le peloton de
« tirailleurs, s'arrêtant plusieurs fois dans des positions
« intermédiaires et maintenant, par des retours offensifs,
« l'adversaire qui le serrait vivement » (1). Quelques fractions du 8ᵉ de ligne, qui s'étaient jetées dans le bois, à l'ouest du chemin de fer, dépassent le Deutsch-Mühle et s'avancent vers la Taillanderie ; mais elles sont arrêtées par les feux de la 10ᵉ compagnie du *69ᵉ* établie sur la rive droite de la Sarre.

A ce moment (11 h. 15 environ), la 2ᵉ batterie divisionnaire (8ᵉ du 5ᵉ régiment), affectée à la brigade Pouget, vient prendre position sur le champ de manœuvres et ouvre le feu sur la gare de Sarrebrück, que la 1ʳᵉ batterie divisionnaire (7ᵉ du 5ᵉ), affectée à la brigade Bastoul, et établie sur le Repperts-Berg canonnait depuis un quart d'heure. Bientôt, les deux batteries changent d'objectif et contrebattent une batterie ennemie (4 pièces) qui vient d'apparaître à 1500 mètres environ au nord de Malstatt, près de la route, et qui se déplace fréquemment (2).

---

(1) *Historique du grand État-Major prussien*, 2ᵉ livraison, page 141.
(2) C'était la 6ᵉ batterie légère du 8ᵉ régiment venue de Raschpfuhl et qui avait détaché une section à Brebach.

Vers midi, les détachements prussiens qui avaient combattu sur les hauteurs de la rive gauche de la Sarre, se replient sur la rive droite, en maintenant toutefois un poste au pont d'amont. Ce mouvement s'effectue sous la protection du 3ᵉ bataillon du *40ᵉ* qui occupe la gare, le pont d'aval, et a poussé sa 11ᵉ compagnie jusqu'au débouché ouest de Sarrebrück. Le pont de chemin de fer reste également au pouvoir de la 10ᵉ compagnie du *69ᵉ* établie à Malstatt. Les troupes françaises ne font d'ailleurs aucune tentative pour s'emparer de ces points de passage.

« Vers 2 heures de l'après-midi, le général comte
« Gneisenau donnait aux troupes l'ordre de se rabattre
« de Sarrebrück sur Raschpuhl. Le Major de Horn,
« commandant le 2ᵉ bataillon du *40ᵉ*, prenant par la
« gare, conduisait ses compagnies qui revenaient du
« combat, vers la forêt dite « Köllerthaler-Forst » ; le
« Major de Holleben, commandant le 3ᵉ bataillon du *40ᵉ*,
« occupait la lisière du bois au sud de Russhütte ; la
« 10ᵉ compagnie, qui ne se retirait qu'à 3 heures, se
« dirigeait sur Raschpfuhl, où se rendaient également
« les quatre pièces venant de Malstatt et la 10ᵉ compa-
« gnie du *69ᵉ* venant de Burbach. L'artillerie ennemie
« battait tout le terrain sur lequel se faisait la re-
« traite (1) ».

Les deux batteries de la division Bataille avaient été, en effet, renforcées successivement : 1° par les deux batteries de 12 de la réserve (10ᵉ et 11ᵉ du 5ᵉ d'artillerie), primitivement réparties entre les brigades, et placées, l'une sur le Repperts-Berg, l'autre sur le champ de manœuvres ; 2° par une batterie de mitrailleuses (9ᵉ du 5ᵉ d'artillerie), de la 2ᵉ division. Partie de Forbach avec la 1ʳᵉ brigade, elle avait été primitivement maintenue à

---

(1) *Historique du grand État-Major prussien*, 2ᵉ livraison, page 142.

hauteur de Stiring et s'était peu à peu rapprochée du champ de manœuvres, où elle s'établit vers 2 h. 30 (1).

3° Par la batterie de la 3ᵉ division (8ᵉ du 15ᵉ d'artillerie, moins une section) (2), qui avait été affectée à la brigade Micheler.

« Pendant ce combat d'artillerie, dit le rapport du
« 2ᵉ corps, les troupes purent acclamer l'Empereur et le
« prince impérial sur le terrain même dont elles venaient
« de déloger l'ennemi. »

Peu à peu le feu cesse, sauf pour une section de la 7ᵉ batterie du 5ᵉ d'artillerie, placée à l'extrémité occidentale du champ de manœuvres, qui tire par intermittences sur le remblai du chemin de fer, derrière lequel sont embusqués les derniers tirailleurs prussiens (10ᵉ compagnie du *40ᵉ*). Elle protège ainsi la construction de retranchements expéditifs et d'épaulements rapides exécutés sur les crêtes du champ de manœuvres par la réserve du génie, les trois compagnies divisionnaires et 1500 travailleurs d'infanterie. Ces ouvrages sont terminés à 8 heures du soir.

2° *Deuxième ligne.* — D'après l'ordre de mouvement du 2ᵉ corps, la deuxième ligne devait être constituée par une brigade de la division Lavaucoupet (2ᵉ brigade Micheler), avec une batterie divisionnaire et la compagnie du génie, et par la 1ʳᵉ brigade Letellier-Valazé de la division Vergé, moins le 3ᵉ bataillon de chas-

---

(1) « Le feu dirigé sur les troupes en masse abandonnant Sarre-
« brück, ouvert à 1800 mètres et continué jusqu'à 2,700, a produit de
« *très bons résultats*. C'est la première fois que le personnel de cette
« batterie exécute un feu réel avec les *canons à balles*; 68 coups ont été
« tirés, soit 1700 balles envoyées en *onze salves*. On n'a encore constaté
« aucun accident éprouvé, soit par les hommes, soit par le matériel. »
(Rapport du lieutenant-colonel commandant l'artillerie de la 2ᵉ division du 2ᵉ corps au général Bataille.)

(2) Envoyée « sur la hauteur de Saint-Arnual » pour contrebattre la section prussienne de Brebach.

seurs (1), avec une batterie divisionnaire, une batterie de 12 de la réserve et la compagnie du génie. En outre, la 2ᵉ brigade de la division Laveaucoupet devait « se tenir prête à se « porter en avant si cela était néces- « saire ». Le rôle de cette deuxième ligne était « de « prêter, au besoin, son « appui à la première ligne pour « l'occupation des hauteurs de Sarrebrück ».

On a vu précédemment que la brigade Michelet (2ᵉ de la 3ᵉ division) partie de son bivouac d'Œting à 8 heures du matin, était arrivée à Spicheren à 9 heures, où elle avait mis à la disposition du général Bastoul un bataillon du 40ᵉ de ligne et la compagnie du génie, qui avaient pris part au combat de Saint-Arnual.

Le reste de la brigade Micheler suit le mouvement de la brigade Bastoul, et la brigade Doëns (1ʳᵉ de la 3ᵉ division), arrive à Spicheren avec une section d'artillerie, la batterie de mitrailleuses et la cavalerie divisionnaire, au moment où l'arrière-garde de la brigade Micheler quitte cette localité. Le rôle de la brigade Micheler se borna à l'envoi sur la première ligne « où s'était produit un « vide », d'un bataillon du 40ᵉ de ligne et de la batterie divisionnaire (8ᵉ du 15ᵉ d'artillerie), qui tira quelques coups de canon sur les Prussiens qui évacuaient Sarrebrück.

Quant à la brigade Doëns, elle n'eut pas à intervenir et resta à Spicheren, sauf un détachement composé du 10ᵉ bataillon de chasseurs, d'une compagnie du 24ᵉ de ligne et d'un peloton du 7ᵉ dragons, qui avait pour mission de se diriger par la vallée de Simbach, sur la route de Sarreguemines à Sarrebrück, et de s'approcher aussi près que possible du village de Saint-Arnual. Ce détachement quitta la brigade à Etzling, arriva à Alsting, puis au Moulin de Simbach, où le commandant du

---

(1) Chargé d'une reconnaissance sur Gersweiler.

10ᵉ bataillon de chasseurs « voyant la rive droite de la « Sarre fortement occupée, prit position ». Il se remit en marche à 2 heures de l'après-midi, « quand la mousque- « terie et le canon de Brebach cessèrent leur feu », mais arrivé à hauteur de Brebach, il fut accueilli de nouveau par une vive fusillade. Il se jeta alors dans les bois à l'Ouest et, à 5 h. 30 du soir, se joignit au bataillon du 40ᵉ de ligne, qui occupait Saint-Arnual.

La 1ʳᵉ brigade de la divison Vergé, formant deuxième ligne derrière la gauche de la division Bataille, se porta à Stiring à 9 heures du matin et suivit le mouvement de la brigade Pouget, ses deux régiments marchant en colonnes par bataillon. Elle n'eut pas à intervenir dans le combat.

D'après l'ordre de mouvement du 2ᵉ corps, la division Vergé envoya sur Gersweiler, en reconnaissance, un détachement composé du 3ᵉ bataillon de chasseurs, du 1ᵉʳ bataillon du 77ᵉ et d'un escadron du 4ᵉ chasseurs à cheval, sous le commandement du colonel du Ferron, du 4ᵉ chasseurs. Il avait pour mission de « relier les « mouvements du 2ᵉ corps à ceux du 3ᵉ corps ». La colonne, partie de Forbach à 6 heures du matin, traversa la forêt de Stiring et « prit position » à Schœneck (1). Vers 11 heures, elle se remit en marche et arriva à midi et demi sur les hauteurs qui dominent la Sarre à l'ouest de Sarrebrück, d'où « les compagnies déployées en « tirailleurs, échangent des coups de fusil avec les « troupes prussiennes (10ᵉ compagnie du *69ᵉ*), qui sont « sur la rive droite de la Sarre ».

---

(1) L'ordre de mouvement du 1ᵉʳ août pour le 2ᵉ corps prescrivait que « le colonel du Ferron devait être à Schœneck à 9 h. 30 ». Mais, dans la matinée du 2 août, le général Frossard avait envoyé au général Vergé l'ordre de faire partir la reconnaissance plus tôt, sans spécifier l'heure à laquelle elle devait être rendue à Schœneck. (Voir page 216.)

Les pertes subies par le 2ᵉ corps se montaient à :
2 officiers, 9 hommes tués ;
5 officiers, 72 hommes blessés.

Les pertes totales subies par les Prussiens s'élevaient, d'après l'Historique du grand État-Major, à : 4 officiers et 79 hommes; d'après le général Verdy du Vernois, à : 5 officiers et 131 hommes.

« La raison principale de cette divergence est que les
« chiffres de la relation officielle reposent sur les
« premières indications fournies immédiatement après
« l'affaire, tandis que les nôtres sont empruntés à des
« récapitulations définitives comprenant, en dehors des
« blessés évacués, ceux qui sont restés avec leur troupe
« et dont le nombre a pu être relevé plus tard à l'occa-
« sion de l'instruction des demandes de secours » (1) (2).

*
* *

L'engagement du 2ᵉ corps donne lieu à un certain nombre d'enseignements.

La division Bataille s'engagea sur un front trop considérable, car, du saillant sud de Saint-Arnual jusqu'à la voie ferrée de Forbach à Sarrebrück, on compte 4,500 mètres, et il n'est pas surprenant qu'il se soit produit un vide, que le général commandant la 3ᵉ division s'est empressé d'ailleurs de combler. Si l'ennemi avait occupé les hauteurs au sud de Sarrebrück avec des forces suffisantes pour fournir une résistance opiniâtre, ainsi que le général Frossard s'y attendait, l'attaque du front

---

(1) *Études de guerre*, 3ᵉ fascicule, page 420.
(2) Consommation en munitions de l'artillerie française dans le combat du 2 août : 741 obus de 4 ; 140 obus de 12 ; 69 coups à balles, d'après le journal des opérations de l'artillerie de l'armée.

Saint-Arnual—Winterberg—Maison-Rouge, eût exigé à elle seule une division entière.

Est-ce pour ce motif que le général Bataille ne s'est pas constitué d'autre réserve de combat que le 12ᵉ bataillon de chasseurs, ou comptait-il, à cet effet, sur les brigades des 3ᵉ et 1ʳᵉ divisions qui suivaient en seconde ligne? Faut-il attribuer aussi à cette cause les déploiements prématurés que l'on constate dans les deux brigades de la division Bataille, qui effectuent leur attaque, les régiments par bataillons accolés et en ligne déployée derrière des tirailleurs (1).

Quoi qu'il en soit, l'action personnelle du général de division, à peu près démuni de réserve, ne pouvait plus guère se faire sentir dans le combat et l'on s'exposait aussi, en cas de résistance sérieuse, à un mélange fâcheux de troupes appartenant à des divisions différentes. Il ne semble pas, en outre, que les brigades de la division Bataille aient eu des secteurs d'attaque bien délimités, ni que les brigades aient bien déterminé à leur tour la zone d'action de leurs régiments.

L'artillerie, dispersée au début, ne prépare pas l'attaque ; le groupement divisionnaire n'est pas respecté,

---

(1) « Sur un terrain ordinaire, cultivé ou accidenté, disaient les « Observations pour les combats de 1867, la marche d'une ligne de « bataillons déployés est lente et difficile..... Une troupe ne pourrait « conserver longtemps cet ordre, très utile, indispensable dans des « circonstances particulières et de peu de durée, mais constituant pour « l'infanterie une formation plutôt accidentelle que normale. » Les Instructions tactiques qui avaient été envoyées par le Major général le 1ᵉʳ août disaient également que : « La marche d'une ligne déployée est « difficile ; l'ordre en colonne de bataillon a l'inconvénient de donner « peu de feux ; une formation mixte sera souvent préférable. » (Voir page 68.)

Plusieurs rapports de la journée du 2 août signalent en effet que la marche fut difficile dans les terrains accidentés, que l'on aurait eu tout le temps de reconnaître pour déduire de ces reconnaissances des formations d'approche mieux appropriées.

certaines batteries sont même fractionnées. A deux reprises, à Saint-Arnual et à l'extrémité occidentale du champ de manœuvres, ce sont des sections que l'on fait mettre en ligne et ce n'est qu'après l'occupation des hauteurs que six batteries se trouveront réunies, vers 2 heures de l'après-midi, sur les hauteurs au sud de Sarrebrück.

On ne tente pas, à l'issue du combat, de conserver le contact de l'ennemi, même au moyen de la cavalerie divisionnaire, et il est difficile d'expliquer pourquoi les ponts de Sarrebrück restent inoccupés (1). Il semblait logique de lancer immédiatement toute la cavalerie du 2ᵉ corps sur la rive droite de la Sarre et de tenir Saint-Jean et Malstatt par des troupes d'infanterie qui auraient assuré son recueil éventuel.

Par contre, on ne peut qu'approuver le choix du point d'attaque. Le Winterberg formait, en effet, un saillant dans la position de l'ennemi et c'est sur ce point que les renforts devaient lui arriver le plus tardivement. De plus, cette hauteur une fois enlevée et couronnée par de l'artillerie, le centre et la droite devenaient intenables. Très judicieusement donc, le général commandant le 2ᵉ corps avait prescrit que « le mouvement en avant de « la brigade Pouget ne devait se prononcer que quand « l'attaque de la droite et le mouvement de son batail-« lon de gauche sur le chemin de fer lui auront facilité « l'accès des hauteurs ».

Le 5ᵉ régiment de chasseurs semble avoir parfaitement rempli son rôle de cavalerie divisionnaire. « Les mou-« vements de l'infanterie, dit le rapport du général « Bataille, ont été merveilleusement secondés par le

---

(1) Le rapport du général commandant l'artillerie du 2ᵉ corps donne pour raison « la possibilité que les trois ponts eussent été à l'avance « minés par les Prussiens ». Ce motif est, pour le moins, insuffisant.

« 5ᵉ régiment de chasseurs, sous les ordres du colonel de
« Séréville. Les escadrons, appuyés par des tirailleurs
« d'infanterie, ont fouillé tous les plis de terrain et cou-
« ronnaient rapidement les crêtes d'où ils pouvaient
« signaler l'ennemi. »

Enfin, on peut constater l'excellent emploi fait par le 2ᵉ corps de ses troupes du génie, soit pour la mise en état de défense de Saint-Arnual, aussitôt après la prise du village, soit à l'issue du combat, sur les hauteurs de Sarrebrück.

Il est difficile de se rendre compte des motifs qui ont empêché le 2ᵉ corps de prendre pied, dès le 2 août dans l'après-midi, sur la rive droite de la Sarre, ainsi que l'avait proposé le Major général (1). Les hauteurs de la rive gauche avaient été conquises assez tôt, et la retraite des Prussiens s'était effectuée d'assez bonne heure et assez facilement, pour que le général Frossard pût poursuivre dans la journée même les avantages obtenus. Pourquoi s'en tint-il à la stricte exécution du programme arrêté à la conférence du 31 juillet? Si, à cette date, on avait limité l'opération sur Sarrebrück à l'occupation des hauteurs de la rive gauche, c'est qu'on pensait sans doute y trouver une résistance plus opiniâtre que celle de quelques compagnies.

La rapidité et la facilité du succès avaient dépassé toutes les espérances, et « les Français étaient autorisés
« à admettre que l'adversaire n'avait pas encore, pour
« le moment, de grandes masses concentrées sur la rive
« droite, dans la vallée de la Sarre (2). »

Vit-on, dans la retraite du détachement prussien, une feinte destinée à attirer le 2ᵉ corps sur la rive droite et

---

(1) Voir page 50 : *Le Major général au Ministre de la guerre*, 1ᵉʳ août : « Je voulais passer la Sarre et détruire la voie ferrée..... On m'a trouvé trop audacieux. »

(2) Verdy du Vernois. *Études de guerre*, 3ᵉ fascicule, page 429.

le faire tomber dans un piège? (1) Crut-on que dans le Köllerthaler-Wald se trouvaient rassemblées des troupes nombreuses prêtes à écraser les Français s'ils s'aventuraient au delà de Sarrebrück? Craignait-on, comme l'avait dit le maréchal Bazaine, « de provoquer l'ennemi, « qui se concentrait depuis une dizaine de jours, à « prendre l'offensive contre nos corps disséminés? » Cet argument, admissible peut-être le 31 juillet, avait perdu de sa valeur le 2 août, car on disposait immédiatement des 3e et 5e corps pour appuyer le 2e.

La raison donnée par le général de Barnekow, commandant la 16e division, de l'immobilité gardée par le 2e corps après le combat, est-elle plus fondée? A son avis, les Français n'auraient eu d'autre intention « que « d'exécuter une courte attaque sous les yeux de l'Empe-« reur pour pouvoir publier un bulletin de guerre » (2). En réalité, il est bien probable que le grand quartier général français fut très étonné de n'avoir rencontré à Sarrebrück qu'une si faible résistance et de n'avoir aperçu sur la rive droite de la Sarre que des détachements ennemis de peu d'importance. La reconnaissance n'avait donc pas donné les résultats qu'on en espérait et la surprise ainsi provoquée avait fait surseoir provisoirement à toute autre opération. « L'Empereur, pour « marcher en avant, attendait que l'effectif de l'armée « fût augmenté par l'arrivée des hommes de la réserve, « que l'armée de l'Alsace fût complétée par l'adjonction « du 7e corps, enfin, que le corps de Châlons fût arrivé « à Metz (3). »

Quoi qu'il en soit, en admettant même que les 3e et 5e corps ne fussent pas intervenus et en supposant à

---

(1) Rapport du général commandant l'artillerie du 2e corps. Voir Documents annexes, page 237.
(2) Rapport du général de Barnekow au général de Gœben.
(3) Comte de la Chapelle. *Le livre de l'Empereur*, page 95.

la rigueur que le Köllerthaler-Wald eût été fortement garni de troupes ennemies, la division Bataille, formant l'avant-garde du 2ᵉ corps, pouvait être poussée dès le 2 août, sans aucun risque, sur la rive droite de la Sarre. Sa retraite éventuelle eût été assurée par trois ponts fixes et par un pont d'équipages, et protégée par de nombreuses batteries établies sur les hauteurs au sud de Sarrebrück d'où elles étaient susceptibles de battre tout le terrain compris entre la Sarre et la lisière des bois. Elle aurait servi de repli à toute la cavalerie lancée en reconnaissance dans le triangle Sarrebrück—Neunkirchen—Merzig, et assuré le débouché de tout le 2ᵉ corps sur la rive droite de la Sarre, le 3 août au matin.

Néanmoins, le combat de Sarrebrück avait « essen« tiellement amélioré la situation des corps français. En « dehors de ce fait, que la ville même ne pouvait plus, « dès lors, être maintenue par les troupes prussiennes, « on avait désormais, de ce côté, des vues sur la Sarre « et surtout on possédait une position qui, suffisamment « occupée, défiait toute attaque de front (1). » Si l'on voulait rester sur la défensive, l'occupation de cette position par un corps d'avant-garde, le 2ᵉ, empêchait l'ennemi de masser à l'improviste ses forces dans la vallée de la Sarre pour en forcer le passage et l'obligeait à manifester ses intentions. Cette avant-garde, après avoir reconnu les projets de l'adversaire, provoqué son déploiement et gagné du temps, pouvait rompre le combat et commencer sa retraite sans être sensiblement inquiétée. Rien n'était donc compromis dans cette situation. Tandis que le 2ᵉ corps aurait ainsi constitué sur la Sarre une couverture défensive, les 3ᵉ, 4ᵉ, 5ᵉ corps et la Garde pouvaient se porter à travers les

---

(1) Verdy du Vernois. *Études de guerre*, 3ᵉ fascicule, page 305.

basses Vosges au secours de l'armée d'Alsace et infliger un échec à la III⁰ armée, complètement isolée de la II⁰ par des massifs montagneux et boisés. Après ce succès, le gros de l'armée du Rhin aurait exécuté un mouvement inverse de l'Est à l'Ouest et serait venu renforcer le 2⁰ corps qui aurait rétrogradé, le cas échéant, sur Château-Salins et Lunéville en disputant successivement à l'ennemi les coupures de la Sarre, de la Nied allemande, de la Seille et enfin de la Meurthe. Le 6⁰ corps lui-même aurait pu sans doute être transporté à Neufchâteau ou à Epinal et venir participer à la bataille décisive sur la Meurthe.

II. — 5⁰ CORPS.

Le général commandant le 5⁰ corps avait demandé, la veille, l'autorisation d'exécuter, dès la pointe du jour, « sa grande reconnaissance du territoire prus- « sien, en avant de Sarreguemines, destinée à appuyer « le mouvement du 2⁰ corps. » L'ordre pour la journée du 2 août avait fixé les heures de départ des différents éléments en conséquence. Mais le maréchal Bazaine et le général Frossard lui ayant répondu que « tout avait été concerté pour l'heure convenue la veille « entre eux, savoir pour 10 heures », le général de Failly remit à la même heure le départ des différents bivouacs.

Toutes les troupes du 5⁰ corps exécutent sans incident les mouvements qui leur ont été prescrits ; les têtes de colonne n'aperçoivent devant elles que quelques vedettes qui se replient de tous côtés. « Sur la gauche, « dit le journal de marche du 5⁰ corps, on entend le « canon du corps Frossard. Après s'être assuré, par des « reconnaissances de cavalerie, qu'aucun corps ennemi « ne se trouvait en face de lui, le général de Failly, cer- « tain que le général Frossard ne pouvait être inquiété

« sur sa droite, ordonna la rentrée dans les camps de
« Sarreguemines vers 4 heures du soir. »

Ces mesures paraissent entraîner quelques considérations tactiques intéressantes :

1° Les reconnaissances de cavalerie ne dépassèrent pas la ligne Rheinheim—Bebelsheim—Bliesransbach, alors que des rassemblements ennemis importants avaient été signalés la veille à Saint-Ingbert et Duttweiler. Le 5ᵉ corps ne pouvait donc être certain qu'aucun corps ennemi ne se trouvait en face de lui vers le Nord (1).

2° Si d'ailleurs il en avait été ainsi, ce n'est pas en prenant position sur la ligne Grosbliederstroff—Bliesguerschwiller—Frauenberg que le 5ᵉ corps « ferait
« diversion à l'attaque de Sarrebrück et empêcherait
« l'ennemi de se porter de ce côté ». Il fallait, à cet effet, prendre l'offensive. Or, telle n'était pas l'intention qui ressortait de l'ordre pour la journée du 2 août (2).

3° Pour « appuyer le mouvement du 2ᵉ corps », il était utile certainement de s'assurer qu'il ne « pouvait être
« inquiété sur sa droite », mais il importait de prévoir le cas où il faudrait le soutenir ailleurs. Dès lors, au bruit du canon, le général commandant le 5ᵉ corps, qui n'avait d'autre mission que de venir en aide, le cas échéant, au 2ᵉ corps, devait se mettre immédiatement en relations avec le général Frossard pour savoir s'il avait besoin de secours et lui demander la direction par laquelle il désirait voir arriver les colonnes du 5ᵉ corps.

---

(1) D'après le journal de marche du capitaine, aujourd'hui général de division de Lanouvelle, « à droite, la cavalerie (5ᵉ hussards, colonel
« Flogny), s'avança à deux lieues du pont d'Habkirchen, sur la route
« de Deux-Ponts ».

(2) « Les bagages, disait l'ordre de mouvement pour le 2 août, ne
« se mettront en route que sur un ordre du général en chef et, dans
« le cas où, par suite de la présence de l'ennemi, les troupes resteraient
« en position. »

Le journal de marche de la 2ᵉ division donne le dispositif de marche de sa 2ᵉ brigade pour s'avancer sur Auersmacher.

Il est intéressant de le reproduire pour avoir une idée de la formation d'approche qu'adoptaient les grandes unités dans l'armée du Rhin.

« Deux bataillons du 49ᵉ en première ligne, déployés
« et s'échelonnant par la droite en avant, à environ
« 150 pas ; deux bataillons du 88ᵉ également déployés et
« *sur le même alignement* formant une seconde ligne
« derrière la première, à 150 pas de distance par rapport
« au bataillon de gauche de la première ligne ; un
« bataillon du 88ᵉ et un demi-bataillon du 49ᵉ (1),
« déployés et *alignés entre eux*, se tiennent comme
« réserve à 150 pas derrière la seconde ligne. » L'escadron divisionnaire, en colonne par peloton, en avant et à droite de la première ligne ; une batterie à droite de la deuxième ligne, une batterie à droite de la réserve, une section du génie avec chaque batterie.

« On déploie des tirailleurs en avant et l'on se porte
« vers le village d'Auersmacher. »

Devant cette masse rigide et peu apte à la manœuvre, il n'y a ni avant-garde, ni patrouille de cavalerie. De plus, cette formation des bataillons en ligne déployée était peu pratique pour une marche d'approche à travers champs, surtout avec l'alignement qu'on leur demandait de garder.

Le résultat de la reconnaissance fut d'ailleurs presque insignifiant.

« La démonstration qui devait être faite en avant de
« Sarreguemines, dit le général Verdy du Vernois, est
« demeurée absolument sans effet, attendu qu'elle eut

---

(1) L'autre moitié de ce bataillon était désignée comme soutien de la réserve d'artillerie.

« pour unique conséquence de provoquer l'envoi de quel-
« ques patrouilles de uhlans en avant de Brebach (1). »

III. — 3ᵉ CORPS.

Au 3ᵉ corps, les ordres donnés le 1ᵉʳ août pour appuyer le 2ᵉ corps sur sa gauche « par une démonstration offen-
« sive sur Werden » et pour « faire rétrograder sous
« les murs de Sarrelouis tous les détachements prussiens
« éparpillés dans la zone : Wölcklingen, Carling,
« Uberherrn, Sarrelouis », peuvent se résumer ainsi :

a) 1ʳᵉ *division*. — « Prendra position à Petite-Rosselle
« en faisant occuper Grande-Rosselle et Vieille-Ver-
« rerie ; »

b) 2ᵉ *division*. — Enverra une brigade à Rosbrück, où elle « attendra des ordres » ;

c) 3ᵉ *division*. — Enverra une brigade à Creutzwald-la-Croix, où elle « prendra une position militaire » ;

d) 4ᵉ *division*. — Enverra une brigade sur Carling, où elle « prendra une bonne position militaire » ; l'autre brigade fera « occuper le point dénommé Maison isolée
« de Porcelette ».

« On chasserait l'ennemi des positions désignées, s'il
« y était, mais on ne s'engagerait pas dans les bois. »

L'exécution de ces ordres donna lieu, le 2 août, aux opérations ci-après :

a) 1ʳᵉ *division*. — « La soupe mangée, dit le journal
« de marche de la 1ʳᵉ division, on part dans le même
« ordre que la veille (2), et on va se former en avant

---

(1) *Études de guerre*, 3ᵉ fascicule, page 428.

(2) En deux colonnes ; la première colonne, qui avait campé à Rosbrück, comprenait la 1ʳᵉ brigade d'infanterie (18ᵉ bataillon de chasseurs, 51ᵉ et 62ᵉ de ligne), un escadron du 3ᵉ chasseurs, une section d'artillerie, la compagnie du génie. La deuxième colonne, qui avait campé à Merlebach, comprenait la 2ᵉ brigade (81ᵉ et 95ᵉ de ligne), l'artillerie, l'ambulance, le convoi administratif).

« de Morsbach, à 2 kilomètres en arrière de For-
« bach. Là, les troupes piquent les tentes et repartent
« en colonne légère pour Forbach. La division em-
« mène toute son artillerie, sans caissons, un caisson
« de cartouches par régiment. La colonne, précédée
« de sa cavalerie, arrive à Forbach. ..., prend la
« route de Sarrelouis. » A l'entrée de la forêt, le maréchal Bazaine prend en personne la direction de la reconnaissance et la dirige sur la gauche de la Grande-Rosselle. Le 18ᵉ bataillon de chasseurs s'établit sur ce point avec des compagnies du 51ᵉ. Le 62ᵉ avec la 2ᵉ brigade, sous les ordres du général de division, continuent par Vieille-Verrerie à monter sur les plateaux boisés de la rive gauche de la Sarre.

« A midi, on entend une canonnade dans la direction
« de Sarrebrück ; à 2 heures, le maréchal Bazaine
« emmène le 62ᵉ, laissant la 2ᵉ brigade en observation
« sur le plateau. Il s'engage dans la forêt. La tête de
« colonne débouche, vers 3 heures, en face de Wölklin-
« gen, sur un petit plateau déboisé d'où l'on domine le
« cours de la Sarre, et canonne un instant la gare. Un
« bataillon prussien replie à la hâte ses avant-postes et
« se rallie derrière les maisons. A 4 heures, la colonne
« se replie, rallie tous ses petits postes et rentre à Mors-
« bach à 9 h. 1/2 du soir. »

b) *2ᵉ division*. — La 1ʳᵉ brigade, renforcée par une batterie de 12 et par la compagnie du génie de la réserve, établit son camp à Rosbrück à 8 heures, « y prend le café, part sans sacs à 10 h. 30 (1) » et arrive à Forbach à 11 h. 30. « L'on entend le canon *au Nord* (du côté de « Sarrebrück) ; la brigade se dirige *à l'Ouest* (2) » et va se masser dans le ravin où est situé Petite-Rosselle. Elle y

---

(1) Historique du 19ᵉ de ligne.
(2) Historique du 41ᵉ de ligne.

reste toute l'après-midi et revient au camp de Rossbrück à 7 h. 30 du soir.

c) 3e *division*. — La 1re brigade, à laquelle le général de division avait adjoint une section d'artillerie et un escadron de chasseurs, part de Ham-sous-Varsberg à 9 heures et « prend position au-dessus de Creutzwald-« la-Croix » à 11 heures. Là, sans que l'ennemi soit signalé, elle déploie quatre de ses bataillons à droite et à gauche de la route, tandis que la section d'artillerie se met en batterie sur la route même. L'escadron de chasseurs part alors « avec mission de suivre la grande route, « de descendre les pentes qui sont au delà de la frontière « prussienne et d'aller jusqu'à Uberherrn et Bisten (1) ». Cet escadron, parti à 11 h. 30, revient au pas à 12 h. 30 « n'ayant aperçu aucune troupe ennemie, tant en avant « d'elle que sur le flanc gauche, dans la direction de « Bérus (2) ».

La brigade reste en position jusqu'à 7 heures du soir, puis revient au bivouac.

d) 4e *division*. — La 1re brigade, avec un escadron du 3e chasseurs et deux sections d'artillerie, part de Boucheporn, à 9 heures, pour se rendre à Carling. Elle « arrive en position à 11 h. 15, observe le village de « Lauterbach, qu'elle reconnaît être inoccupé », et se « relie aux divisions Castagny et Metman. A 5 heures du soir, elle prend une nouvelle position vers Diesen et rentre à Boucheporn vers 8 heures du soir, ainsi que la 2e brigade.

Telle fut la part prise par le 3e corps à l'opération sur Sarrebrück ; elle consiste dans la dissémination sur de « bonnes positions militaires » d'une division et de trois brigades d'infanterie, qui gardent toute la journée une attitude de défensive passive. La « démonstration offen-

---

(1) Rapport du général commandant la 1re brigade de la 3e division.
(2) *Ibidem.*

« sive », au sens où l'entendait le commandant du 3ᵉ corps, n'a été faite, en réalité, que par un régiment d'infanterie et une batterie en face de Wölklingen, sans que ce détachement fît une tentative de passage. En ce qui concerne la division de cavalerie du 4ᵉ corps, son journal de marche pour le 2 août ne mentionne aucune opération militaire et relate le : « Séjour des quatre « régiments de dragons au camp de Saint-Avold ». L'appui prêté par le 3ᵉ corps au 2ᵉ, fut donc insignifiant, et les dispositions prises par le maréchal Bazaine ne pouvaient atteindre le but « de faire rétrograder tous les « détachements prussiens éparpillés dans la zone (Sarre-« brück—Uberherrn—Sarrelouis) sous les murs de Sar-« relouis, de tâcher d'en battre quelques-uns, sans « cependant nous compromettre ». On peut même ajouter que si l'ennemi s'était proposé de diriger sur Sarrebrück toutes les forces dont il disposait sur la Sarre en aval, le 3ᵉ corps ne l'en aurait nullement empêché (1).

Les rapports des journaux de marche de la 1ʳᵉ division et des brigades des 2ᵉ et 3ᵉ divisions signalent que l'on a entendu le canon à plusieurs reprises du côté de Sarrebrück, sans mentionner une mesure quelconque, prise en conséquence. Sans doute ces troupes avaient une mission bien déterminée à laquelle leurs chefs ne pouvaient renoncer, de leur propre initiative, pour marcher au canon, sans motifs sérieux. Mais il convenait tout au moins d'envoyer un officier d'état-major

---

(1) « D'une façon générale, une démonstration ne peut avoir quelque « utilité qu'autant qu'elle retient une troupe ennemie quelconque en « un point déterminé et empêche d'acheminer cette troupe vers le « point décisif, ou qu'elle distrait de ce dernier point certaines forces « de l'adversaire, *en menaçant* une direction intéressante au point de « vue de la situation générale de ce dernier. Pour répondre à ces « objets, toute troupe chargée d'une démonstration doit être constam-« ment prête à passer à une offensive sérieuse. » (Verdy du Vernois. *Études de guerre*, 3ᵉ fascicule, page 428.)

ou, à défaut, un officier monté, avec une escorte, sur Sarrebrück, pour voir ce qui s'y passait, se mettre en relations avec le général commandant le 2ᵉ corps, et envoyer des comptes rendus. Les documents n'indiquent pas que l'on s'en soit préoccupé, et pourtant, ainsi qu'on l'a dit précédemment, on s'attendait à ce que l'affaire de Sarrebrück prît des proportions importantes.

Le maréchal Bazaine prit lui-même la direction du régiment et de la batterie envoyés en reconnaissance sur Wölklingen ; et cette décision semble faire pressentir les dispositions de détail dont il se préoccupera sur les champs de bataille des 16 et 18 août.

« L'Empereur, dit le général Lebrun, avait pensé que
« le Maréchal se trouverait de sa personne sur le lieu de
« l'action. Quand il y arriva lui-même, il demanda où
« était le Maréchal ; on ne put le lui dire..... L'Empe-
« reur, désireux de le voir, m'envoya à sa recherche sur
« la route de Werden. Je revins n'ayant pu le trouver.
« Cette absence du maréchal Bazaine, son éloignement
« volontaire de trois corps d'armée dont il avait le com-
« mandement et dont il devait diriger les mouvements
« dans une action qui leur était commune, fut interprétée
« de différentes manières dans l'armée. Les uns l'attri-
« buèrent à un sentiment d'hostilité du Maréchal envers
« le général Frossard. Ils supposèrent que, voyant
« celui-ci chargé de la partie principale de l'opération,
« qui était l'attaque directe de Sarrebrück, il avait voulu
« lui laisser toute la responsabilité. D'autres s'imagi-
« nèrent qu'en se portant de sa personne sur un point
« rapproché de Sarrelouis, le Maréchal avait voulu voir
« si les Prussiens n'essayeraient point d'en déboucher...
« Quoi qu'il en soit de ces suppositions, la conduite du
« Maréchal demeura toujours inexpliquée (1). »

---

(1) *Souvenirs militaires*, page 224.
D'après le colonel d'Andlau, « l'Empereur et le Major général se

IV. — 4ᵉ CORPS.

En vertu des instructions reçues, d'une part, du Major général, d'autre part, du maréchal Bazaine, le 4ᵉ corps exécute trois reconnaissances :

1º Le général comte Brayer, commandant la 1ʳᵉ brigade de la 1ʳᵉ division, à la tête de deux compagnies du 20ᵉ bataillon de chasseurs, quatre bataillons des 1ᵉʳ et 6ᵉ de ligne, deux escadrons du 7ᵉ hussards, une batterie de 4 et trois voitures d'ambulance, part de Bouzon-

---

« réservaient d'assister eux-mêmes au combat de Sarrebrück et de
« donner sur le terrain des ordres ultérieurs, de telle sorte que le fait
« seul de leur présence annulait le commandement général confié
« provisoirement au Maréchal. Celui-ci le comprit si bien que, dans la
« journée du 2 août, il ne parut pas et s'abstint de venir saluer l'Em-
« pereur et son fils ». (*Metz. Campagne et négociations*, page 27.)

Voici l'explication que le maréchal Bazaine donne de cet incident :

« Lorsque j'arrivai près de Forbach, j'envoyai un officier prévenir le
« général Frossard de ma présence ; il le trouva en conférence avec le
« maréchal Le Bœuf, major général, qui précédait l'Empereur et le
« prince impérial, dont j'ignorais complètement l'intention d'assister à
« ce premier engagement, ouverture des hostilités ; je ne fus prévenu
« de la présence de Sa Majesté sur les lieux du combat, que quand
« j'étais à diriger la diversion sur Werden, tout en observant la vallée
« de la Sarre dans la direction de Sarrelouis.

« Je revins au galop sur Forbach, espérant y rencontrer l'Empereur,
« qui, malheureusement, venait de repartir pour Metz après avoir
« demandé où j'étais. Quel ne fut pas mon étonnement en apprenant
« ce détail..... Lorsque je revis S. M. l'Empereur, il ne me fit
« aucune observation sur ma manière d'agir le 2 août, mais le Major
« général me dit : « Vous avez agi en bon camarade en laissant la
« direction du combat au général Frossard. » Je fus surpris de cette
« appréciation, car je n'avais pas agi à ce point de vue, mais tout sim-
« plement parce que je voyais que la diversion que je faisais exécuter
« sur la gauche et qui avait pour but de faciliter l'attaque de front du
« 2ᵉ corps était ce qu'il y avait de mieux à faire, l'ennemi ayant beau-
« coup de monde réuni dans les environs de Sarrelouis. » (Maréchal Bazaine. *Épisodes de la guerre de* 1870. Madrid, Gaspar, 1883, pages 16 et 17.)

ville à 6 heures du matin, se porte vers Schreckling, par la route de Sarrelouis. Des coups de feu sont échangés à Schreckling avec des patrouilles prussiennes. On fait fouiller le village, ainsi que Leyding et Villing, et la reconnaissance rentre, sans autre incident, à Bouzonville, par Alzing.

2° Le général Berger, commandant la 2⁰ brigade de la 3ᵉ division, à la tête de sa brigade, renforcée par une batterie d'artillerie et le 2ᵉ hussards, quitte Teterchen, après la soupe du matin, et prend la route de Sarrelouis par Tromborn. « Un peu avant d'arriver au village de « Remering, dit le journal de marche de la brigade, « ayant remarqué que la route était dominée par un « très beau plateau, très bien disposé pour soutenir une « troupe en cas de retraite, je fis occuper la position « par le 65ᵉ de ligne et par une section d'artillerie. « Sans inquiétude sur mes derrières, je continuai ma « marche vers Sarrelouis ; je pense m'en être approché « de 3 ou 4 kilomètres..... »

Cette division des forces ne peut guère se justifier, car le 2ᵉ bataillon de chasseurs avait déjà reçu du général de division l'ordre de s'établir au nord de Teterchen, à l'intersection des routes de Sarrelouis et de Bouzonville, et toute la 2ᵉ division du 4ᵉ corps avait pris position, comme réserve d'abord, « à 2 kilomètres en avant de Coume », puis sur le plateau situé entre Hargarten et Dalem. A hauteur d'Ittersdorf, les éclaireurs de la colonne échangent quelques coups de feu avec un parti de 300 ou 400 hommes qui est signalé sur la gauche et qui disparait. La reconnaissance rentre sans autre incident.

3° Le général de Lorencez, avec sa 1ʳᵉ brigade, deux batteries d'artillerie, le 3ᵉ régiment de dragons et le 5ᵉ bataillon de chasseurs (1), part de Coume à 10 heures

---

(1) Détaché momentanément de la 2ᵉ division.

du matin, se dirige sur Teterchen, puis sur Hargarten et Merten. « Arrivé à Merten, dit le journal de marche de
« la 3ᵉ division, le général de division prend les dispo-
« sitions suivantes pour attirer l'attention de l'ennemi
« et pour reconnaître Bérus, sans toutefois trop s'en ap-
« procher, car cette position avait été signalée par le
« quartier général comme très forte et garnie d'une puis-
« sante artillerie. » Le gros de la colonne se porte sur Berweiller et s'établit sur le plateau « en avant de la
« route de Sarrelouis à Boulay ». De sa personne, suivi de deux bataillons du 15ᵉ de ligne et d'une section du génie, le général de Lorencez s'engage dans un sentier qui l'amène sur un plateau dominant Bérus et d'où il constate qu'il n'y a, près de ce village, aucun ouvrage de campagne et « qu'il ne renferme ni soldats ni canons ». Il semble que deux reconnaissances envoyées dès le matin par le 3ᵉ dragons auraient donné ces renseignements plus tôt et à moins de frais.

Les troupes regagnent leurs bivouacs vers 7 heures du soir.

Il faut encore signaler une reconnaissance exécutée pendant ce temps par les soins de la brigade de Goldberg, de la 1ʳᵉ division, qui fit fouiller les bois dits Bruch, Reissel, Grossenwald, au nord-est de Bouzonville. Si les grand'gardes de la 1ʳᵉ division avaient été établies à distance rationnelle, ces bois auraient été compris dans le réseau des avant-postes.

Depuis l'ouverture des hostilités jusqu'au 2 août, le détachement de Sarrebrück avait rempli judicieusement son rôle de troupe de couverture, dans des conditions exceptionnellement favorables, il est vrai, c'est-à-dire en présence d'un adversaire peu entreprenant (1). Le lieutenant-colonel von Pestel s'était montré « l'officier prudent et calme » que le maréchal de Moltke recommandait au chef d'état-major du VIII⁰ corps de placer à ce poste (2), et il avait de tous points justifié la confiance que le grand quartier général avait mise en lui en le maintenant, sur sa demande, à Sarrebrück (3). La vigilance et l'activité des avant-postes ne se démentent pas une seule fois pendant cette période critique ; le 2 août, l'attaque inopinée du 2⁰ corps est signalée sur toute la ligne par les petits postes. On ne peut que reconnaître la rapidité avec laquelle les diverses fractions sont arrivées au soutien des grand'gardes, le sentiment offensif qui les a guidées, et leur résistance énergique, en particulier celle de la 5ᵉ compagnie (4).

Par contre, il est difficile d'approuver certaines dispositions prises par le général de Gneisenau, qui avait le commandement supérieur des détachements de couverture de la Sarre et des fractions avancées du VIIIᵉ corps, placées à Raschpfuhl et à Heusweiler. L'envoi d'une section d'artillerie à Brebach était une mesure que la nouvelle d'une marche en avant des Français par Sarreguemines ne suffisait pas à justifier.

---

(1) « Il est extraordinaire, écrit le 1ᵉʳ août le général de Gœben, « que les Français nous aient laissé jusqu'à présent la position de la « Sarre. » (*August von Gœben*, par Gebhard Zernin. Berlin, 1901, Mittler und Sohn, page 233.)

(2) Cardinal von Widdern. *Die Führung der I und II Armee und deren Vortruppen*. Berlin, 1900, Eisenschmidt, page 9.

(3) Voir 3ᵉ fascicule, page 17.

(4) « Par trois fois déjà, des ordonnances à cheval étaient venues « porter à la compagnie l'ordre de se replier si elle se voyait pressée « par l'ennemi, mais le capitaine baron von Rosen ne considérait pas « encore sa retraite comme assez compromise pour évacuer sa position. « Arrivé à 240 mètres environ, l'adversaire fut accueilli par un feu « rapide qui enraya sa marche..... » Il fallut l'ordre formel du lieutenant-colonel von Pestel pour décider le capitaine à effectuer sa retraite. (Verdy du Vernois. *Études de guerre*, 3ᵉ fascicule, page 331.)

Si l'on battait ainsi la route qui longe la rive droite de la Sarre, on disloquait, par contre, une unité tactique. D'ailleurs le terrain était peu favorable à l'action de l'artillerie, les hauteurs élevées de la rive gauche limitant considérablement le champ de tir. Enfin, cette section pouvait être coupée de la ligne de retraite directe sur Raschpfuhl, ainsi que le fait se produisit (1).

La batterie aurait dû, au début du combat, rester en position d'attente au nord de Sarrebrück, parce que « l'assaillant n'était pas en situation, immédiatement « après le passage de la Sarre, de déployer sur la rive « droite une forte ligne d'artillerie et l'action de la bat- « terie légère pouvait alors être fort précieuse — comme « elle le fut d'ailleurs — pour aider les troupes venues « de Raschpfuhl à recueillir le détachement de Sarre- « brück (2) ».

A 11 h. 45, le général de Gneisenau avait envoyé au 2ᵉ bataillon du *29ᵉ* et à la batterie lourde qui se trouvaient à Heusweiler l'ordre de se porter sur Sarrebrück, mais il ne spécifiait rien au sujet de l'escadron et des trois pelotons du *9ᵉ* hussards qui faisaient également partie de ce détachement. Or, si l'on voulait soustraire l'infanterie et l'artillerie à une affaire sérieuse et se replier en combattant, on ne pouvait avoir trop de cavalerie sous la main pour garder le contact de l'adversaire sur les diverses routes qui divergent à partir de Sarrebrück. Il faut ajouter que, de sa propre initiative, le commandant des deux escadrons se mit en marche vers Sarrebrück avec le bataillon et la batterie.

---

(1) D'après Cardinal von Widdern, la section d'artillerie fut envoyée à Brebach parce que le général de Gneisenau reçut tout d'abord la nouvelle d'une marche en avant des Français par Sarreguemines. — Page 47, Cardinal von Widdern ajoute qu'il y avait un certain danger à envoyer de l'artillerie à Brebach, parce qu'elle pouvait être coupée de la ligne de retraite directe sur Raschpfuhl, ce qui arriva en effet.

(2) Verdy du Vernois. *Etudes de guerre*, 3ᵉ fascicule, page 415.

L'évacuation à 2 heures du pont de Wölklingen-Werden semble avoir été prématurée. L'ennemi n'était pas menaçant de ce côté et il n'y avait aucune raison de faire replier le détachement du lieutenant-colonel de Sulicki. Par contre, le général de Gneisenau omit d'envoyer aux fractions qui occupaient Brebach l'ordre d'effectuer leur retraite. Elles y restèrent jusqu'à 7 heures du soir et rejoignirent le lendemain par une marche de nuit et des chemins de traverse.

Entre 2 et 3 heures de l'après-midi, le général de Gneisenau avait rassemblé à Raschpfuhl les 1er et 3e bataillons du *40e*, quatre pièces de la 6e batterie légère du *8e*, un escadron et trois pelotons du *7e* uhlans. D'après un rapport qu'il adressa vers 2 heures au général commandant la 16e division, son intention était « d'y rester jusqu'à l'approche des Français, puis de « prendre position entre Guichenbach et Hilschbach (1) ». Il changea pourtant d'avis. Bien que de nombreux habitants de Sarrebrück fussent venus lui annoncer que les Français n'avaient pas franchi la Sarre et n'occupaient même pas les ponts, bien qu'un lieutenant du 1er bataillon du *40e* eût pu pénétrer à Saint-Jean avec plusieurs voitures et un petit détachement pour relever et ramener les blessés, le général de Gneisenau se décida, à 6 heures du soir, à se replier avec toutes ses troupes sur Hilschbach (2). Il commit la faute de ne pas rester fidèle à ce principe que le général Verdy du Vernois et le colonel Cardinal von Widdern rappellent à cette occasion : « Les troupes de couverture ne doivent pas « abandonner à l'ennemi un pouce de terrain tant

---

(1) Cardinal von Widdern. *Die Führung der I und II Armee*, page 37.

(2) *Ibid.*, pages 57 et 58.

D'après l'Historique du grand État-Major prussien, la cause de cette retraite fut la nouvelle de « mouvements de fortes colonnes françaises « sur Gersweiler. » (2e livraison, page 142.)

« qu'elles n'y sont pas absolument forcées (1) ». Les deux écrivains militaires allemands font encore remarquer que le général de Gneisenau perd absolument le contact des troupes françaises et ne prend aucune mesure pour le reprendre, ne fût-ce que par une patrouille de cavalerie. Ce sera le premier soin du général de Barnekow, commandant la 16ᵉ division d'infanterie, qui s'était porté dans la soirée à Hilschbach, au-devant du général de Gneisenau. Dès le 3 août, au petit jour, quatre reconnaissances d'officier, deux du 7ᵉ uhlans et deux du 9ᵉ hussards, partiront dans les directions de Wölklingen, Rockershausen, Malstatt, Saint-Jean et Duttweiler, sur l'ordre du général de Barnekow, qui prescrit en outre au détachement Gneisenau de réoccuper la lisière sud du Köllerthaler-Wald si l'ennemi ne franchit pas la Sarre (2).

La direction suivant laquelle les troupes prussiennes de Sarrebrück et de Raschpfuhl effectuèrent leur retraite semble n'avoir pas été judicieusement choisie. Il paraissait préférable de les faire replier par Duttweiler sur Neunkirchen, au lieu de les diriger sur Hilschbach. Mais la responsabilité de ce choix n'incombe pas plus au général de Gneisenau, qui exécuta les ordres qu'il avait reçus, qu'au général de Gœben, qui les lui avait donnés. L'un et l'autre ignoraient de quel intérêt était pour la IIᵉ armée la conservation de la bifurcation de Neunkirchen, de la route et du chemin de fer de Neunkirchen à Sarrebrück. Le grand quartier général avait négligé d'attirer leur attention sur ce point (3).

---

(1) Cardinal von Widdern. *Loc. cit.*, page 75, et *Études de guerre*, page 382.

(2) « Il est hors de doute que des troupes légères auraient pu se « maintenir à la lisière sud du Köllerthaler-Wald pour continuer à « observer l'ennemi. » (Rapport du général von Barnekow au général von Gœben.)

(3) Dans son mémoire de 1868-1869, le maréchal de Moltke considère

Le général de Barnekow en eut l'intuition, car, dans son rapport au général de Gœben sur le combat de Sarrebrück, daté du 3 août, 3 heures du matin, il proposera de faire couvrir cette voie ferrée « si dans la « matinée les troupes françaises ne prennent pas l'offen- « sive (1) ». De même, le général de Gœben, rendant compte au commandant de la Ire armée des événements du 2 août (Wadern, 3 août, 6 heures du matin), exprimera l'intention de faire réoccuper la route et le chemin de fer de Sarrebrück à Neunkirchen (2) (3).

« Il manquait un représentant du commandement « supérieur dans la région choisie pour la concentra- « tion des armées. Il y avait lieu de désigner à cet « effet un des chefs de section du grand état-major, « dès le début de la mobilisation. Trois officiers du « grand état-major, c'est-à-dire un par armée, lui au- « raient été adjoints. Le chef de section dont il s'agit, « au courant des projets du commandement et des

---

le cas où les détachements de couverture de la Sarre seraient obligés de se replier devant une offensive française :

« Le détachement de Sarrebrück, dit-il, devra, autant que possible, « ne pas se laisser refouler au delà de Neunkirchen. Il sera relevé le « 12e jour de la mobilisation par des fractions du IIIe corps et pourra « *alors* rejoindre le corps d'armée auquel il appartient. »

(1) Cardinal von Widdern. *Die Führung der I und II Armee*, page 64.

(2) *Ibid.*, page 72.

(3) « La protection de l'une des routes principales conduisant de « Saint-Jean dans l'intérieur du pays, ainsi que l'observation de la rive « droite du côté de Sarreguemines, demeuraient une nécessité. La « situation générale exigeait que, dans ces deux directions, le contact « avec l'adversaire fût conservé et que l'on restât renseigné sur la « marche éventuelle de l'ennemi, soit par la route de Duttweiler, soit « dans la direction de cette route. Ces considérations nous eussent « amené à replier le détachement de Brebach sur la route de Saint- « Jean à Neunkirchen, en lui adjoignant l'escadron de uhlans qui se « trouvait à Duttweiler. » (Verdy du Vernois. *Etudes de guerre*, 3° fascicule, page 380.)

« dispositions prises pour le déploiement stratégique,
« se serait rendu à Kaiserslautern par exemple, au
« milieu des zones de concentration des trois armées,
« sur une voie ferrée qui aurait permis à ses adjoints
« de se porter de temps en temps vers les détachements
« de couverture. Leur mission eût consisté dans l'obser-
« vation des événements, dans l'envoi de renseignements
« et de rapports. Ils auraient été chargés, en outre,
« d'éclairer les divers chefs de détachements, postés à
« la frontière pour la protection du territoire ou de la
« zone de concentration, sur les intentions et les projets
« du commandement, ils les auraient empêchés ainsi de
« prendre des mesures susceptibles de contrarier ces
« projets, etc..... Dans ces conditions, il est certain que
« la retraite du détachement de Sarrebrück ne se serait
« pas effectuée dans une direction telle qu'elle découvrît
« la voie ferrée et la route de Sarrebrück à Neunkir-
« chen et, par suite, l'aile droite de la IIe armée (1). »

*
* *

On a vu, à la date du 1er août, que le grand quartier général français s'était préoccupé de la concentration des deux corps d'Alsace. D'après les souvenirs inédits du maréchal de Mac-Mahon, l'Empereur désirait que le 1er corps quittât Strasbourg en entier pour se rapprocher de la frontière Nord; le 7e corps, moins une division maintenue à Altkirch, devait venir remplacer le 1er à Strasbourg (2). Informé de ces dispositions le 1er août, à la fois par télégrammes du Major général et du maréchal de Mac-Mahon, le général Félix Douay avait répondu

---

(1) Cardinal von Widdern. *Die Führung der I und II Armee*, page 73.

(2) *Souvenirs inédits du maréchal de Mac-Mahon*, 1er août.

que le 7ᵉ corps n'était pas encore en état de marcher. Le maréchal de Mac-Mahon lui envoya une nouvelle dépêche le 2 août, pour lui faire connaître « que l'Em-
« pereur insistait sur l'importance de faire occuper
« Strasbourg par une des divisions du 7ᵉ corps (1) ».

A 11 h. 45 du matin, le général F. Douay répondit par télégramme qu'il avait reçu, en grande partie, de Paris, les effets de campement et que, dès lors, les divisions Conseil-Dumesnil et Liébert pouvaient être dirigées sur Strasbourg. Il proposait de faire partir la division Conseil-Dumesnil par voie ferrée et la division Liébert par voie de terre. Dans la soirée, le général F. Douay rendait compte au Major général de la situation de ses troupes et indiquait le 4 août comme date à laquelle il serait en mesure d'exécuter le mouvement. Il demandait avec instance l'envoi à Belfort des troupes du 7ᵉ corps qui se trouvaient encore à Lyon. Mais, à cette époque, la brigade de Civita-Vecchia, dont le rappel était décidé, n'avait pas encore commencé son embarquement à destination de Lyon, que l'Empereur ne voulait pas laisser sans garnison. La 3ᵉ division du 7ᵉ corps ne pouvait donc être dirigée sur Belfort et, d'autre part, on tenait à laisser des troupes dans la haute Alsace « pour empêcher
« l'ennemi de couper la voie ferrée entre Strasbourg et
« Altkirch (2) », peut-être aussi pour faire face aux rassemblements ennemis signalés dans la Forêt-Noire et vers Lœrrach. Le maréchal de Mac-Mahon appela donc la division Conseil-Dumesnil seule à Strasbourg et prescrivit l'envoi sur Colmar d'une brigade de la division Liébert.

Dès lors, le 1ᵉʳ corps pouvait, suivant le désir de l'Empereur, se rapprocher de la frontière Nord. Mais « les
« places de Lauterbourg, Wissembourg, Haguenau,

---

(1) *Souvenirs inédits du maréchal de Mac-Mahon*, 2 août.
(2) *Ibid.*, 1ᵉʳ août.

« avaient été depuis longtemps déclassées ; elles
« n'avaient pas d'artillerie et étaient ouvertes sur plu-
« sieurs points. Quant aux anciennes lignes de la Lauter,
« elles ne présentaient pas un obstacle sérieux. Elles
« touchaient au Nord à de vastes forêts qui permet-
« taient à l'ennemi de dérober ses mouvements et de
« tourner l'armée qui aurait cherché à les défendre.
« Celle-ci s'exposait, en les occupant, à être jetée dans
« le Rhin.

« Ne pouvant défendre directement la frontière entre
« Wissembourg et Lauterbourg, le Maréchal prit le parti
« de concentrer ses forces sur le versant Est des Vosges,
« de manière à conserver ses communications avec
« l'armée principale établie sur le revers opposé.

« Ces dispositions ne pouvaient nuire en rien au pro-
« jet que l'Empereur avait exposé au Maréchal avant son
« départ de Paris, projet qui consistait à porter la plus
« grande partie de l'armée française sur la rive droite
« du Rhin en franchissant le fleuve sur un point qui
« n'était pas encore exactement déterminé, mais qui
« devait être choisi entre Lauterbourg et Maxau. L'Em
« pereur ayant approuvé ce projet, le Maréchal donne
« des ordres pour son exécution..... (1). »

Ils peuvent se résumer ainsi :

1re *division*. — Aura son quartier général à Lembach,
« occupera en avant la forte position qui se trouve un peu
« en arrière de Nothweiler, se reliera par sa gauche, à
« Obersteinbach, avec la division Guyot de Lespart, du
« 5e corps, et aura sa droite à Climbach ». Départ de
Reichshoffen le 4 août.

2e *division*. — « Occupera Wissembourg, où se trou-
« vera l'état-major de la division, Weiler et les positions

---

(1) Notes sur les opérations du 1er corps de l'armée du Rhin et de l'armée de Châlons (dictées par le maréchal de Mac-Mahon à Wiesbaden en janvier 1871).

« environnantes, ainsi que le col du Pigeonnier, par
« lequel elle se reliera avec la 1ʳᵉ division. La 1ʳᵉ bri-
« gade de cavalerie, composée des 3ᵉ hussards et
« 11ᵉ chasseurs, s'établira le même jour au Geis-
« berg..... (1). » Départ de Haguenau le 4 août.

Le général Ducrot, investi du commandement des 1ʳᵉ et 2ᵉ divisions, devait indiquer aux divers corps de la division Douay leurs emplacements exacts et donner des instructions au général de Septeuil.

3ᵉ *division*. — Se portera à Reichshoffen, occupant Niederbronn et Wœrth, ayant des postes à Mattstall, à Jægerthal, un de ses régiments plaçant un bataillon à Soultz et deux à Seltz, avec le 2ᵉ lanciers. Départ de Strasbourg le 3 août.

4ᵉ *division*. — Occupera Haguenau avec le 6ᵉ lanciers. Départ de Strasbourg le 4 août.

---

(1) Ordre de mouvement du 1ᵉʳ corps, en date du 2 août, n° 4.

On peut se demander pourquoi le maréchal de Mac-Mahon, qui s'était opposé le 30 juillet à l'occupation de Wissembourg par de l'infanterie, s'y détermina le 2 août. Le général Ducrot en donne l'explication suivante :

« L'intendance n'était pas en mesure ; elle prétendait que l'évacua-
« tion de Wissembourg, contenant une manutention et de vastes maga-
« sins, lui avait enlevé une partie de ses moyens d'approvisionnements.
« Nous croyons devoir signaler ce fait, parce qu'il n'a pas été sans
« influence sur la réoccupation de cette mauvaise petite place frontière.
« Dans le principe, l'intention formelle du Maréchal était de porter
« toutes les forces du 1ᵉʳ corps sur les crêtes des Vosges..... Il ne
« pensait nullement à occuper Wissembourg. Mais l'intendance, se
« trouvant dans l'impossibilité d'organiser ses services administratifs,
« et par suite ne pouvant assurer les subsistances, nous dûmes faire
« observer au Maréchal les difficultés que nous rencontrerions pour
« faire vivre notre division sur le pays, si notre séjour à Reichshoffen
« se prolongeait. *Ces considérations déterminèrent le Maréchal à porter
« la 1ʳᵉ et la 2ᵉ divisions en avant et à occuper Wissembourg.* » (*Wissembourg*. Paris, Dentu, 1873.)

Même explication dans une note du général Ducrot. (*Vie militaire du général Ducrot*, tome II, page 347.)

Les 8ᵉ et 9ᵉ cuirassiers, sous les ordres directs du général Duhesme (1) doivent rester à Brumath.

Enfin, le quartier général du 1ᵉʳ corps, avec la réserve d'artillerie, seront le 5 à Haguenau.

Rendant compte de ces dispositions au Major général, le maréchal de Mac-Mahon demande « que les détache-
« ments de la division Guyot de Lespart, du 5ᵉ corps,
« établis à Neunhoffen, quittent ce point le 4 août », la liaison entre cette division et la division Ducrot devant se produire plus au Nord. Il propose de faire occuper Stürzelbronn par un régiment du 5ᵉ corps, « détachant
« un bataillon sur sa droite, sur les chemins qui
« conduisent de Fischbach et de Ludwigs-Winkel à
« Philippsbourg ; peut-être le point indiqué sur la carte
« sous le nom de Hutzelhof serait-il convenable ».

D'Altenstadt, droite de la division A. Douay, jusqu'à Obersteinbach, sur la route de Lembach à Bitche, gauche de la division Ducrot, il y a 20 kilomètres *à vol d'oiseau*. Les dispositions prises le 2 par le 1ᵉʳ corps consistaient donc à déployer le 4 sur un front aussi étendu deux de ses divisions, presque au contact de l'ennemi, sans qu'un service de sûreté et de reconnaissances bien entendu leur donnât le temps et l'espace de se concentrer pour recevoir éventuellement l'attaque. Ce cordon est prolongé jusqu'à Bitche par la division de Lespart, du 5ᵉ corps, sans qu'on puisse trouver d'autre explication à ces errements que le souci de barrer tous les chemins venant du Palatinat bavarois. La même préoccupation s'était déjà manifestée sur la frontière de Lorraine. De Seltz à Bouzonville, il y aura donc, le 4 août, une ligne ininterrompue de postes plus ou moins importants, dont la force variera d'un bataillon à une division.

---

(1) Commandant la division de cavalerie du 1ᵉʳ corps.

Mal orientées sur la situation générale, ignorantes des projets du commandement, ces unités seront amenées peu à peu à attribuer une importance excessive, parfois primordiale, à la position qu'elles occupent et aux débouchés qu'elles observent. Chacune d'elles aura la conviction de barrer une trouée particulièrement dangereuse. Dès lors elles seront rivées au terrain, pour ainsi dire, et c'est là peut-être qu'il faudra chercher l'explication de certains événements des 5 et 6 août 1870.

Le combat de Sarrebrück et les reconnaissances ou démonstrations exécutées par les 3e, 4e et 5e corps n'avaient donné aucun éclaircissement sur la situation des forces adverses, et les seules informations que possède le grand quartier général français, le 2 août, sont redevables au service des renseignements. « Presque
« toutes les troupes de Trèves, ainsi que la majorité de
« celles de Conz seraient parties dans les 24 heures pour
« aller défendre l'accès du bassin houiller de la Sarre...
« Une dépêche du 2 au matin annonce que Wittlich et
« Morbach sont complètement dégarnis (ce ne sont, en
« effet, que des points de passage) et signale beaucoup
« de forces entre Conz et Sarrelouis. » De Luxembourg on annonce « comme positive la nouvelle que la Prusse
« vient d'envoyer de Trèves ses meilleures troupes »,
commandées par le général Steinmetz, au secours de Sarrelouis, où « la Prusse veut à tout prix un succès
« pour soutenir le moral de son armée. Trèves serait
« maintenant dégarnie ».

« Toute la contrée est remplie de troupes », annonce un agent de Thionville en parlant de la région jalonnée par Trèves, la Sarre et Sarrelouis, et « tout semble confir-
« mer un courant de concentration très important vers
« la haute Sarre », dit de son côté le Bulletin de rensei-

gnements du 4ᵉ corps. La nouvelle de nombreux passages de troupes à Kreuznach se confirme ; un Français qui arrive de cette localité, y a vu trois régiments appartenant au IIIᵉ corps et l'on en attendait incessamment d'autres venant de Bingen. D'après les dires d'un espion, on attend à Deux-Ponts l'arrivée de l'état-major du IVᵉ corps, qui doit se réunir autour de cette ville. A Neunkirchen se trouveraient : le quartier général du VIIIᵉ corps, celui de la 16ᵉ division d'infanterie, trois batteries à cheval et deux compagnies de pionniers. « Le mot d'ordre, dit le Bulletin du 2ᵉ corps, est de « marcher sur la Sarre. » Les bruits d'une forte concentration à Duttweiler (80,000 à 100,000 hommes), parviennent encore à la division Laveaucoupet. Mais le Bulletin de renseignements de cette division fait observer très judicieusement que l'homme qui les a rapportés « a « été relâché par les autorités militaires prussiennes, a « pu être stylé par elles et donner sciemment de faux « renseignements (1) ». Il est possible, en effet, qu'il en ait été ainsi, pour prévenir une offensive des troupes françaises sur la rive droite de la Sarre.

D'après les informations parvenues au 1ᵉʳ corps, « la « frontière, dans les environs de Wissembourg, est très « peu garnie », mais il y a des postes nombreux dans la forêt de Bienwald et 700 à 800 hommes à 2 kilomètres de Lauterbourg. « Des masses ennemies sont concen- « trées » à Pirmasens, Landau (8 régiments), et entre Landau, Germersheim et Maxau. Le capitaine Rau, de l'état-major du corps d'armée, envoyé en reconnaissance le 31 juillet et le 1ᵉʳ août, apprend qu'une « grande

---

(1) On a déjà fait cette hypothèse pour les renseignements relatifs à Duttweiler, parvenus au grand quartier général les jours précédents. (Voir page 3, note 3.) Il en a été de même, sans doute, pour les nouvelles annonçant des concentrations de troupes à Lœrrach et derrière la Forêt-Noire.

« concentration de troupes aurait lieu à Bergzabern ; de
« Bergzabern à Pirmasens, il n'y aurait que très peu de
« monde ; de Pirmasens à Deux-Ponts, une autre grande
« concentration ».

Le préfet du Haut-Rhin informe le général commandant le 7ᵉ corps que, depuis six jours, des colonnes prussiennes, dont la force est évaluée à 20,000 hommes, remonteraient la rive droite du Rhin pour se masser vers Huningue. Mais, d'autre part, le capitaine des douanes de Saint-Louis, dont les hommes observent jour et nuit le cours du Rhin, affirme « qu'on n'a vu ni « entendu aucun mouvement de troupes sur la route « badoise ». A Bâle, on donnait comme certain, le 31 juillet, qu'il n'y avait aucune troupe dans le Sud du grand-duché de Bade. Il est possible que les Allemands aient fait répandre à dessein le bruit de rassemblements importants dans la Forêt-Noire, à la fois pour déterminer le grand quartier général français à maintenir des troupes en haute Alsace et pour prévenir toute incursion dans le pays de Bade.

Les conclusions que le commandement français pouvait déduire de cet ensemble de renseignements sont les mêmes que celles du 1ᵉʳ août (1). Toutefois il pouvait y ajouter certains espoirs politiques qui eussent dû l'inciter à une vigoureuse offensive pour triompher, par un coup d'éclat, des dernières hésitations de nos alliés possibles.

Au grand quartier général allemand, à Mayence, on ignora jusqu'au 3 août dans l'après-midi les événements de Sarrebrück (2), mais le général de Gœben, commandant le VIIIᵉ corps, et le commandant de la Iʳᵉ armée, en

---

(1) Voir page 28.
(2) Télégrammes du 3 août à midi, du maréchal de Moltke au

furent informés dans la soirée du 2 août. A cette date, les emplacements des troupes de la Ire armée sont :

Ire armée.. Quartier général : Trèves.

VIIe corps.
- 7e brigade de cavalerie. 8 kilomètres au sud de Trèves.
- 13e division............ Environs de Saarburg, avant-garde sur Trassem.
- 14e division............ Zerf et environs.
- Artillerie de corps...... Pellingen.

VIIIe corps.
- 3 escadrons de hussards et bataillon de chasseurs. Rehlingen et Dillingen.
- Gros de la 15e division.. Environs de Wadern.
- Gros de la 16e division.. Lebach.
- Avant-garde (gén{al} comte Gneisenau), 4 bataillons, 6 escadrons, 2 batteries............... Hilschbach et Guichenbach.

A la nouvelle du combat de Sarrebrück, que le général de Gœben, commandant le VIIIe corps, apprit à Wadern à 2 heures de l'après-midi, et au reçu du rapport du général de Gneisenau, transmis par le général de Barnekow, commandant la 16e division, le général de Gœben prescrivit immédiatement, pour le 3 août, « un mouve- « ment des troupes avancées sur Duttweiler, Sarrebrück « et Wölklingen, pour reprendre le contact prompte- « ment » (1). D'autre part, il se décidait à porter tout le VIIIe corps plus au Sud, la 16e division au nord d'Heusweiler, la 15e division et l'artillerie de corps aux environs de Lebach. Le général Steinmetz approuvait ces mesures et prescrivait au VIIe corps d'atteindre, le 3, Merzig et Harlingen (13e division), Broddorf (14e di-

---

commandant de la place de Sarrelouis et au général commandant le VIIIe corps :

« Que s'est-il passé hier à Sarrebrück ? Ici, nous n'avons que des « bruits vagues, mais point de rapport officiel ? »

(1) *Historique du grand État-Major prussien*, 2e livraison, page 14.

vision) et Losheim (artillerie de corps). Ces dispositions étaient contraires aux instructions du grand quartier général, portant que la Ire armée devait se rassembler le 3 août sur la ligne Wadern-Losheim, et le général Steinmetz dut certainement se rendre compte qu'elles auraient pour conséquence une rencontre avec l'armée française, qu'il supposait devoir franchir la Sarre le 3 août. Il savait également que la IIe armée ne pouvait se déployer sur la Sarre avant le 6 août.

Mais le maréchal de Moltke l'avait-il informé que, dans son esprit, la mission de la Ire armée, rassemblée sur la ligne Wadern-Losheim, consisterait à menacer le flanc gauche de l'armée française qui aurait franchi la Sarre à Sarreguemines, Sarrebrück et Wölkingen, et prendrait l'offensive contre la IIe armée ? « Si celle-ci « devait livrer bataille, non pas sur la Sarre, comme on « l'espérait, mais à plusieurs marches à l'Est », avait-on prescrit au général Steinmetz « de rester constamment « sur le flanc gauche de l'ennemi, tout en manœuvrant « pour se rapprocher du prince Frédéric-Charles » (1) ? Le colonel Cardinal von Widdern estime que cela est « plus que douteux ». Un entretien avait eu lieu à Berlin à ce sujet, entre le maréchal de Moltke et le chef d'état-major général de la Ire armée. Mais une simple conversation, une entente même, ne pouvaient suffire, surtout avec un commandant d'armée dont l'impétuosité était bien connue et dont l'esprit offensif, poussé à outrance, nécessitait des instructions précises. « Il appartenait au « maréchal de Moltke de les lui donner dès le 31 juillet, « date à laquelle il avait ordonné à la Ire armée de se « rassembler sur la ligne Wadern-Losheim, ou au plus « tard après l'exécution de ce rassemblement (2). »

---

(1) Cardinal von Widdern, *Die Führung der I und II Armee*, page 116.

(2) *Ibid.*, page 145.

L'intention du grand état-major allemand était-elle de donner les ordres au jour le jour, ainsi qu'il avait tenté de le faire en 1866 ? Méthode défectueuse, dont il reconnut bientôt les inconvénients et à laquelle il fallut renoncer (1). Ou bien, ce qui est admissible à la rigueur, ne voulait-il point communiquer encore au général Steinmetz le projet d'offensive au delà de la Sarre parce qu'il était subordonné aux événements ? Quoi qu'il en soit, le commandant de la Ire armée pouvait et devait être fixé sur le déploiement de la IIe armée et sur son rôle pendant cette période critique.

Manquant des « directives » indispensables, le général Steinmetz envisagea la situation à sa manière.

« A mon avis, écrit-il au maréchal de Moltke, il n'y
« avait aucun doute sur la mission éventuelle de la
« Ire armée, tant que la IIe armée n'aurait pas effectué
« son déploiement stratégique sur la Sarre. Elle ne
« pouvait être autre que de faciliter la marche en avant
« de la IIe armée, en détournant de celle-ci les forces
« adverses (2). Dès l'instant où cette marche n'était
« plus possible sans combat, il fallait attaquer vigou-
« reusement..... (3). »

Cette opinion du général Steinmetz semble d'ailleurs admissible, à condition de ne pas attaquer à fond, mais de prendre seulement le contact de l'armée française et de l'attirer, par une série de combats en retraite, dans la direction de Lebach—Wadern—Trèves, de façon à gagner trois ou quatre jours et à permettre aux colonnes de la IIe armée de déboucher sur le flanc droit de l'ennemi. La Ire armée eût ainsi rempli, à l'égard de la IIe armée,

---

(1) Von der Goltz. *La nation armée*, page 189.

(2) Une observation marginale du maréchal de Moltke porte ces mots : « La Ire armée aurait éprouvé une défaite. »

(3) *In* Cardinal von Widdern, *loc. cit.*, page 149. — *Les opérations de la Ire armée*, par von Schell, page 26.

le rôle de couverture indirecte, étant donné qu'il manquait à celle-ci une couverture directe suffisante. On ne peut donc qu'approuver, tout en faisant des réserves formelles sur l'exécution, l'initiative prise par le général Steinmetz dans la soirée du 2 août, de déroger aux instructions du grand quartier général et de pousser, le 3 août, ses têtes de colonne au delà de la ligne Wadern-Losheim. Ce mouvement répondait à une double nécessité : reconnaître l'ennemi et le manœuvrer dans l'attente de l'action ultérieure de la II⁰ armée. En réalité, si l'armée française avait franchi la Sarre le 2 août au soir ou même le 3 au matin, il est bien probable que le général Steinmetz ne se serait pas borné à livrer des combats en retraite, mais qu'il aurait pris une offensive énergique. Son caractère, son tempérament, son désir ardent de remporter les premiers succès, tout le poussait à une affaire décisive. Une bataille sérieuse se serait engagée, le 3, entre les VII⁰ et VIII⁰ corps et trois ou quatre corps français à trois divisions au moins, et, ainsi que le maréchal de Moltke le reconnaît lui-même, « la Ire armée aurait éprouvé une dé- « faite ».

Dans la journée du 2 août, les divers éléments de la II⁰ armée (quartier général Alzey) occupaient les emplacements ci-après :

5⁰ et 6⁰ divisions de cavalerie.......	sur la ligne; Tholey, Saint-Wendel, Schönenberg-Mühlbach.
III⁰ corps........	Meissenheim (5⁰ division s'étendant jusqu'à Offenbach.
IV⁰ corps........	entre Grünstadt et Kaiserslautern (où est la 8⁰ division).
IX⁰ corps........	à l'est de Kirchheimbolanden.
X⁰ corps........	Kreuznach.
Garde..........	Mannheim.
XII⁰ corps.......	Wörstadt.

Dans la soirée, le prince Frédéric-Charles recevait du grand quartier général (qui ignorait encore les événements de Sarrebrück) les instructions suivantes : « Dans le cas où l'ennemi aurait déjà poussé en avant, « par Sarrebrück et Sarreguemines, le IIIe corps con- « serverait sa position actuelle et le IVe corps ne dépas- « serait pas Kaiserslautern. Si, au contraire, le mouve- « ment de l'ennemi n'avait pas eu lieu, il pouvait être « donné suite au projet d'établir le IIIe corps à Baum- « holder le 3 août. Le gros du IVe corps viendrait alors « également jusqu'à Landstuhl ; mais le mouvement ne « continuerait au delà de la ligne Baumholder—Land- « stuhl qu'après que les autres corps d'armée auraient « serré à une demi-journée de marche » (1).

De ces instructions, on peut conclure que si, le 2 août ou le 3 au matin, l'armée française avait franchi la Sarre, ce mouvement aurait eu pour conséquence immédiate l'arrêt des têtes de colonnes de la IIe armée. Bien plus, quand le prince Frédéric-Charles apprendra l'affaire de Sarrebrück, il annoncera au grand quartier général que, « dans le cas où les nouvelles de l'offen- « sive de l'ennemi se confirmeraient, il avait l'intention « de réunir la IIe armée en deçà des montagnes » (2). Il informera même le prince royal, dans la matinée du 3 août, que, dans cette éventualité, « la IIe armée replie- « rait lentement toutes ses troupes déjà engagées dans « le Haardt et viendrait s'établir dans une position « choisie à Kirchheimbolanden » (3). Mais, dans la soirée du 2 août, le commandant de la IIe armée, qui ignorait encore l'affaire de Sarrebrück, prescrivit au IIIe corps de continuer, le 3, sa marche sur Baumholder, et au IVe de porter, le 4, le gros de ses forces sur

---

(1) *Historique du grand État-Major prussien*, page 158.
(2) *Ibid.*, page 159.
(3) *Ibid.*, page 171.

Landstuhl. « Ces deux corps devaient attendre, aux points ci-dessus, que la masse principale de l'armée se fût rapprochée (1). »

A la III⁰ armée, « afin de préparer le mouvement
« offensif sur l'Alsace, déjà indiqué antérieurement par
« par le grand quartier général, le commandant en chef
« avait envoyé aux différents corps, dans la matinée du
« 2 août (en réalité, à midi) (2), l'ordre de quitter aus-
« sitôt leurs cantonnements pour s'établir au bivouac
« dans une position plus resserrée ; son intention était
« d'attendre ainsi que les trains qui manquaient encore
« eussent rejoint, pour porter alors toute l'armée en
« avant. Les mouvements de troupes commençaient le
« jour même » (3).

Les divers éléments de la III⁰ armée devaient occuper les emplacements ci-après :

1°) Avant-garde principale. 4ᵉ division bavaroise (Bothmer)............ à Bergzabern.

2°) En 1ʳᵉ ligne.
- Vᵉ corps................ à Billigheim.
- XIᵉ corps............... à l'ouest de Rohrbach (42ᵉ brigade à Langenkandel).
- Corps Werder........... à Pfortz et Knielingen.

3°) En 2ᵉ ligne.
- II⁰ corps bavarois (moins la 4ᵉ division)......... à Walsheim.
- Iᵉʳ corps bavarois........ au sud de Lingenfeld et de Westheim.

La 4ᵉ division de cavalerie devait rester *cantonnée* entre les deux lignes avec son quartier général à Queichheim.

Ces mouvements ne reçurent leur complète exécution

---

(1) *Historique du grand Etat-Major prussien*, page 159.
(2) Von Hahnke. *Opérations de la III⁰ armée*, page 28.
(3) *Historique du grand Etat-Major prussien*, page 171.

que dans la matinée du 3 août, en raison de l'heure tardive à laquelle certains corps reçurent les ordres. Il semble d'ailleurs qu'il n'eût pas été absolument nécessaire de mettre toutes les troupes au bivouac, mais en cantonnements-bivouacs, qui leur eussent épargné certaines fatigues et des privations (1).

Vers le soir, le lieutenant-colonel de Verdy, envoyé de Mayence par le maréchal de Moltke, se présenta au commandant de la IIIe armée, à Spire, pour lui faire connaître que « l'avis du grand quartier général était « que l'armée de gauche se mit en marche sans plus « tarder » (2). Le prince royal prit alors la résolution de ne pas attendre l'arrivée des trains et de franchir la frontière dès le 4 août.

***

Dans la soirée du 2 août, l'armée du Rhin est répartie de la manière suivante :

1er corps................		Emplacements du 1er août.
2e corps..	Quartier général.....	Brème-d'Or.
	1re division.........	Champ de manœuvres de Sarrebrück.
	2e —	Maison de la Douane et hauteurs au sud de Sarrebrück.
	3e —	Spicheren, Saint-Arnual, hauteurs au sud de Sarrebrück.
	Division de cavalerie.	Forbach.
	Réserves d'artillerie et du génie	Brème-d'Or.
3e corps..	Quartier général.....	Saint-Avold.
	1re division.........	Morsbach.
	2e —	Saint-Avold et Rosbrück.
	3e —	Ham-sous-Varsberg.
	4e —	Boucheporn.

---

(1) Von Hahnke. *Opérations de la IIIe armée*, page 3.
(2) *Historique du grand État-Major prussien*, 2e livraison, page 171.

3ᵉ corps.. (Suite.)	Division de cavalerie.	Saint-Avold.
	Réserves d'artillerie et du génie	Saint-Avold.
4ᵉ corps.....................		Emplacements du 1ᵉʳ août.
5ᵉ corps.....................		Emplacements du 1ᵉʳ août.
6ᵉ corps..	....	Emplacements du 1ᵉʳ août.
	Division La Font de Villiers..........	En route de Soissons pour le camp de Châlons.
7ᵉ corps.....................		Emplacements du 1ᵉʳ août.
Garde et grand quartier général ..		Metz.
Réserve générale de cavalerie.	Division du Barail ...	A Lunéville (non encore formée).
	Division de Bonne-mains...........	En route de Lunéville pour Brumath où elle doit arriver le 5 août.
	Division Forton	A Pont-à-Mousson.
Réserve générale d'artillerie......		Nancy.
Parcs de corps d'armée		Sans modifications, sauf pour le parc de la Garde dont une 2ᵉ colonne arrive de Versailles à Metz par voie ferrée.
Parc de la réserve générale d'artillerie....................		Toulouse.
Grand parc d'artillerie de l'armée.		Sans modifications.
Équipages de ponts de réserve....		*Ibid.*

DOCUMENTS ANNEXES.

Journée du 2 août.

Nous avons publié jusqu'à présent tous les documents concernant les diverses journées, et on a pu se rendre compte ainsi que la mobilisation de l'armée française n'avait pas existé à proprement parler. Son organisation est loin d'être terminée le 2 août ; il y a encore dans tous les corps de nombreux déficits en hommes, chevaux, matériel, équipement, etc. Aucun des parcs de corps d'armée n'est prêt à marcher ; un seul équipage de pont, celui du 3ᵉ corps, est arrivé, mais sans attelages. La mise de l'armée sur le pied de guerre continuera donc dans les journées qui suivront.

Toutefois, à dater du 2 août, jour où s'ouvrent les opérations, nous ne publierons plus que les documents annexes concernant les opérations proprement dites ou les dispositions administratives qui en sont la conséquence directe.

Journée du 2 août.

QUARTIER GÉNÉRAL DE L'ARMÉE.

a) **Journal de marche.**

L'Empereur et le Prince impérial se rendent à Forbach.

Le 2ᵉ corps exécute, à 10 heures du matin, un mouvement offensif pour s'emparer des positions de la rive gauche de la Sarre qui dominent la ville de Sarrebrück.

La 2ᵉ division (Bataille) forme la première ligne sur les hauteurs de Spicheren ; la 3ᵉ division (Laveaucoupet) soutient sa droite (1) ; la 1ʳᵉ brigade (Letellier-Valazé) de la 1ʳᵉ division (Vergé) appuie sa gauche. Le

---

(1) La 2ᵉ brigade seulement.

4ᵉ chasseurs à cheval doit pousser une reconnaissance jusqu'à Gersweiler, pour relier les mouvements du 2ᵉ corps au 3ᵉ.

Les troupes quittent leurs bivouacs entre 9 heures et 10 heures du matin. La 2ᵉ brigade (Fauvart-Bastoul) de la 2ᵉ division marche sur le village de Saint-Arnual, occupé par de l'infanterie et de l'artillerie ennemies, et s'en empare (1). Elle s'établit ensuite sur le couronnement du mamelon de Saint-Arnual, qui fait face à Sarrebrück. Secondée alors par la 1ʳᵉ brigade de la même division, elle s'avance sur les hauteurs qui dominent le champ de manœuvres de Sarrebrück, refoule l'ennemi et éteint le feu de ses pièces en position sur la gauche de Sarrebrück. Une batterie de mitrailleuses achève de jeter le désordre dans les troupes ennemies.

L'Empereur et le Prince impérial arrivent au milieu des troupes, qui les acclament.

Les pertes du 2ᵉ corps, pour la journée du 2 août, s'élèvent à 6 tués, dont 2 officiers, et 67 blessés.

Le 4ᵉ corps, pendant cette journée, pousse des reconnaissances offensives en avant de ses positions et dans la direction de la vallée de la Sarre, pour se rendre compte des emplacements occupés par l'ennemi.

La 1ʳᵉ division (de Cissey) part de Bouzonville et pousse jusqu'aux environs d'Ittersdorf (2). La 2ᵉ division (Grenier) s'établit à Boulay et Coume (3). La 3ᵉ division (de Lorencez) occupe Teterchen et pousse des reconnaissances vers Tromborn, Hargarten et Merten, dans la direction de Sarrelouis.

Une autre reconnaissance va observer la position de Berus (4).

Ces troupes rentrent le soir à leurs bivouacs.

De son côté, le 2ᵉ corps se concentre en entier autour de Sarrebrück, avec son quartier général à la Brême-d'Or (5).

---

(1) Un seul bataillon de la brigade Fauvart-Bastoul, le 3ᵉ du 67ᵉ, marcha sur Saint-Arnual où il n'y avait pas d'artillerie ennemie.

(2) La reconnaissance fournie par la 1ʳᵉ division ne comprenait en réalité que deux compagnies du 20ᵉ bataillon de chasseurs, quatre bataillons des 1ᵉʳ et 6ᵉ de ligne et une batterie de 4 sous les ordres du général comte Brayer. Elle alla jusqu'à Schreckling.

(3) La 2ᵉ division était tout entière à Boulay depuis le 1ᵉʳ août et prit position le 2 août à 2 kilomètres en avant de Coume, puis entre Hargarten et Dalem.

(4) Cette reconnaissance comprenait deux bataillons du 15ᵉ de ligne que le général de Lorencez avait dirigés lui-même de Berweiller sur un plateau dominant Berus.

(5) On remarquera qu'il n'est fait mention ni du 3ᵉ, ni du 5ᵉ corps.

La 2ᵉ division de la réserve de cavalerie part de Lunéville pour Brumath (1).

La 3ᵉ division (Lafont de Villiers) du 6ᵉ corps, formée à Soissons, part pour Châlons.

c) Opérations et mouvements.

Le Major général au général Crespin, commandant la 5ᵉ division militaire, à Metz.

Metz, 2 août.

Les besoins de l'armée exigent que la garnison de Phalsbourg soit momentanément réduite à un seul bataillon, le 4ᵉ bataillon du 96ᵉ de ligne, dont l'effectif va être très prochainement porté à 600 hommes.

Je vous invite à donner des ordres pour que le 84ᵉ de ligne, qui appartient au corps du général de Failly, parte immédiatement de Phalsbourg pour rejoindre sa division à Sarreguemines. Vous prescrirez, en même temps, au 4ᵉ bataillon du 63ᵉ de se rendre d'Épinal à Phalsbourg.

Lorsque ce 4ᵉ bataillon du 63ᵉ sera arrivé à sa destination, le 4ᵉ bataillon du 96ᵉ quittera Phalsbourg et rentrera à Strasbourg, à la disposition de M. le Maréchal commandant le 1ᵉʳ corps. Vous voudrez bien, lorsque ce dernier mouvement aura lieu, en donner avis à M. le général commandant la 6ᵉ division militaire (2).

d) Situation.

ÉTAT-MAJOR GÉNÉRAL.

Situation sommaire d'effectif de l'armée du Rhin au 2 août.

	Hommes.	Chevaux.
1ᵉʳ corps................	43,794	7,892
2ᵉ —	28,251	5,146
A reporter......	72,045	13,038

---

(1) En deux colonnes : 1ʳᵉ brigade et une batterie de 4 par Vic, Fenestrange et Phalsbourg ; 2ᵉ brigade et la batterie de mitrailleuses par Sarrebourg et Saverne.

Les deux colonnes devaient se trouver réunies le 5 août à Brumath.

(2) Le 1ᵉʳ bataillon de garde mobile de la Meurthe s'organise à Phalsbourg, et le Ministre a prescrit d'y envoyer une batterie du 9ᵉ d'artillerie. Le Major général informe le maréchal de Mac-Mahon de ces dispositions.

	Report.........	72,045	13,38
3ᵉ	—	39,153 (1)	7,913 (1)
4ᵉ	—	28,984	5,600
5ᵉ	—	26,543	5,627
6ᵉ	—	38,219	5,843
7ᵉ	—	23,416	5,268
	Garde impériale............	22,420	8,026
	Réserve de cavalerie........	5,427	4,492 (2)
	Réserve d'artillerie.........	1,054	1,228 (2)
	Réserve du génie...........	235	58 (2)
	Totaux.....	257,496	53,093

Journée du 2 août.

1ᵉʳ CORPS.

a) Journaux de marche.

Souvenirs inédits du maréchal de Mac-Mahon.

2 août.

Le 2 août, je lui (au général F. Douay, à Belfort) envoyai une nouvelle dépêche, l'informant que l'Empereur insistait sur l'importance de faire occuper Strasbourg par une des divisions de son corps d'armée.

Par suite, je lui prescrivis de diriger la division Conseil-Dumesnil et une brigade de la division Liebert sur Strasbourg par les voies ferrées ; l'autre brigade de cette division devait s'établir à Colmar.

Il devait en même temps me faire connaître le jour de l'arrivée des troupes dans ces deux places.

Le général Douay me répondit que le 7ᵉ corps était loin d'avoir

---

(1) La situation d'effectif du 3ᵉ corps, à la date du 2 août, manque. Les chiffres ci-dessus sont extraits du *Procès Bazaine*. Pièce annexe n° 1.

(2) Chiffre extrait du *Procès Bazaine*.

terminé son organisation. L'intendance n'avait encore reçu ni un soldat du train, ni un ouvrier d'administration.

Le 2 août, la division Abel Douay reçut l'ordre d'aller occuper Wissembourg. Elle devait coucher le 3 à Soultz et arriver le 4, de bonne heure, à Wissembourg. La 3ᵉ division (Raoult), étant au complet, reçut l'ordre de se porter le 3 à Haguenau, le 4 à Reichshoffen. La 4ᵉ division (de Lartigue) quittera Strasbourg le 4 et se portera à Haguenau.

Historique de la 2ᵉ division.

2 août.

Le 2 août, la 2ᵉ division reçut l'ordre de se tenir prête à partir le lendemain (1) pour Wissembourg. Elle devait faire à Soultz une grande halte, pendant laquelle elle recevrait des vivres et des pièces d'armes de rechange dont les corps étaient absolument dépourvus, malgré les demandes réitérées qui avaient été adressées à Strasbourg.

BRIGADE DE MONTMARIE.

Le colonel Ardouin (2) au général de Montmarie.

Seltz, 2 août.

Les communications par le télégraphe étant interrompues, je n'ai pu vous annoncer, comme vous me l'aviez prescrit, mon arrivée à Seltz, j'ai, en conséquence, l'honneur de vous le faire savoir par la poste : mon bataillon est entré à Seltz à 8 h. 1/2 du matin et a pris position en avant du village, à l'entrée du bois et tout près de l'emplacement occupé par le bataillon de chasseurs à pied (3) ; l'escadron du 11ᵉ chasseurs à cheval se trouve établi un peu à gauche, en sorte que nous entourons toute la partie du village qui regarde la frontière. La grand-garde et les petits postes du dernier corps se relèvent entre eux et des vedettes de cavalerie sont placées à une distance suffisante pour voir au loin et prévenir à temps des mouvements que tenterait l'ennemi de notre côté.

On me prévient à l'instant même que quelques maraudeurs ennemis paraissent dans un village voisin ; je fais préparer mes hommes à l'instant même et nous partirons si le besoin s'en fait sentir.

---

(1) L'ordre de mouvement (p. 204) fixe le départ de la 2ᵉ division au 4 août.
(2) Du 50ᵉ de ligne.
(3) 16ᵉ bataillon de chasseurs (2ᵉ division du 1ᵉʳ corps).

c) Opérations et mouvements.

Le maréchal de Mac-Mahon au général Douay, à Haguenau.

Strasbourg, 2 août.

ORDRE DE MOUVEMENT.

La 2ᵉ division d'infanterie quittera Haguenau le 4 au matin, pour aller, par étapes, établir son quartier général à Wissembourg.

Les corps s'établiront à Altenstadt, Wissembourg et ses environs, Weiler et le col du Pigeonnier.

Le général Ducrot, en raison de son ancienneté, aura la 2ᵉ division sous ses ordres, en ce qui concerne les positions à occuper et les opérations de guerre.

En conséquence, le général Douay enverra un officier de son état-major à Reichshoffen prendre les instructions du général Ducrot.

Le 11ᵉ régiment de chasseurs, qui est affecté à la 2ᵉ division, occupera, le 4, la position du Geisberg, près Wissembourg.

Le maréchal de Mac-Mahon à l'Empereur (D. T.).

Strasbourg, 2 août, 4 h. 5 soir.

Je viens de donner l'ordre au général F. Douay de faire partir immédiatement pour Strasbourg, par la voie ferrée, la division Conseil, et pour Colmar une brigade de la division Liébert.

Le 4, la division A. Douay occupera Wissembourg et Climbach, la division Ducrot, Lembach, ayant des détachements près de Nothweiler et Obersteinbach. La division Raoult occupera Reichshoffen, Niederbronn, Soultz et Seltz; enfin, la division Lartigue occupera Haguenau.

Le 5, trois régiments de cavalerie formeront les avant-postes, de Seltz à Wissembourg (1), le quartier général du corps étant, le 4, à Haguenau, ne laissant en arrière que le général Duhesme, avec les 8ᵉ et 9ᵉ cuirassiers, à Brumath.

Le maréchal de Mac-Mahon au Major général.

Strasbourg, 2 août.

Le général Douay, commandant le 7ᵉ corps, vient de me faire connaître que les divisions Conseil-Dumesnil et Liébert, ayant reçu une

---

(1) 11ᵉ chasseurs, 3ᵉ hussards, 2ᵉ lanciers.

grande partie de leurs effets de campement, pouvaient être dirigées sur Strasbourg. Je lui ai donné l'ordre de faire porter immédiatement sur cette place, par les voies ferrées, la division Conseil-Dumesnil. Il devra, aussitôt après, diriger sur Colmar une brigade de la division Liébert.

Par suite de ce mouvement, la 1re division (division Ducrot) du 1er corps ira établir, le 4, son quartier général à Lembach. Elle occupera, en avant, la forte position qui se trouve un peu en arrière de Nothweiler, se reliera, par sa gauche, à Obersteinbach, avec la division Guyot de Lespart, du 5e corps, et aura sa droite à Climbach.

Le même jour, 4, la 2e division (Douay) ira s'établir à Wissembourg. Elle occupera, sur sa droite, Altenstadt pour couvrir le chemin de fer, et aura sa gauche à Weiler et le Pigeonnier, d'où elle se reliera à la division Ducrot.

La 3e division (Raoult) ira s'établir, le même jour, à Reichshoffen; elle occupera Niederbronn, Wœrth, ayant des postes à Mattstall, à Jægerthal; enfin, un de ses régiments aura un bataillon à Soultz et deux bataillons à Seltz.

La 4e division (de Lartigue) sera établie, le même jour, à Haguenau.

La brigade de cavalerie légère de Septeuil, qui fournit quelques détachements aux 1re et 2e divisions, établira son quartier général sur le Geisberg, un peu en arrière de Wissembourg.

Le général de Nansouty, ayant sous ses ordres le 2e lanciers et les deux bataillons de la 3e division détachés à Seltz, s'établira sur ce point.

Le 6e lanciers sera établi à Haguenau, avec la 4e division.

Enfin, les 8e et le 9e cuirassiers, sous les ordres directs du général Duhesme, resteront à Brumath.

Les batteries d'artillerie attachées aux divisions suivront naturellement leurs divisions, et la réserve d'artillerie sera établie, le 5, avec le quartier général, à Haguenau.

Je me rendrai, de ma personne, dans cette ville, le 4 au soir.

P.-S. — D'après ces nouvelles dispositions, je vous prie de donner les ordres nécessaires pour que les détachements de la division Guyot de Lespart, établis aujourd'hui à Neunhoffen, quittent ce point le 4.

Selon moi, les postes destinés à relier le 1er corps à Bitche sont trop faibles pour résister à une démonstration sérieuse qui aurait pour but de venir couper le chemin de fer qui relie Haguenau à Bitche. Je crois qu'il devrait y avoir un régiment entier à Stürzelbronn, détachant un bataillon sur sa droite, sur les chemins qui conduisent de Fischbach et de Ludwigs-Winkel à Philippsbourg. Peut-être le point indiqué sur la carte sous le nom de Hutzelhof serait-il convenable.

Quoi qu'il en soit, je vous prie de me faire connaître le point où les troupes de la division Guyot de Lespart se rejoindront à la gauche de la division Ducrot, établie à Obersteinbach.

En marge, de la main du Major général : « J'écris à Mac-Mahon de donner ses instructions au général Guyot de Lespart, et à de Failly de s'y conformer. »

Ordre de mouvement du maréchal de Mac-Mahon, commandant le 1er corps, pour la journée du 4 août.

Strasbourg, 2 août (1).

La 1re division quittera ses positions le 4 au matin, pour aller s'établir à Lembach où se trouvera l'état-major de la division; elle aura un régiment à Nothweiler, un bataillon à Obersteinbach et un régiment à Climbach. Il y aura à Lembach une brigade, le bataillon de chasseurs, l'artillerie et le génie.

Le général Ducrot donnera les ordres de détail pour les emplacements des troupes de toutes armes.

Il aura sous ses ordres la 2e division d'infanterie, qui aura sa droite à Altenstadt et occupera Wissembourg où se trouvera l'état-major de la division, Weiler et les positions environnantes, ainsi que le col du Pigeonnier, par lequel elle se reliera avec la 1re division.

La 1re brigade de cavalerie, composée du 3e hussards et du 11e chasseurs, s'établira le même jour au Geisberg, de façon à se relier avec la 2e division d'infanterie et à l'éclairer sur sa droite jusqu'à Schleithal.

Le général de Septeuil recevra les instructions du général Ducrot sur l'emplacement que chaque corps doit occuper et sur le rôle qu'il devra jouer.

Le général Ducrot, connaissant le terrain de Wissembourg et des environs, se chargera d'indiquer les emplacements à assigner aux divers corps de la division Douay.

---

(1) Extrait de la brochure : *Wissembourg. — Réponse du général Ducrot à l'état-major allemand.* Paris, Dentu, 1873.

d) Situation et emplacements.

CORPS.	OFFICIERS.	TROUPE.	TOTAUX.	CHEVAUX.	EMPLACEMENTS.
État-major général........	20	50	70	65	Strasbourg.
Division Ducrot..........	331	10,342	10,673	584	Reichshoffen.
Division Douay..........	348	8,364	8,712	676	Haguenau.
Division Raoult...........	311	8,208	8,519	641	Strasbourg.
Division de Lartigue......	293	8,142	8,435	673	Id.
Division de cavalerie (Duhesme)...............	267	3,465	3,732	2,846	Id.
Réserve et parc d'artillerie.	54	1,651	1,705	1,821	Id.
Réserve du génie.........	6	161	167	40	Id.
Direction des ponts........	5	152	157	6	Id.
Services administratifs du quartier général........	124	482	606	529	Id.
Gendarmerie.............	1	17	18	14	Id.
Totaux......	1,760	41,034	43,794	7,892	

Journée du 2 août.

2ᵉ CORPS.

a) Journaux de marche.

Journal de marche de la 1ʳᵉ division.

A 6 heures du matin, une reconnaissance, composée du 3ᵉ bataillon de chasseurs, du 1ᵉʳ bataillon du 77ᵉ (commandant Mizerin) et d'un escadron du 4ᵉ chasseurs à cheval, commandé par M. le colonel du Ferron, se met en route, sous les ordres de cet officier supérieur, dans la direction de Gersweiler. La colonne traverse la forêt de Stiring et prend position à Schœneck. Elle n'aperçoit, dans la campagne, que quelques cavaliers prussiens qui s'enfuient à son approche.

Vers 11 heures, la colonne se remet en marche et arrive à midi et demi sur les hauteurs qui dominent la Sarre, à l'ouest de Sarrebrück. Les compagnies, déployées en tirailleurs, échangent des coups de fusil avec les troupes prussiennes qui sont sur la rive droite de la Sarre. Celles qui, en particulier, occupent les terrasses de Gersweiler, font beaucoup de mal aux tirailleurs ennemis. Le bataillon du 77e, qui s'est étendu vers la droite, à travers la forêt communale de Sarrebrück, engage un feu assez vif pendant lequel un capitaine, M. Izet, est blessé mortellement. Un sergent du 3e bataillon de chasseurs et quatre soldats du 77e sont également blessés.

Le reste de la 1re brigade, c'est-à-dire le 32e et le 55e, qui, dès 9 heures du matin, ont reçu l'ordre de se porter sur Stiring et d'appuyer le mouvement de la division Bataille, s'avancent en colonne par bataillon.....

L'attaque de Sarrebrück, commencée à 10 heures, réussit complètement. A 2 heures, la ville est abandonnée par les Prussiens et la position tout entière est occupée par les troupes françaises.

L'Empereur et le Prince impérial assistent à cette victoire.

Vers 4 heures, les troupes de la 1re division retournent à leur campement de Forbach pour y chercher leurs tentes et leurs bagages.

Pendant ce temps, la 2e brigade, qui a reçu l'ordre de se porter sur Sarrebrück, va s'établir en arrière des hauteurs qui dominent cette ville, derrière la 2e division.

La 1re brigade revient, avec ses bagages et son campement, dans la soirée.

Le 3e bataillon de chasseurs et le 32e sont retenus en route, à la Brême-d'Or, groupe de maisons où est venu s'établir le grand quartier général du 2e corps, et placés dans une situation défensive, face à l'Est.

Le 55e continue son mouvement et se rallie à la division, en arrière des hauteurs occupées par la 2e division.

Journal de marche de la 2e division.

La division prend les armes à 9 heures du matin.

COMBAT DE SARREBRÜCK.

La brigade Bastoul descend de Spicheren, enlève le plateau de Saint-Arnual et vient couronner les hauteurs en face de Sarrebrück.

La brigade Pouget marche directement de Forbach sur Sarrebrück et établit son bivouac sur le terrain enlevé à l'ennemi.

Les batteries d'artillerie et la batterie de canons (à balles), ainsi que le 5° chasseurs, prennent part à ce combat (les batteries de réserve y prennent part également) (1).

L'Empereur et le Prince impérial arrivent sur le champ de manœuvre pendant que l'artillerie continue le feu sur la gare du chemin de fer et sur les troupes qui se retirent.

La compagnie du génie élève des retranchements rapides sur le couronnement des crêtes, pour appuyer la position.

Le 4° chasseurs rallie le soir, ayant fait une reconnaissance sur Gersweiler, avec des troupes de la 1ʳᵉ division d'infanterie (2).

Ordre de la division.

Forbach, 2 août.

Vu l'état de santé de M. le général Pouget, commandant la 1ʳᵉ brigade, le commandement de cette brigade sera exercé provisoirement par M. le colonel du 8° de ligne.

GÉNIE (DIVISION BATAILLE).

12° compagnie du 3° régiment.

Journal de marche.

2 août.

La compagnie quitte Forbach à 9 heures du matin et se dirige sur la route de Sarrebrück, pour prendre part au combat livré aux Prussiens.

A 5 kilomètres de Forbach, elle reçoit l'ordre d'appuyer une batterie d'artillerie qu'elle ne quitte que sur les crêtes qui couronnent Sarrebrück. La compagnie est immédiatement employée à la construction d'une tranchée-abri, à droite de la route de Sarrebrück. Elle est aidée, pour ces travaux, par 500 hommes d'infanterie; elle reste, pour les terminer, jusqu'à la nuit.

Elle campe à environ 100 mètres en arrière de ces tranchées.

Journal de marche de la 3ᵉ division.

MOUVEMENT OFFENSIF DU 2ᵉ CORPS D'ARMÉE SUR SARREBRÜCK.

La division Bataille doit marcher en première ligne, la 2° brigade de

---

(1) Les deux batteries de 12.
(2) Un escadron seulement.

cette division (brigade Bastoul) tenant la droite, la 1re brigade formant la gauche.

La 3e division appuie le mouvement. A cet effet, la brigade Micheler, avec la 8e batterie du 15e régiment d'artillerie, la compagnie de sapeurs du génie et un peloton du 7e de dragons quitte son bivouac d'Œting à 8 heures du matin. Cette colonne prend la route de la forêt reconnue et réparée la veille, arrive à Spicheren à 9 heures, et, conformément aux ordres du général en chef, met à la disposition du général Bastoul, un bataillon du 40e de ligne (commandant Hermieu) et la compagnie de sapeurs du génie.

Le général Micheler, de sa personne, avec le reste de sa brigade, suit le mouvement de la brigade Bastoul.

La brigade Doens, qui s'était concentrée à Behren, avec une section de la 7e batterie du 15e d'artillerie, la batterie de canons à balles et la cavalerie divisionnaire, se met en route à 9 h. 1/4 pour Spicheren, par la deuxième route reconnue et réparée la veille. Elle arrivait sur ce point au moment où l'arrière-garde du général Micheler le quittait pour se porter en avant.

Les camps d'Œting, Behren et Bousbach restent occupés ; les gros bagages et le convoi ne font pas mouvement et restent à la garde d'une compagnie par bataillon, en tout six compagnies, à Œting, sous les ordres du lieutenant-colonel Rode, trois compagnies à Behren, sous les ordres du capitaine le plus ancien du 2e de ligne.

A Bousbach, le lieutenant-colonel Griset, chargé du commandement supérieur des trois camps, a sous ses ordres le 2e bataillon du 63e, les deux compagnies des 1er et 3e bataillons de ce régiment et deux sections de la 7e batterie du 15e d'artillerie.

Le général de division, avec son état-major, marche avec la colonne Doens, jusqu'au village d'Etzling. De ce point, conformément aux ordres du général en chef, il dirige le commandant Schenck, avec le 10e bataillon de chasseurs à pied, une compagnie du 24e, un peloton du 7e de dragons, six mulets de cacolets, sur le village de Saint-Arnual. Cette petite colonne avait pour mission de fouiller la vallée du Moulin de Simbach, pour empêcher un mouvement de l'ennemi sur notre droite, d'arriver à la route de Sarreguemines à Sarrebrück et de tâcher, en suivant cette route, d'arriver en arrière du village de Saint-Arnual, que le 67e de ligne, un bataillon du 40e et la compagnie du génie avaient été chargés d'attaquer en débouchant de la forêt.

Le village avait été enlevé lestement, malgré les feux de deux pièces et d'une ligne de mousqueterie établie sur la rive droite de la Sarre, et fortement occupé par le bataillon du 40e et la compagnie du génie qui l'avaient barricadé et crénelé.

Le commandant Schenck arriva assez facilement au village d'Alsting et au Moulin de Simbach. Le peloton de dragons envoyé en avant, sur la route, jusqu'à hauteur du village de Guidingen, fut accueilli par une vive fusillade partie des remblais du chemin de fer.

Le commandant Schenck, voyant la rive droite de la Sarre fortement occupée, prit position au Moulin de Simbach. Pendant trois heures, il lutta habilement, par ses tirailleurs bien disposés et bien dirigés, contre l'infanterie ennemie, et, voyant, à 2 heures, la mousqueterie et le canon de Brebach cesser leur feu, il s'achemina vers la route de Saint-Arnual.

Arrivé à hauteur de Brebach, il fut accueilli de nouveau par une vive fusillade, et, renonçant sagement à suivre la route à découvert sous le feu de la mousqueterie et de l'artillerie ennemies, il se jeta à gauche dans le bois, gagna Saint-Arnual et prit position à la lisière du bois, se reliant avec le bataillon du 40ᵉ de ligne qui avait occupé le village. Il était 5 h. 1/2 du soir.

Cependant, sur la gauche, les hauteurs de Sarrebrück avaient été vigoureusement enlevées par la division Bataille. Le général Micheler, avec le 24ᵉ et une section de la 8ᵉ batterie du 15ᵉ d'artillerie, s'était porté en deuxième ligne sur la croupe qui domine le faubourg Saint-Jean, et avait éteint le feu de la batterie prussienne de Brebach.

En même temps, dans le mouvement en avant de la brigade Bastoul, un vide s'était produit dans la première ligne; le colonel Vittot, du 40ᵉ, avec un bataillon de son régiment et trois sections du 15ᵉ d'artillerie, sous les ordres du commandant Bedoin, fut envoyé rapidement en avant.

Le commandant Bedoin, malgré la raideur de la pente, descendit, avec ses six pièces, les hauteurs de Spicheren, et, se portant au trot vers Sarrebrück, vint s'établir en première ligne. Il dirigea une vive canonnade sur les groupes ennemis qui sortaient de la place et gagnaient la rive droite de la Sarre.

Vers 3 heures, tout était fini de ce côté, l'ennemi complètement repoussé, et la division prenait les positions suivantes :

La compagnie du génie, rappelée de Saint-Arnual, traçait une tranchée-abri sur la hauteur de Sarrebrück; le 24ᵉ de ligne, un bataillon du 40ᵉ, la 8ᵉ batterie du 15ᵉ et la section de la 7ᵉ conservaient leurs positions sur les hauteurs, à côté des troupes de la division Bataille; deux bataillons du 40ᵉ de ligne et le 10ᵉ bataillon de chasseurs à pied gagnaient Saint-Arnual.

Le général Doens, avec le 63ᵉ de ligne, campe sur l'éperon de Spicheren; la batterie de canons à balles, avec le 2ᵉ de ligne, au pied de l'éperon, dans la vallée.

Les éclaireurs occupent les jardins de Sarrebrück.

Le quartier général est établi dans une maison à moitié détruite, sur la hauteur de Sarrebrück, près de la section d'ambulance.

Les pertes de la division sont peu considérables.

Les troupes sont satisfaites de cette démonstration, où elles rencontrent l'ennemi pour la première fois.

L'Empereur et le Prince impérial avaient suivi le mouvement vers la gauche ; leur présence avait produit sur les soldats la meilleure impression.

Le quartier général du corps d'armée est établi à la Brême-d'Or, sur la route de Forbach à Sarrebrück.

ARTILLERIE (DIVISION DE LAVEAUCOUPET).

Journal de marche.

2 août.

7º *batterie*. — Le 2 août, la 1ʳᵉ section (lieutenant de France), avec l'affût de rechange, s'est dirigée, avec la plus grande partie de la division, vers Sarrebrück. On a enlevé les hauteurs qui se trouvent en avant de cette ville. Cette section n'a pas pris une part active au combat de Sarrebrück. Elle a bivouaqué dans le vallon situé entre les hauteurs de Sarrebrück et celles de Spicheren.

8ᵉ *batterie*. — Partie à 8 heures du matin, attachée au 24ᵉ de ligne de la brigade Micheler, la 1ʳᵉ section (lieutenant Méert) à l'avant-garde. Combat devant Sarrebrück. La 1ʳᵉ section sur la hauteur de Saint-Arnual, les deux autres sections sur la hauteur qui domine Sarrebrück.

Le lieutenant Méert, qui tire sur des pièces prussiennes, en éteint le feu. La batterie tire sur une batterie prussienne, puis sur un bataillon sur lequel portent deux de ses coups.

A la descente de Spicheren, descente extrêmement difficile, les flèches de la forge et d'un caisson de réserve se brisent, trois chaînes d'enrayage se cassent.

11ᵉ *batterie*. — Levée du camp de Bousbach vers 8 heures du matin. A 9 heures, la batterie a pris position sur les hauteurs qui commandent le village d'Etzling. Elle y est restée environ deux heures. A midi, on a exécuté un mouvement vers la droite ; l'on s'est rapproché de la frontière prussienne ; nouvelle halte. A 2 h. 1/2, la batterie, accompagnée de deux bataillons du 63ᵉ régiment de ligne, s'est de nouveau mise en mouvement et elle est allée se placer en batterie sur un plateau dominant Sarrebrück et une partie des terrains environnants.

A 7 heures du soir, la batterie est descendue au pied du plateau (côté sud-est), où elle a séance tenante établi son bivouac.

Rapport du Lieutenant-commandant.

3 août.

15ᵉ *régiment d'artillerie monté.* 8ᵉ *batterie. Section de droite.*

Le 2 août, vers 11 h. 1/2, j'ai reçu l'ordre de contre-battre deux ou trois pièces prussiennes qui tiraient sur nos troupes.

Nous leur avons envoyé quelques coups qui les ont forcées à rentrer dans le bois. Les Prussiens ont reparu, environ une demi-heure après, mais immédiatement nous avons recommencé notre feu, et ils se sont retirés précipitamment. Ils n'ont plus reparu.

Nous avons ensuite envoyé quelques obus sur un enclos à murs crénelés qui abritaient des tirailleurs prussiens, et dans le bois en arrière, où nous voyions les groupes de leurs réserves. Les tirailleurs ont cessé leur feu après quatre ou cinq coups, et ne sont plus revenus.

GÉNIE (DIVISION DE LAVEAUCOUPET).

Journal de marche.

2 août.

La compagnie divisionnaire du génie (13ᵉ compagnie du 3ᵉ régiment) se met en marche le 2 août pour aller concourir, avec deux bataillons d'infanterie, à la prise de vive force et à l'occupation du village de Saint-Arnual, situé sur la Sarre, à 3 kilomètres environ, en amont de Sarrebrück.

Les hommes, déployés en tirailleurs, s'approchèrent du village et, massés ensuite, y sont entrés avec un bataillon du 40ᵉ, sous le feu de deux pièces d'artillerie et de la mousqueterie placées derrière une ligne de chemin de fer en remblai, à 500 mètres du village.

Pendant deux heures que la compagnie est restée à Saint-Arnual après la prise, concurremment avec le bataillon du 40ᵉ, elle a fait des barricades, des créneaux, pour la défense du village, et établi des communications extérieures pour rendre facile la surveillance des postes avancés. Rappelée sur les hauteurs de Sarrebrück, elle s'y est rendue et a concouru, jusqu'à la nuit, à la construction d'un retranchement expéditif fait par une grande partie des troupes du 2ᵉ corps.

Journal de marche de la division de cavalerie.

Mêmes reconnaissances à partir du départ de la division de Montaudon et même service que la veille dans la matinée.

Tout ce qui restait de la division de cavalerie à Merlebach quitte ce point, à 4 heures du soir, et va s'établir à Forbach.

Le 12ᵉ dragons occupe l'emplacement abandonné par les 4ᵉ et 5ᵉ chasseurs, en dehors de la ville, à gauche de la route d'Etzling.

L'état-major de la division et le 12ᵉ dragons ont participé ainsi à un mouvement en avant de tout le 2ᵉ corps. Un petit dépôt pour chacun des corps de la division est installé à Forbach. Ils sont destinés à recevoir les hommes et les chevaux malades, et à servir d'intermédiaires entre les dépôts et les escadrons de guerre. Ils sont sous le commandement de M. Suzan, sous-lieutenant au 4ᵉ chasseurs.

Le 7ᵉ régiment de dragons prend part à l'attaque de Sarrebrück, un cheval est tué.

Un escadron du 4ᵉ chasseurs prend part à une reconnaissance forte d'un bataillon du 77ᵉ et du 3ᵉ bataillon de chasseurs qui, sous les ordres du colonel du Ferron, occupe, pendant toute l'attaque de Sarrebrück, la position de Gersweiler. Un feu de tirailleurs assez soutenu y dure près de trois heures. Un cheval de chasseurs a été tué.

Cet escadron est rentré à Forbach à 3 heures pour en repartir à 6.

Rapport journalier du 2 au 3 août. — Extrait.

Événements. — Dans les opérations qui ont eu lieu hier, 2 août, le 4ᵉ régiment de chasseurs a suivi le mouvement de la 2ᵉ division d'infanterie. Le colonel du régiment, ayant sous ses ordres le 6ᵉ escadron et deux bataillons d'infanterie, a été chargé, en outre, d'une mission particulière, dans laquelle un cheval a été tué.

Un escadron du 5ᵉ chasseurs a été mis, à 8 heures, à la disposition de M. le général commandant la 1ʳᵉ division d'infanterie (1). A 9 h. 1/2, les quatre autres escadrons (2), placés sous les ordres de M. le général Bataille, se sont portés sur la route de Sarrebrück ; un escadron s'est déployé en tirailleurs en avant des bataillons d'infanterie et s'est retiré en arrière, lorsque les tirailleurs de l'infanterie ont occupé les hauteurs. Vers 4 heures du soir, le régiment a campé dans le vallon qui se trouve en bas du terrain de manœuvres, à gauche de la route.

L'escadron détaché à la division Vergé est rentré au bivouac à 5 heures, sauf le peloton de M. le lieutenant Despierres qui, ayant amené des prisonniers à Forbach, n'est rentré qu'à 7 h. 1/2 (3).

7ᵉ *dragons.* — Un cheval tué à l'ennemi.

---

(1) Il y a là une erreur. Le 1ᵉʳ escadron du 5ᵉ chasseurs partit à 8 heures pour se rendre à Spicheren, où il se mit, à 9 heures, à la disposition du général Fauvart-Bastoul, commandant la 2ᵉ brigade de la 2ᵉ division. (*Historique du 5ᵉ chasseurs.*)

(2) Le 5ᵉ chasseurs comptait cinq escadrons.

(3) Il s'agit de l'escadron détaché à la 2ᵉ brigade de la 2ᵉ division, et

Journal de marche de la réserve d'artillerie.

Engagement devant Sarrebrück.
Le quartier général se transporte à la Brême d'Or, entre le village de Stiring-Wendel et Sarrebrück.

Journal de marche de la réserve du génie.

Marche générale sur Sarrebrück. Départ vers 9 heures du matin. L'état-major du génie suit l'état-major général ; les compagnies divisionnaires suivent leurs divisions ; le parc et la réserve quittent Morsbach et se tiennent à 3 kilomètres environ en arrière.

Vers 10 h. 1/2, l'action s'engage entre les tirailleurs ; les Prussiens sont refoulés dans Sarrebrück et, à 11 h. 1/2, on est maître de toutes les hauteurs qui commandent Sarrebrück, depuis l'extrémité du plateau du champ de manœuvre jusque vers Saint-Arnual. A ce moment, s'engage un combat d'artillerie terminé, sur les 2 heures, par la retraite de l'ennemi. Le parc et la réserve du génie sont amenés sur le champ de manœuvre et employés, avec les trois compagnies divisionnaires, à la construction de retranchements expéditifs et d'embuscades, le long des crêtes qui commandent la position ; 1500 hommes d'infanterie concourent à ce travail.

Au début, les sapeurs de la 9e compagnie, chargés des embuscades de l'extrême-gauche, sont gênés par une fusillade assez vive partie de tirailleurs embusqués sur le pont du chemin de fer et derrière le remblai avoisinant. Personne n'a pourtant été atteint. Un cheval de trait des voitures de section de la 9e compagnie est touché d'une balle. Le travail a été terminé vers 8 heures du soir.

SERVICE MÉDICAL.

Ambulance de la 2e division du 2e corps. — Rapport médical sur l'affaire du 2 août.

Camp de Sarrebrück, 3 août.

Pendant la première moitié de l'affaire, l'ambulance de la 2e division a prêté son concours à celle du quartier général, où arrivaient tous les

---

non à la division Vergé. A cet escadron appartenait en effet le peloton du lieutenant Despierres (4e peloton).

blessés (1). Puis, s'étant portée sur les derrières du champ de bataille et en avant de celle du quartier général, l'ambulance de la 2ᵉ division a agi seule et a reçu trois blessés et trois tués, dont un Prussien.....

Journal manuscrit de l'adjoint à l'intendance Bouteiller.

2 août.

..... 72 blessés furent ramenés à l'ambulance établie à l'hôpital de Forbach, sur ce nombre on comptait : 5 officiers, 61 soldats français, et 6 soldats prussiens, tous du 40ᵉ régiment d'infanterie.....

c) **Opérations et mouvements.**

Le général Frossard au général Vergé. — Lettre autographe.

Forbach, 2 août.

Donnez ordre que les deux bataillons de votre division qui doivent, sous le commandement du colonel du Ferron, du 4ᵉ chasseurs, faire la reconnaissance de ce matin par *Schœneck*, sur *Gersweiler*, soient rendus, *vers 8 h. 1/2*, au point de réunion avec la cavalerie, c'est-à-dire sur la route, près du camp du 4ᵉ chasseurs ; attendu qu'il est bon que ce mouvement commence plus tôt que ne le disait l'ordre.

---

(1) « Vers midi, l'ambulance arrive, en suivant la route de Forbach
« à Sarrebrück, à la hauteur d'une maison, à gauche de la route et
« près du poteau international. Cette maison fut aussitôt désignée par
« le médecin en chef pour y installer l'ambulance..... La 2ᵉ division
« gagnant du terrain, l'ambulance la suivit pour s'arrêter au bas du
« coteau qui surplombe Sarrebrück..... elle se porta ensuite plus en
« avant sur la droite de la route jusqu'à une carrière de pierres. Vers
« 6 heures du soir, on dressa les tentes et on passa la nuit sur place.
« Les blessés, après un premier pansement, avaient été évacués sur
« Forbach sur cacolets ou litières, les plus gravement atteints placés
« dans les voitures Masson à deux roues..... »
(Renseignements communiqués par M. Cros, médecin principal en retraite, attaché à l'ambulance de la 2ᵉ division du 2ᵉ corps.)

Le général Frossard à l'Empereur.

Metz, 2 août.

Sire,

J'ai l'honneur de rendre compte à Votre Majesté des mouvements exécutés aujourd'hui par le 2ᵉ corps d'armée, conformément à ses ordres, pour s'emparer des positions qui, sur la rive gauche de la Sarre, dominent la ville de Sarrebrück.

La division Bataille, sa droite appuyée par la division Laveaucoupet et une batterie de 12 de la réserve; sa gauche soutenue par la 1ʳᵉ brigade de la division Vergé et par la seconde batterie de 12, formait la première ligne.

Le général Bastoul, campé à Spicheren et chargé de diriger le mouvement de la droite, avait reçu l'ordre d'envoyer deux bataillons pour s'emparer du village de Saint-Arnual et ensuite des hauteurs qui le dominent, tandis que le reste de sa brigade, descendant dans le ravin situé en avant de Spicheren, devait attaquer de front les positions qui se trouvent à droite de la route de Forbach à Sarrebrück.

L'autre brigade de la division Bataille avait pour objectif la position dite du Champ de manœuvre; elle était éclairée par trois escadrons du 5ᵉ chasseurs.

Enfin, le colonel du Ferron, du 4ᵉ chasseurs, avec un escadron de son régiment et deux bataillons de la 1ʳᵉ brigade de la division Vergé, devait pousser une reconnaissance jusqu'à Gersweiler, pour relier les mouvements du 2ᵉ corps à ceux du maréchal Bazaine.

Les troupes ont quitté leurs bivouacs entre 9 et 10 heures. Le lieutenant-colonel Thibaudin, du 67ᵉ, chargé, avec deux bataillons de son régiment, du mouvement offensif sur Saint-Arnual, trouva ce village fortement occupé (1) et défendu par des batteries de position, placées sur la rive droite de la Sarre (2).

Pour contrebattre cette artillerie le général Micheler, dont la brigade était venue appuyer celle du général Bastoul, fit avancer une batterie du 15ᵉ régiment (3), qui ouvrit efficacement son feu sur l'artillerie prussienne.

Soutenu par un bataillon du 40ᵉ de ligne et par la compagnie du génie de la 3ᵉ division, aidé par le mouvement tournant du colonel Mangin qui, avec le reste du 67ᵉ et avec le 66ᵉ, descendait sur sa gauche, le lieutenant-colonel Thibaudin put enlever le village de Saint-

---

(1) Une demi-compagnie au plus.
(2) Une section.
(3) *Ibid.*

Arnual et le faire occuper par le bataillon du 40ᵉ et par la compagnie du génie ; puis les bataillons du 67ᵉ abordèrent, avec un grand élan, les pentes du mamelon de Saint-Arnual (1) et vinrent s'établir sur le couronnement, en face de Sarrebrück.

Le 66ᵉ, avec non moins de résolution, s'emparait des hauteurs jusqu'au Champ de manœuvre, chassant successivement l'ennemi de toutes ses positions. Au même moment le général Bataille portait rapidement sa 1ʳᵉ brigade sur les pentes, à gauche de la route de Sarrebrück, reliant le mouvement de sa 2ᵉ brigade par un bataillon du 23ᵉ.

Marchant par bataillons déployés couverts par de nombreux tirailleurs, les bataillons du 23ᵉ et du 8ᵉ de ligne ont résolument enlevé les différents ravins qui coupent ce pays, très difficile et très boisé. Un bataillon du 8ᵉ de ligne, se faufilant à travers les bois, a suivi la voie ferrée jusqu'à la hauteur du village de Drathzug, où il a rallié les bataillons du régiment, et ils ont abordé ensemble le Champ de manœuvre, par sa droite.

En arrivant sur les hauteurs le général Bataille fit établir une de ses batteries en avant des lignes du 66ᵉ et une autre sur le Champ de manœuvre, pour battre la gare et éteindre le feu de l'artillerie ennemie, qui avait pris position sur la gauche de Sarrebrück. Celle-ci ne put soutenir notre feu et elle dut se porter plus en arrière.

La batterie de 12 de la réserve vint, par mon ordre, appuyer le feu de la batterie du Champ de manœuvre et, en dernier lieu, la batterie de mitrailleuses de la 2ᵉ division vint jeter un désordre complet au milieu des colonnes d'infanterie qui évacuaient la ville.

Pendant ce combat d'artillerie les troupes purent acclamer Sa Majesté l'Empereur et le Prince Impérial sur le terrain même dont elles venaient de déloger l'ennemi.

Les mouvements de l'infanterie ont été parfaitement secondés par le 5ᵉ régiment de chasseurs, sous les ordres du colonel de Séréville. Les escadrons, appuyés par les tirailleurs d'infanterie, fouillaient tous les plis de terrain et couronnaient rapidement les crêtes d'où ils pouvaient signaler l'ennemi.

Le 12ᵉ bataillon de chasseurs et la compagnie du génie de la 2ᵉ division formaient la réserve du général Bataille ; ils ont rallié les troupes de la 1ʳᵉ brigade sur le Champ de manœuvre.

La 1ʳᵉ brigade de la division Vergé, formant seconde ligne, s'est constamment maintenue à 4 ou 500 mètres de la première ligne, profitant, pour se couvrir, des mouvements du terrain.

Les rapports qui me sont parvenus jusqu'à présent constatent les pertes suivantes :

---

(1) Winterberg.

Le 66e a un officier tué, M. de Bar, lieutenant des francs-tireurs; M. le capitaine adjudant-major Privat, blessé très grièvement d'un coup de feu; M. le lieutenant Laramey, l'épaule traversée; 15 ou 16 blessés ou tués.

Le 67e n'a pas d'officiers atteints; 2 sous-officiers enlevés par des boulets; 20 hommes tués ou blessés.

Le 8e de ligne, 2 hommes blessés.

La 3e division signale 1 sergent des éclaireurs tué et 1 soldat blessé.

Je n'ai pas encore reçu le rapport du colonel du Ferron; on me rend compte qu'il aurait eu un engagement qui lui aurait coûté une dizaine de blessés.

Je n'ai pas non plus le rapport du commandant du 10e bataillon de chasseurs à pied (3e division), envoyé vers la droite, sur la route de Sarreguemines à Sarrebrück.

Les troupes campent sur les positions dont elles se sont emparées.

J'ai fait établir quelques postes retranchés en avant de la position que les troupes occupent, et sur leur flanc; on a élevé aussi quelques épaulements pour protéger les pièces et les canonniers de nos batteries.

J'ai été très satisfait de l'entrain et de la résolution des troupes sous mes ordres. Dans cette première journée nos soldats ont fait preuve d'énergie pour supporter les fatigues d'une longue marche ascendante et pour combattre. Les chefs de corps se plaisent à constater le calme de leurs hommes, leur intrépidité et la confiance de plus en plus grande qu'ils ont dans leurs armes.

Je me réserve de faire connaître à Votre Majesté les noms des militaires de tous grades qui méritent de lui être signalés particulièrement.

Le chiffre de mes pertes, que je reçois à l'instant, s'élève à 6 tués et 67 blessés.

Le général Vergé au général Frossard. — Rapport sur le combat du 2 août.

J'ai l'honneur d'adresser à Votre Excellence un rapport sur la part prise par chacun des corps de ma division dans les opérations exécutées hier par le 2e corps d'armée.

Le 3e bataillon de chasseurs à pied et un bataillon du 77e de ligne, en reconnaissance vers le village de Gersweiler, sous les ordres du colonel du 4e régiment de chasseurs, se sont déployés en tirailleurs sur la rive gauche de la Sarre et ont lutté avec avantage contre les tirailleurs ennemis embusqués sur la rive droite.

Le 77e a eu un capitaine et 4 hommes blessés; le 3e bataillon de chasseurs a eu un sous-officier blessé.

Les 32e et 55e de ligne, formés en arrière de la 1re brigade de la division Bataille, ont appuyé le mouvement de cette brigade, chargée d'enlever les hauteurs en avant de Sarrebrück.

Ces deux régiments, restés en seconde ligne, n'ont pas été engagés.

État des pertes de la 3ᵉ division au combat du 2 août.

CORPS.	OFFICIERS.			TROUPE.			CHEVAUX.		OBSERVATIONS.
	TUÉS.	BLESSÉS.	DISPARUS.	TUÉS.	BLESSÉS.	DISPARUS.	TUÉS.	DISPARUS.	
3ᵉ bataillon de chasseurs.	»	»	»	»	1	»	»	»	
32ᵉ régiment de ligne....	»	»	»	»	2	»	»	»	
55ᵉ id.	»	»	»	»	1	»	»	»	Mort à l'ambulance de la division, le 3 août.
77ᵉ id.	»	1	»	»	4	»	»	»	L'officier blessé est M. Izet, capitaine de 1re classe, mort, le soir même, de sa blessure.

Le général Bataille au général Frossard.

Champ de manœuvre de Sarrebrück, 2 août.

J'ai l'honneur de vous rendre compte de l'engagement qui a eu lieu aujourd'hui entre Forbach et les hauteurs de Sarrebrück.

Conformément aux ordres donnés la veille, M. le lieutenant-colonel Thibaudin a fait sa démonstration offensive sur Arneval (1), qu'il a trouvé fortement occupé et défendu par des batteries en position (2) sur la rive droite de la Sarre.

Pour battre cette artillerie, le colonel Maugin fit demander au général Micheler, qui arrivait derrière lui, son artillerie, et celle-ci ouvrit efficacement son feu sur les batteries prussiennes.

Appuyé par un bataillon du 40ᵉ et la compagnie du génie de la 3ᵉ division, aidé par le mouvement tournant du colonel Maugin, qui descendait sur sa gauche, le lieutenant-colonel Thibaudin enleva le village d'Arneval (1), qui se trouve actuellement occupé par le bataillon du 40ᵉ et la compagnie du génie ci-dessus désignée.

Les bataillons du 67ᵉ enlevèrent, avec un grand élan, les pentes du

---

(1) Saint-Arnual.
(2) Une section.

mamelon d'Arneval (1) et vinrent s'établir sur le couronnement, face à Sarrebrück.

Le 66ᵉ, marchant avec non moins de résolution, s'emparait des hauteurs jusqu'au champ de manœuvre, chassant successivement l'ennemi de toutes ses positions. Dans le même temps, le général de division portait rapidement la 1ʳᵉ brigade sur les pentes, à gauche de la route de Sarrebrück, reliant le mouvement de sa 2ᵉ brigade par un bataillon du 23ᵉ.

Marchant par bataillons déployés, couverts par de nombreux tirailleurs, les bataillons du 23ᵉ et du 8ᵉ de ligne, ont résolument enlevé les différents ravins qui coupent ce pays très difficile et très boisé. .

Un bataillon du 8ᵉ de ligne, se faufilant à travers les bois, a suivi la voie ferrée jusqu'à la hauteur du village de Drathzug, où il a rallié les deux autres bataillons du régiment, et ils ont abordé ensemble le Champ de manœuvre par sa droite.

En arrivant sur les hauteurs, le général de division a fait établir une batterie en avant des lignes du 66ᵉ, et une autre sur le Champ de manœuvre même, pour battre la gare et éteindre le feu de l'artillerie ennemie, qui avait pris position sur la droite de Sarrebrück. Celle-ci ne put conserver longtemps sa position et alla se mettre en batterie plus en arrière. La batterie de réserve du corps d'armée vint à propos appuyer le feu de la batterie du champ de manœuvre et, en dernier lieu, la batterie de mitrailleuses de la division vint jeter un désordre complet au milieu des colonnes d'infanterie qui évacuaient la ville. Pendant ce combat d'artillerie, les troupes purent acclamer Sa Majesté l'Empereur et le Prince impérial, sur le terrain même dont elles venaient de déloger l'ennemi.

Les mouvements de l'infanterie ont été merveilleusement secondés par le 5ᵉ régiment de chasseurs, sous les ordres du colonel de Séréville. Les escadrons, appuyés par les tirailleurs d'infanterie, ont fouillé tous les plis de terrain et couronnaient rapidement les crêtes, d'où ils pouvaient signaler l'ennemi.

Le bataillon de chasseurs et la compagnie du génie formaient réserve et ont rallié les troupes sur le Champ de manœuvre.

« Dans cette première journée, chacun a fait preuve d'élan et de résolution. Les chefs de corps se plaisent à reconnaître le calme de leurs hommes, leur intrépidité et la confiance de plus en plus grande qu'ils ont dans leurs armes.

Le 66ᵉ de ligne a un officier *tué raide*, M. *de Bar*, *lieutenant des francs-tireurs*, M. le capitaine adjudant-major *Privat*, blessé très grièvement d'une balle dans le ventre ; M. le lieutenant *Laramey*, épaule

---

(1) Saint-Arnual. Ce mamelon n'est autre que le Winterberg.

traversée ; 15 ou 16 blessés ou tués. Le 67ᵉ n'a pas d'officier atteint, 2 sous-officiers coupés en deux par des boulets ; 20 hommes tués ou blessés. Le 8ᵉ de ligne, 2 hommes blessés.

Les troupes se sont installées sur les hauteurs et ont immédiatement fourni au génie des travailleurs pour établir des petits postes retranchés en avant de la position qu'elles occupent.

Je suis extrêmement satisfait de l'attitude de ma division et je me réserve de signaler plus particulièrement à votre attention quelques noms dont le choix sera difficile, car tous ont vaillamment fait leur devoir.

Le colonel Haca, du 8ᵉ de ligne, commandant la 1ʳᵉ brigade de la 2ᵉ division du 2ᵉ corps, au général Bataille.

Sarrebrück, 2 août.

Le mouvement de la 1ʳᵉ brigade sur Sarrebrück s'est effectué conformément aux ordres de S. Exc. le général en chef, à partir de Stiring et dans l'ordre suivant :

Le 3ᵉ bataillon du 8ᵉ de ligne a suivi la voie ferrée en fouillant le bois sur sa gauche et sur sa droite, jusqu'à hauteur du village de Drathzug, où il s'est rejoint aux deux autres bataillons du même régiment.

Ces deux bataillons, après s'être formés en avant de Stiring, à l'abri du bois qui longe la droite de la voie ferrée, se sont prolongés à droite de ce bois jusqu'au ravin qui aboutit à la tête des lacs. Arrivés à ce point, ils se sont déployés vers la droite, en se couvrant de tirailleurs, et se sont rejoints aux bataillons du 23ᵉ de ligne. Ceux-ci, qui s'étaient portés sous bois jusqu'à la maison du poste des vedettes pour appuyer, sur la gauche, le mouvement de la 2ᵉ brigade, se sont également déployés, le 1ᵉʳ bataillon à droite de la route de Sarrebrück, les deux autres à gauche de la même route : les uns et les autres couverts par deux compagnies en tirailleurs. Le 12ᵉ bataillon de chasseurs à pied a été, dès le début et est resté, chargé de soutenir l'artillerie.

C'est dans cet ordre que la 1ʳᵉ brigade a été portée en avant par votre ordre et a franchi successivement, en refoulant quelques postes avancés, les ravins fort difficiles qui coupent le terrain jusqu'au Champ de manœuvre de Sarrebrück, où elle s'est établie et reste en ce moment.

Les troupes ont montré beaucoup d'entrain et ont bien supporté les fatigues très pénibles de la marche dans un terrain coupé et difficile. En arrivant sur le plateau du Champ de manœuvre, elles ont eu à soutenir, sur la gauche, un feu de tirailleurs assez vif auquel les compagnies détachées du 8ᵉ de ligne ont répondu avec célérité et sang-froid.

Dans cet échange de coups de feu, qui a eu lieu pendant quelques minutes, sous les yeux de Sa Majesté l'Empereur et du Prince impérial, deux hommes ont été atteints, l'un au bras, l'autre au bas-ventre, d'un manière assez grave. Ce dernier est le nommé Lévy, soldat de 2ᵉ classe.

Le 23ᵉ de ligne et le bataillon de chasseurs à pied n'ont rien à signaler dans cette première journée.

Les troupes y ont montré de bonnes dispositions et ont été bien enlevées, le 23ᵉ par M. le colonel Rolland et le 8ᵉ de ligne par le lieutenant-colonel Gabrielli.

Rapport du général Fauvart-Bastoul au général Bataille, sur le combat du 2 août.

Au camp, 3 août.

J'ai l'honneur de vous rendre compte que la brigade sous mes ordres s'est exactement conformée, dans la journée d'hier, aux prescriptions du général en chef.

A 9 heures du matin, le lieutenant-colonel Thibaudin, du 67ᵉ de ligne, partait avec un bataillon de son régiment, un bataillon du 40ᵉ, un peloton du 4ᵉ chasseurs, pour aller à travers la forêt s'emparer du village de Saint-Arnual et favoriser, par ce point d'appui, l'enlèvement du plateau qui domine la ville de Sarrebrück.

L'opération, dont les détails se trouvent dans le rapport ci-joint du lieutenant-colonel Thibaudin, se fit avec vigueur et intelligence et réussit parfaitement, malgré l'appui donné aux troupes prussiennes par trois pièces d'artillerie en batterie sur l'extrémité sud du plateau d'Arnual (1).

A 9 h. 3/4, les 66ᵉ et 67ᵉ régiments, précédés par leurs pelotons de tirailleurs organisés d'avance, sortaient de leur camp de Spicheren et descendaient dans la plaine en deux colonnes. Chaque régiment était précédé d'un peloton du 5ᵉ chasseurs pour éclairer sa marche, et l'artillerie de la brigade suivait à distance, prête à agir, pendant qu'une batterie de 12, en position sur l'Éperon Est du plateau de Spicheren (2), protégeait le mouvement.

Le 67ᵉ, une fois descendu dans la plaine, gagna du terrain sur la droite pour se rapprocher de Saint-Arnual et demanda une section d'artillerie de la 3ᵉ division pour faire taire les pièces dirigées sur ce

---

(1) Il y avait en réalité deux pièces d'artillerie sur les hauteurs de la rive droite de la Sarre, près Brebach.

(2) Rotherberg.

village et protéger la défense. Ce fut l'affaire de peu d'instants, après lesquels le colonel Mangin, malgré des difficultés de terrain qu'il ne comptait pas rencontrer, s'empara des crêtes qu'il devait couronner et s'y établit.

Dans le même temps, le 66ᵉ de ligne, après avoir déployé ses bataillons, s'avançait vers les hauteurs qui protègent Sarrebrück, précédé, à 300 ou 400 mètres, par ses tirailleurs.

Les positions ont été vigoureusement enlevées ; les soldats ont montré un entrain remarquable. Le colonel Mangin, le lieutenant-colonel Thibaudin, le colonel Ameller ont fait preuve de vigueur et d'intelligence. Le colonel Ameller a dirigé lui-même ses tirailleurs et rectifié leur direction sous un feu des plus vifs.

J'attends encore les états réguliers des hommes tués ou blessés. Nos pertes, cependant, se résument ainsi : 66ᵉ, 1 officier tué, 2 blessés très grièvement, 2 blessés ; troupe : 4 tués, 35 blessés dont 12 très grièvement ; 67ᵉ, troupe : 3 tués, 20 blessés ; 40ᵉ, 1 officier blessé ; 1 soldat blessé.

Le général Fauvart-Bastoul au général Bataille.

Au camp, 3 août.

J'ai omis deux faits dans le rapport que j'ai eu l'honneur de vous adresser tout à l'heure.

Le premier, c'est que M. le capitaine adjudant-major Serpin, du 66ᵉ, voyant une compagnie de tirailleurs ramenée par l'ennemi, s'est précipité vers elle et a réussi à la reconduire au delà de la position qu'elle occupait. Le second, c'est que M. le lieutenant Debar, commandant les volontaires, ayant remarqué que notre gauche étant dégarnie, une fusillade bien nourrie nous arrivait du haut des arbres du Champ de manœuvre, résolut, sans ordre de son colonel ou de moi, de s'emparer de la maison qui y est attenante. C'est en s'y portant que ce brave officier a été tué.

Rapport du lieutenant-colonel Thibaudin sur le combat du 2 août (Attaque de la gauche ennemie vers Saint-Arnual.)

Hauteurs de Sarrebrück, 3 août.

La colonne de droite, composée d'un bataillon (six compagnies) du 67ᵉ de ligne, d'un bataillon (cinq compagnies) du 40ᵉ, d'une compagnie de sapeurs du génie et d'un peloton du 4ᵉ chasseurs à cheval, placée sous mon commandement, a quitté le bivouac de Spicheren à 9 heures précises du matin le 2 août. Après avoir traversé le ravin de

Spicheren, pour atteindre la forêt d'Arnual (1), sans être vu des postes avancés de l'ennemi, je m'engageai à travers bois sur le chemin d'Arnual, m'éclairant de très près, la colonne prête à tout événement, bien que j'eusse la conviction que la forêt ne pouvait être occupée par l'ennemi, à cause des pentes impraticables par lesquelles elle tombe dans la plaine.

Il était 10 h. 20 quand j'arrivai à portée du village que je devais enlever. Les hauteurs par lesquelles j'abordais la plaine dominent Arnual et la route de Sarreguemines à Sarrebrück, qui traverse le village.

Après avoir reconnu la position et reçu avis que les colonnes de gauche (67ᵉ et 66ᵉ de ligne) débouchaient dans la plaine pour se porter à l'attaque des hauteurs de Sarrebrück, je prescrivis d'enlever le village d'Arnual : trois compagnies du 67ᵉ, sous les ordres du commandant Beaugeois, l'abordèrent par ma droite (entrée de la route de Sarreguemines dans le village), tandis qu'avec les trois autres compagnies du bataillon, je tombais moi-même sur le centre du village par les pentes abruptes qui y descendent, du bois d'abord et ensuite d'un petit plateau entre le bois et le village.

L'ennemi, qui occupait le village, put tenir assez longtemps sous la protection des positions qu'il occupait à l'extérieur, derrière la ligne du chemin de fer de Sarreguemines, sur les pentes sud-est du plateau d'Arnual qui battent la grande rue de ce village et le petit plateau sur lequel je débouchais de la forêt. Enfin, l'artillerie qu'il avait placée à la lisière d'un bois situé en face d'Arnual, à 600 mètres environ du village (rive droite de la Sarre), gênait beaucoup mon mouvement, mais ne put arrêter l'élan irrésistible de nos soldats.

Le temps me pressait, et j'avais hâte d'aborder les pentes du plateau de Sarrebrück, pour faciliter l'ascension aux colonnes des 67ᵉ et 66ᵉ de ligne. J'ordonnai alors au commandant du bataillon du 40ᵉ de ligne, placé sous mes ordres, tenu jusque-là en réserve, d'entrer dans le village avec trois compagnies, tandis que j'achevai de le faire envelopper par ma gauche avec la 5ᵉ compagnie du 3ᵉ bataillon du 67ᵉ. Ce mouvement fut décisif, et l'ennemi se retira du village, dans la direction de Sarrebrück.

La compagnie de sapeurs du génie descendit alors à Saint-Arnual et se mit à l'œuvre pour y établir des barricades et organiser la défensive. Les deux compagnies du 40ᵉ, que je tenais encore dans ma main, prirent position au-dessus d'Arnual, commandant le débouché du village vers Sarrebrück, et je lançai la 5ᵉ compagnie du 3ᵉ bataillon du

---

(1) Stifts-Wald.

67ᵉ sur les pentes du plateau de Sarrebrück, de manière à les prendre à revers et à tendre la main aux deux compagnies que le colonel Mangin envoyait de mon côté.

Ne voulant pas exposer la cavalerie inutilement au feu de l'artillerie qui battait toute la plaine, entre le village et la Sarre, je me bornai à la mettre à l'abri dans un pli du plateau, prête à faire main basse sur tout ce qui tenterait d'en escalader les pentes.

A 11 h. 1/2, le village était occupé et toutes les crêtes couronnées; je songeai à remettre de l'ordre partout. Le bataillon du 40ᵉ fut rallié et prit tous les postes occupés par le bataillon du 67ᵉ dans le village. Ce dernier rejoignit alors le reste du régiment sur le haut plateau de Sarrebrück.

L'artillerie ennemie, apercevant nos troupes sur le revers sud du plateau qu'elle prenait d'enfilade, pouvait devenir dangereuse; le colonel Mangin demanda une section de 4, de la 3ᵉ division, qui tira avec tant de justesse, qu'après quelques coups, l'artillerie ennemie (trois pièces) dut cesser son feu et se retirer pour ne plus reparaître.

Jamais je n'ai vu nos soldats déployer plus d'entrain, de valeur et d'adresse. Le tir n'a été fait qu'à propos et de près; les coups étaient ajustés et le mouvement a été constamment porté en avant, sac au dos, et malgré la chaleur et des pentes de 45°, si raides que souvent les terres sont soutenues par des murs.

Il faudrait citer tout le monde ; cependant, je dois signaler plus particulièrement MM. le commandant Beaugeois, du 67ᵉ de ligne, qui a montré bravoure, intelligence et sang-froid dans l'attaque de droite d'Arnual; Chevroton, Lacrampe et Dufresne, capitaines (1ʳᵉ, 2ᵉ et 3ᵉ); Merle, Frayssineau, lieutenants du 67ᵉ de ligne; Hermieu, chef de bataillon du 40ᵉ de ligne; Michel, adjudant-major du même bataillon; Cullet, capitaine à la 3ᵉ compagnie du même bataillon; Archidet, capitaine au même bataillon; Jacquot, sous-lieutenant à la 3ᵉ compagnie; ce dernier a été blessé d'un coup de feu à la hanche; Lecam, soldat de 1ʳᵉ classe, même compagnie, même bataillon (blessé à la jambe droite).

Malheureusement, mon général, ce succès nous a coûté des pertes regrettables :

Le 3ᵉ bataillon du 67ᵉ, placé sous mes ordres avec le commandant Beaugeois, a eu 1 sous-officier tué, 2 soldats tués, 20 soldats blessés ;

Le bataillon du 40ᵉ, commandé par le commandant Hermieu, a eu 1 officier blessé, 1 soldat blessé ;

Le peloton de cavalerie n'a pas subi de pertes ni la compagnie de sapeurs du génie ;

Total : 1 officier (du 40ᵉ) blessé, 1 sous-officier tué, 2 soldats tués, 21 blessés, dont 1 du 40ᵉ de ligne.

Rapport du colonel du 66ᵉ sur l'enlèvement des hauteurs qui dominent Sarrebrück.

Camp devant Sarrebrück, 3 août.

Le régiment est descendu du plateau de Spicheren à 10 heures; à 10 h. 3/4, couvert par un peloton de chasseurs à cheval en tirailleurs, je fis déployer mes bataillons au fur et à mesure que les deux bataillons du 67ᵉ, que j'avais à ma droite et qui appuyaient dans le sens d'Arnual, me laissaient de la place entre la route de Forbach et leur gauche; chacun de mes deux premiers bataillons avec leurs tirailleurs à 300 mètres en avant d'eux; le 3ᵉ bataillon, débouchant le dernier dans la plaine, ne put entrer en ligne immédiatement; je lui donnai l'ordre de marcher en colonne derrière la gauche du 2ᵉ bataillon déployé, et l'attaque des positions commença par les 1ᵉʳ et 2ᵉ bataillons seulement. Le feu de l'ennemi, peu nourri d'abord, devint de plus en plus intense; mais rien n'arrêtait ni tirailleurs ni bataillons. Ne voyant pas arriver sur ma gauche les troupes qui devaient concourir au mouvement de mon aile marchante, je fis rapidement porter en ligne et déployer le 3ᵉ bataillon sous la protection du feu de ma section d'éclaireurs volontaires que je jetai en avant en lui donnant pour objectif l'angle du Champ de manœuvre. Toutes les positions furent successivement enlevées avec un grand entrain, ma ligne de tirailleurs arriva enfin à couronner les dernières hauteurs qui commandent Sarrebrück; je m'y portai aussitôt et me convainquis que nous étions maîtres de la position et que le rôle de l'artillerie devait commencer. C'est alors que par votre ordre, mon général, la batterie de 4 vint ouvrir son feu contre les bâtiments et le matériel de la gare de Sarrebrück.

Pour enlever les positions, j'ai subi des pertes regrettables :

34 soldats blessés plus ou moins grièvement;

6 soldats ou sous-officiers tués;

1 officier tué (M. Debar, le commandant de la section des éclaireurs volontaires);

Quatre autre blessés, dont deux (deux capitaines), très grièvement.

Je ne puis donner encore d'une manière assurée la qualification de disparus à cinq ou six soldats qui n'ont pas répondu à l'appel.

Je pourrais me dispenser de vous citer particulièrement aucun nom de militaires s'étant spécialement fait remarquer dans l'action, car l'entrain était général; toutefois, je vous signalerai comme ayant dirigé et conduit parfaitement leur bataillon MM. Guichard et Gérard, chefs des 1ᵉʳ et 2ᵉ bataillons (le 3ᵉ étant arrivé tard en ligne).

Le capitaine Remy, dont le lieutenant a été blessé à côté de lui, a fait preuve de courage et de vigueur.

La section d'éclaireurs volontaires s'est parfaitement comportée, et lorsque son chef, le lieutenant Debar, a été tué, le commandement a été pris par le sergent Soubeyran qui s'en est très bien acquitté.

Rapport du colonel Mangin, du 67ᵉ de ligne (Attaque des hauteurs de Sarrebrück, côté droit.)

Au bivouac, sur les hauteurs de Sarrebrück, 3 août.

Le 67ᵉ de ligne, composé de deux bataillons, plus un peloton de cavalerie sous mes ordres, a quitté le bivouac à 9 h. 45, le 2 août, se dirigeant par la gauche du bois d'Arnual sur la position qui domine la route de Forbach à Sarrebrück.

Après avoir permis au 66ᵉ d'arriver à ma hauteur pour descendre ensemble et nous déployer de même une fois dans la plaine, je descendis par la route ferrée avec mon peloton de cavalerie et les quatre compagnies que je destinais au service de tirailleurs.

Une fois en bas, je me fis éclairer par quelques cavaliers et je portai ma ligne de tirailleurs à 500 mètres ; je l'arrêtai et l'embusquai face à l'objectif, sa gauche ayant l'ordre de se diriger sur la grande maison qui se trouve à mi-côte. Je fis immédiatement descendre mes deux bataillons par la même voie et les déployai à 200 mètres des soutiens qui étaient eux-mêmes à 200 mètres des tirailleurs. Ceci fait, je marchai rapidement à l'attaque de la position.

J'eus à subir, presque de suite, un feu de face assez vif, mais, grâce à l'allure rapide de mes tirailleurs, j'arrivai au bas de la position sans aucune perte.

Là, je rencontrai des difficultés très grandes. Les pentes étaient d'une raideur presque inabordable et j'hésitai un instant à les faire gravir à mes hommes sac au dos. D'un autre côté, j'entendais une fusillade et même une canonnade assez vive sur Arnual et je voyais la position qui fait face à ce village fortement défendue. Je me décidai alors à transgresser les ordres que j'avais reçus et à appuyer davantage sur ma droite pour aider mon lieutenant-colonel. J'envoyai de suite, sur la droite du lac, ma cavalerie appuyée de deux compagnies, et, après un repos de cinq minutes, je fis sonner la charge et enlevai la position en la tournant par ses deux ailes. Je n'ai eu, dans cette affaire, que deux hommes blessés.

Tout le monde a fait parfaitement son devoir ; les hommes surtout ont été admirables et ont réellement fait un tour de force en franchissant deux ravins inextricables et gravissant ensuite, sous le feu de l'ennemi, des positions à pic, sac au dos. Je dois signaler plus particulièrement :

M. le commandant Kienlen ; M. le médecin-major Rol, que je recommande tout particulièrement à votre bienveillance; M. le capitaine Person; M. le capitaine Champcommunal; M. le capitaine Vadon; M. le sous-lieutenant Bougaud, mon porte-drapeau; M. le lieutenant Gelhaye.

J'ai l'honneur de vous adresser en même temps le rapport de mon lieutenant-colonel que j'ai contrôlé, et je ne puis trop recommander à votre bienveillance cet officier supérieur qui s'est acquitté de sa mission avec son intelligence et sa bravoure habituelles.

N. B. — Dans mon mouvement tournant, je surpris quelques petits postes et fis une trentaine de prisonniers, dont trois blessés.

Du colonel Mangin.

(Sans date.)

Mon général,

Je vous envoie huit prisonniers; j'en ai fait trois autres qui sont blessés et à l'ambulance.

J'ai eu beaucoup à me louer de la conduite de M. Despierres, l'officier qui vous amène ces prisonniers.

Le lieutenant-colonel de Maintenant, commandant l'artillerie de la 2ᵉ division du 2ᵉ corps, au général Bataille.

Champ de manœuvre de Sarrebrück, 2 août, 3 heures du soir.

La 7ᵉ batterie du 5ᵉ régiment (4 rayé) est partie de Forbach à 9 h. 1/2 avec la 1ʳᵉ brigade de la division. Elle a suivi la route de Sarrebrück. Après plusieurs mises en batterie sans faire feu, elle a pris position, vers 11 heures du matin, sur le champ de manœuvre de Sarrebrück. Le feu de ses pièces a été d'abord dirigé sur la gare du chemin de fer à 2,000 mètres. Après ces quelques coups, elle a tiré sur une batterie placée sur une route, de l'autre côté de la ville, dès que cette batterie a commencé son feu. Elle a forcé cette batterie à se retirer d'une distance de 1500 mètres, où elle était d'abord, à une distance de plus de 2,500 mètres à laquelle le feu de cette artillerie ennemie est devenu inoffensif.

Le tir a été de nouveau dirigé sur divers points de la ville; puis, vers 1 heure de l'après-midi, deux pièces ont été mises en batterie à l'extrémité occidentale du terrain de manœuvre prussien; là, elles ont tiré sur le remblai du chemin de fer, derrière lequel étaient embusqués des tirailleurs. Le nombre des coups tirés a été de 353 pour toute cette batterie.

La 8ᵉ batterie du même régiment (4 rayé), accompagnant la 2ᵉ brigade de la division, est partie avec celle-ci de Spicheren à 10 heures; elle s'est mise en batterie, vers 11 h. 1/4, sur un plateau dominant Sarrebrück, à l'est du Champ de manœuvre. La batterie a reçu d'abord l'ordre de tirer sur la gare; elle a tiré à 1800 mètres et ses coups ont bien porté. Plus tard, elle a tiré aussi sur la batterie prussienne, à sa deuxième position, avec la hausse de 2,800 mètres. Cette batterie a donc cessé son feu, tant par les effets du tir de la 8ᵉ batterie que par ceux de la 7ᵉ. La batterie a enfin dirigé son feu sur des colonnes ennemies battant en retraite dans les bois de gauche et les a accompagnées avec beaucoup de précision jusqu'à 3,000 mètres. La consommation a été de 363 obus. Plusieurs éclatements prématurés ont eu lieu malheureusement dans ces deux batteries, sans dépasser toutefois 2 p. 100.

La 9ᵉ batterie du 5ᵉ régiment d'artillerie (canons à balles) est partie de Forbach avec la 7ᵉ batterie et la 1ʳᵉ brigade. Elle a reçu tout d'abord l'ordre de rester à hauteur de Stiring et l'on comptait peu avoir à l'employer. Cependant, avec l'autorisation du général commandant en chef et sur la demande du lieutenant-colonel commandant l'artillerie, elle s'est rapprochée de la première ligne et s'y est placée en colonne sur la route à 1000 mètres en arrière du Champ de manœuvre. Au moment où les premiers détachements prussiens ont commencé à battre en retraite, le lieutenant-colonel a demandé de nouveau l'ordre de la mettre en batterie à bonne portée dans ce Champ de manœuvre. Le feu dirigé sur les troupes en masses abandonnant Sarrebrück, ouvert à 1800 mètres et continué jusqu'à 2,700 (?) a produit de *très bons résultats* (?) C'est la première fois que le personnel de cette batterie exécute un feu réel avec les *canons à balles;* 68 coups ont été tirés, soit 1700 balles envoyées en *onze salves*. On n'a encore constaté aucun accident éprouvé, soit par les hommes, soit par le matériel.

P. S. — Une section de la 7ᵉ batterie du 5ᵉ continue à tirer de temps en temps sur le remblai du chemin de fer pour protéger un travail fait par le génie.

Le général de Laveaucoupet au général Frossard.

Bivac de Sarrebrück, 2 août.

J'ai l'honneur de rendre compte à Votre Excellence de l'exécution des prescriptions contenues dans son ordre de mouvement du 1ᵉʳ août courant et sa dépêche du 2.

La brigade Micheler, avec une batterie d'artillerie, la compagnie de sapeurs et un peloton du 7ᵉ dragons, a quitté son bivouac d'Œting, à 8 heures du matin.

A 9 heures, elle arrivait à Spicheren, où elle mettait à la disposition du général Bastoul un bataillon du 40° de ligne, commandant Hermieu, et la compagnie de sapeurs du génie, qui lui étaient demandés par ordre de Votre Excellence.

Le général Micheler, avec le reste de sa brigade, suivait le mouvement du général Bastoul.

La brigade Doëns, concentrée à Behren à 8 h. 1/2 du matin, avec une section d'artillerie, la batterie de mitrailleuses et la cavalerie divisionnaire, se mettait en route pour Spicheren à 9 heures moins un quart.

Elle arrivait sur ce point, au moment où l'arrière-garde du général Micheler le quittait pour se porter en avant.

En arrivant sur les hauteurs parallèles aux coteaux qui dominent Sarrebrück, je vis devant moi la brigade Bastoul s'engager avec les tirailleurs ennemis. Je la fis appuyer par la brigade Micheler.

Dans le mouvement en avant, une ouverture s'étant produite dans la première ligne, et le commandant du génie Peaucellier, que j'avais envoyé au général Bastoul, pour avoir des nouvelles, m'ayant dit que le général désirait voir arriver de l'artillerie sur la crête, j'envoyai le commandant Bédoin avec une batterie du 15°, appuyée par le colonel Vittot du 40° de ligne et un bataillon de ce régiment, le tout précédé de ma section d'éclaireurs, prendre position sur les hauteurs qui dominent Sarrebrück.

Le commandant Bédoin fit diriger, sur les groupes ennemis qui quittaient la place, plusieurs coups de canon.

Dans ce mouvement, en arrivant sur la crête et dans les jardins de Sarrebrück, un sergent des éclaireurs de la 3° division a été tué, et un soldat blessé.

Je n'ai pas encore le rapport du commandant Schenck, du 10° bataillon, envoyé sur la droite, sur la route de Sarreguemines à Sarrebrück.

Les troupes campent sur les positions occupées.

Rapport du général Micheler sur le combat du 2 août.

3 août.

Les forces sous mes ordres ont été mises en route dans l'ordre suivant :

1° 3 bataillons du 24° de ligne ;
2° 3 bataillons du 40° de ligne ;
3° 1 batterie d'artillerie du 15° régiment monté ;
4° 1 compagnie du génie ;
5° 1 peloton du 7° dragons.

Pendant la journée le 3° bataillon du 40°, ainsi que deux sections d'artillerie, ont été distraits de mon commandement pour être portés sur d'autres points.

Parti du campement vers 8 h. 1/2, j'étais à Spicheren à 9 heures, et à 10 h. 1/2 le 24ᵉ couronnait les crêtes qui limitent la frontière vis-à-vis le plateau du Winterberg. Sur votre ordre (1), ce régiment franchit rapidement la vallée où se trouvent les bornes-frontières, pour servir de soutien à la brigade Fauvart-Bastoul qui, à ce moment, repoussait l'ennemi au delà de la Sarre. Le 24ᵉ eut à essuyer le feu de trois pièces d'artillerie postées à la droite de Saint-Arnual, mais les obus ayant mal porté, il ne subit aucune perte. Arrivé sur la crête je me mis en communication avec le colonel du 67ᵉ. La 1ʳᵉ section de la batterie attachée à la brigade prenait position sur les crêtes, sur la demande du colonel du 67ᵉ, et faisait taire, par son feu, le tir des pièces ennemies. Cette section, commandée par M. le lieutenant Meert, a été de la plus grande utilité au 67ᵉ. Il était alors environ midi. A partir de ce moment, le régiment est resté en position sur le plateau, en arrière et à gauche du 67ᵉ.

Pendant la marche du 24ᵉ, le 1ᵉʳ bataillon du 40ᵉ, commandé directement par son colonel, s'emparait de la couronne qui domine le faubourg situé au sud de Sarrebrück, et le tambour-major Berthet, aidé de deux soldats, faisait trois prisonniers prussiens (du 40ᵉ régiment).

En même temps le 2ᵉ, commandant Hermieu, mis, à son départ d'Alsting, à la disposition du lieutenant-colonel Thibaudin, du 67ᵉ, avec la compagnie du génie, vigoureusement conduit, lançait ses tirailleurs pour s'emparer des crêtes en avant de Saint-Arnual et forçait l'ennemi à abandonner ce village.

Dans cette attaque M. le sous-lieutenant Jacquot, de la 3ᵉ compagnie, avait reçu une balle à la hanche qui l'avait mis hors de combat.

Le commandant Hermieu a fait preuve d'une nature énergique et d'une grande aptitude militaire.

Après ces deux officiers je dois signaler, comme s'étant particulièrement distingués :

Au 24ᵉ, le soldat Vigne, soldat de 1ʳᵉ classe à la 5ᵉ compagnie du 1ᵉʳ bataillon, détaché à la compagnie d'éclaireurs, blessé d'une balle à la tête ;

Au 40ᵉ, Lecam, soldat de 1ʳᵉ classe, blessé d'une balle à la jambe droite.

L'artillerie et le génie n'ont subi aucune perte.

---

(1) Ce rapport est adressé au général de division de Laveaucoupet.

Rapport du colonel Vittot, du 40ᵉ de ligne, sur le combat du 2 août.

Saint-Arnual, 3 août.

J'ai l'honneur de vous rendre compte des opérations de mon régiment dans la journée d'hier :

Le 1ᵉʳ bataillon, que j'ai commandé, a occupé la couronne qui domine le faubourg situé au sud de la ville de Sarrebrück. Notre position restait défensive. Les balles ennemies y arrivaient, et cependant, jusqu'à mon départ (4 heures du soir environ) personne n'avait été blessé. Le tambour-major Berthet, que je vous signale pour son audace et son entrain, descendit au faubourg et, aidé de deux soldats, fit trois prisonniers prussiens (soldats au 40ᵉ régiment). Ils ont été conduits, avec leurs munitions de guerre, au quartier général.

Le 2ᵉ bataillon prit part à l'action générale offensive. Je vous envoie le rapport du chef de bataillon Hermieu qui le commandait. Cet officier supérieur appelle à tous égards l'attention de ses chefs par sa nature énergique, apte à faire la guerre.

Le 3ᵉ bataillon, chargé de protéger l'ambulance, resta à son poste et ne prit point part à l'action. Il fut envoyé, dans la journée, au village de Saint-Arnual pour être réuni au 2ᵉ. Les militaires de mon régiment tués ou blessés dans la journée du 2 août se bornent aux nommés Costedouat, sergent, tué aux éclaireurs volontaires ; M. Jacquot, sous-lieutenant, blessé et porté à l'ambulance ; le nommé Lecam, soldat de 1ʳᵉ classe, blessé d'une balle à la jambe droite.

Nota. — Ma position militaire actuelle est : 2ᵉ et 3ᵉ bataillons sous mes ordres, le 2ᵉ dans le village, le 3ᵉ sur le plateau, en arrière. Le 1ᵉʳ bataillon est toujours loin de moi, sur la couronne qui domine Sarrebrück.

Le chef de bataillon Hermieu, du 40° de ligne, au colonel Vittot.

3 août.

Rapport sur la reconnaissance offensive du 2 août 1870.

J'ai l'honneur de vous rendre compte que, dès le début, mon bataillon a été mis sous les ordres du lieutenant-colonel Thibaudin, du 67ᵉ, qui avait, en outre, sous ses ordres un bataillon du 67ᵉ et une compagnie du génie.

Vers 9 heures du matin l'ennemi étant signalé, les dispositions furent prises pour attaquer le village de Saint-Arnual. La principale attaque du bataillon du 67ᵉ eut lieu par la partie basse du terrain, tandis que le bataillon du 40ᵉ attaqua les hauteurs du village nommé plus haut.

Nos tirailleurs attaquèrent avec entrain, et s'emparèrent d'une première côte. (Dans ce premier moment M. le sous-lieutenant Jacquot, de la 3ᵉ compagnie, reçut une balle à la hanche qui le mit hors de combat). Cette opération avait pour but d'éloigner l'ennemi et nous permettait de nous porter, par notre droite, directement sur les hauteurs qui dominent le village. C'est ce qui eut lieu. Les hauteurs occupées, le bataillon descendit par un sentier de chèvre et se trouva au centre du village, dont les abords étaient occupés par le 67ᵉ.

L'ennemi s'était retiré de l'autre côté de la Sarre, y avait pris position avec trois pièces d'artillerie, avait occupé la chaussée du chemin de fer avec des tirailleurs, et dirigeait un feu bien nourri sur les abords du village.

Cet état de choses dura jusqu'à l'arrivée de notre artillerie, qui répondit avec succès à l'artillerie ennemie, tandis que nos tirailleurs maltraitaient les tirailleurs opposés. Le soldat de 1ʳᵉ classe Lecam, de la 3ᵉ compagnie, s'est fait particulièrement remarquer et a reçu, pendant le combat, une blessure à la jambe droite.

Comme résultat final, le village est resté occupé, non sans pertes sensibles, et nos positions de Saint-Arnual sont opposées aux positions ennemies de l'autre côté de la Sarre.

Mon bataillon a combattu avec ensemble et entrain. Je citerai, comme s'étant distingués, MM. Michel, adjudant-major; Collet, capitaine; Archidet, capitaine; aux noms desquels j'ajouterai les noms cités plus haut de M. Jacquot, sous-lieutenant, et du soldat de 1ʳᵉ classe Lecam.

Rapport du colonel d'Arguesse, du 24ᵉ de ligne, sur le combat du 2 août.

Bivouac devant Sarrebrück, 3 août.

Le régiment a quitté hier à 8 h. 1/2 le bivouac d'Œting, et s'est mis en marche avec les autres troupes de la brigade, appuyées par une batterie d'artillerie. Le 2ᵉ bataillon formait l'avant-garde.

A 9 h. 1/2 nous arrivions à Spicheren et nous continuions notre marche, précédés par la 2ᵉ brigade de la 2ᵉ division du corps d'armée (général Fauvart-Bastoul, 66ᵉ et 67ᵉ).

A 10 h. 1/2, le régiment était arrêté sur les crêtes qui limitent la frontière française et qui font place au plateau de Winterberg, où les Prussiens avaient établi leurs premières troupes. Ces positions furent enlevées par les deux régiments de la brigade Bastoul. Le 24ᵉ de ligne, s'avançant alors comme soutien, descendit dans la prairie qui s'étend entre la pente française et le Winterberg, s'y déploya en bataille, en conservant les bataillons en colonne par peloton à distance entière, à intervalles de déploiement. Dans cet ordre, le régiment gravit les pentes du Winterberg avec la section d'artillerie qui lui était attachée. Au moment où il arrivait sur la crête, il eut à supporter le feu de deux pièces d'artillerie prussiennes installées à l'angle d'un bois, au delà du village de Saint-Arnual, et qui lui envoyèrent une certaine quantité d'obus à percussion qui vinrent éclater sur le flanc des colonnes et n'atteignirent heureusement personne.

La section d'artillerie qui marchait avec le régiment prit immédiatement position et éteignit de suite le feu des pièces prussiennes. Il était alors environ midi.

A partir de ce moment le régiment resta en position sur le plateau jusqu'à ce que les derniers coups de fusil fussent tirés. Il s'établit ensuite, vers 3 heures, à la gauche du 67e, et y bivouaqua.

Le nommé Vigne, soldat à la 5e compagnie du 1er bataillon, détaché à la compagnie d'éclaireurs, a été blessé à la tête.

Rapport du commandant Schenck, du 10e bataillon de chasseurs à pied.

Bivouac de Saint-Arnual, 3 août.

J'ai l'honneur de vous rendre compte de la mission spéciale qu'a remplie la colonne que je commandais le 2 août et qui se composait d'un peloton de dragons, du 10e bataillon de chasseurs et d'une compagnie du 24e de ligne que M. le lieutenant-colonel chef d'état-major m'avait donnée. Cette compagnie descendait de grand'garde et ignorait la direction qu'avait suivie le 24e.

J'avais reçu l'ordre de me porter du village d'Etzling dans la vallée de Simbach, sur la route qui conduit de Sarreguemines à Sarrebrück, et de suivre cette dernière en me couvrant sur la droite jusqu'au village de Saint-Arnual, que devait occuper la division Bataille.

Après un court repos à Etzling, je me dirigeai sur le village d'Alsting et je me fis éclairer sur les hauteurs de droite par le peloton de dragons placé sous mes ordres. A la queue de la colonne se trouvaient les six cacolets qui m'avaient été donnés.

D'Alsting, où j'avais atteint la vallée de Simbach, je suivis la droite du ruisseau de ce nom et je débouchai au moulin dit de Simbach vers 10 heures. La route de Sarrebrück traverse en ce point le ruisseau de Simbach sur un large pont en pierre solidement construit. Jusque-là j'avais parcouru un terrain montueux et boisé que j'avais fait fouiller avec soin par des éclaireurs. En arrivant au moulin de Simbach s'étendaient devant moi des terres labourées et des prairies arrosées par la Sarre, dont le cours sinueux se trouvait à 600 mètres environ sur la droite; à 200 mètres à gauche de la route, un bois; à droite et à hauteur du moulin, un terrain boisé et fangeux formant une ligne parallèle à la Sarre, à une distance de 400 à 500 mètres.

Avant de m'engager sur la route je donnai l'ordre à quelques cavaliers de pousser une pointe jusqu'à hauteur du village prussien de Guidingen, afin de m'assurer s'il était occupé. Ces dragons avaient à peine parcouru une centaine de mètres qu'une vive fusillade, partant des maisons du village et de la lisière des bois qui couvrent les hauteurs de droite de la Sarre, les força de revenir sur leurs pas et me détermina à prendre position au moulin de Simbach. Une compagnie s'installa dans les bâtiments du moulin, derrière lesquels je dissimulai la cavalerie et où fut placée mon ambulance; deux compagnies se rendirent sur la lisière du bois de droite et eurent pour mission, tout en observant les passages de la Sarre, de tenir à distance les nombreux tirailleurs de la rive droite et les grand'gardes qu'il était facile de voir à l'œil nu. Cette fraction avait l'ordre de ne tirer qu'à coup sûr; aussi put-elle, grâce à des tireurs postés en avant, blesser ou tuer quelques hommes à l'ennemi.

Quant aux autres compagnies, l'une d'elles fut déployée en tirailleurs derrière le remblai de gauche de la route et les autres furent masquées dans le bois de gauche, prêtes à toute éventualité.

La mousqueterie ennemie ne cessa de nous inquiéter que vers les 2 heures de l'après-midi, en même temps que les feux de la batterie d'obusiers placée à Brebach étaient éteints. Le tir a toujours été assez mauvais et les coups étaient trop hauts.

N'entendant plus le bruit du canon dans la direction de Sarrebrück, et pensant que le village de Saint-Arnual était occupé par les nôtres, je m'engageai sur la route de Sarrebrück. A cet effet je disposai la colonne par section à demi-distance et je la fis précéder du peloton de dragons et d'une section de tirailleurs. Cette avant-garde me précédait de 200 mètres. J'avais parcouru 3 kilomètres environ et l'avant-garde s'était engagée (sur la route de Saint-Arnual) dans le défilé formé à droite par la rivière et à gauche par des rochers à pic, quand une vive fusillade partit tout à coup de Brebach où l'ennemi s'était embusqué derrière les talus du chemin de fer, à 150 mètres environ de la tête de colonne. Un cheval de dragons fut tué raide, et l'officier commandant le peloton de cavalerie m'avertit qu'une batterie de deux ou trois pièces se trouvait derrière Brebach. Je ne pouvais donc passer sans sacrifier inutilement ma troupe et je repris en arrière la direction du moulin de Simbach où j'appris par des éclaireurs que Saint-Arnual était en notre possession; il était environ 3 h. 1/2. Je me dirigeai alors sur Saint-Arnual en cherchant un chemin dans les terrains montueux et boisés qui dominent la route de Sarrebrück et lui sont parallèles. J'arrivai vers 5 h. 1/2 sur le plateau qui domine Saint-Arnual où je pris position à la droite du 40° de ligne.

Rapport du colonel de Gressot, du 7e dragons, sur la part prise par le régiment aux opérations de la journée du 2 août.

Bivouac de Sarrebrück, 3 août.

Le régiment a détaché, savoir : 1° un peloton près de la brigade du général Micheler, qu'il a suivie pendant toute la journée ; 2° un autre peloton servant d'éclaireurs au 10e bataillon de chasseurs à pied, qui devait se porter, par la vallée du Moulin de Simbach (route de Sarreguemines à Sarrebrück) jusqu'au village d'Arnual ; 3° le peloton des volontaires auprès du général commandant la division.

Le reste du régiment (cinq pelotons) est resté attaché à la brigade du général Doëns (1).

Dans la soirée ces cinq pelotons se sont portés au Moulin de Simbach et ont ramené le peloton qui y avait été laissé par le 10e bataillon de chasseurs à pied, qui avait dû entrer dans le bois.

Un éclaireur de ce peloton a eu un cheval tué.

Rapport du général Gagneur, commandant l'artillerie du 2e corps, sur l'affaire du 2 août, en avant de Sarrebrück.

Un ordre du général commandant le 2e corps, communiqué le 2 août au matin seulement, avait assigné à chacun, d'une manière très claire, le rôle qui lui était dévolu dans une action étudiée avec soin à l'avance, et le programme a été suivi avec une remarquable ponctualité.

L'objectif consistait à rejeter les Prussiens au delà de la Sarre et à nous rendre maîtres de Sarrebrück, sans toutefois nous y installer, ce qui eût présenté un danger réel, non seulement au point de vue de l'occupation en elle-même, la ville étant dominée à petites distances, sur la rive droite, par des contreforts boisés offrant à l'ennemi des dispositions très favorables pour une attaque ; mais aussi au point de vue de la possibilité que les trois ponts, qui y donnent accès, eussent été, à l'avance, minés par les Prussiens. L'opération a été exécutée d'après les dispositions suivantes :

La 2e brigade de la 2e division (général Bastoul), campée à Spicheren, et occupant la droite de nos lignes, a commencé le mouvement offensif, marchant par bataillons, en échelons, se flanquant à droite ; après s'être emparée du village prussien de Saint-Arnual, situé dans la vallée et à peu de distance de la rive gauche de la Sarre, elle a remonté les pentes

---

(1) Les 3e et 5e escadrons du 7e régiment de dragons sont restés à Forbach.

du coteau en avant qui aboutit à un plateau dominant la ville de Sarrebrück. Une des batteries divisionnaires (8º du 5º régiment, capitaine Benoît) descendait à la suite de la gauche de la brigade Bastoul, dont le mouvement était appuyé et protégé par une batterie de 12 de la réserve, qui avait reçu l'ordre d'aller bivouaquer le 1ᵉʳ août au soir près de la brigade Bastoul, à Spicheren.

Une brigade de la 3ᵉ division (Lavaucoupet) avec la compagnie de chasseurs et une batterie divisionnaire s'était portée à Spicheren et suivait le mouvement de la brigade Bastoul, formant deuxième ligne; la 2ᵉ brigade se tenant prête à se porter également en avant, au cas où son secours deviendrait utile.

Cette première partie du programme a été exécutée sans résistance sérieuse de la part des Prussiens, qui occupaient par un simple rideau de tirailleurs la crête du contrefort.

En même temps que s'exécutait le mouvement de la droite, un bataillon du 8ᵉ régiment (de la 1ʳᵉ brigade de la 2ᵉ division, général Pouget) dirigeait sa marche par la voie ferrée, par fractions échelonnées, dans la direction de Sarrebrück; la tête de colonne (fraction de gauche), se guidant sur la marche de l'attaque de droite. Le reste de la brigade, avec la 2ᵉ batterie divisionnaire (7ᵉ du 5ᵉ, capitaine Bobet) s'avança par la route, se déployant en partie entre cette route et les bois à gauche, un peu en deçà de la ligne frontière, et se dirigea vers les hauteurs dès que le mouvement de son bataillon de gauche et de la brigade à droite lui eurent facilité l'accès du mamelon que domine le plateau (dit Champ de manœuvre).

Cette brigade était soutenue par une brigade de la 1ʳᵉ division (Vergé) ayant avec elle une de ses batteries divisionnaires, suivie elle-même de la 2ᵉ batterie de 12 de la réserve.

L'ascension de gauche s'est opérée comme celle de droite, sans résistance. Ce n'est que lorsque le 2ᵉ corps eut occupé les hauteurs dominant la ville, que les Prussiens, qui n'étaient pas en force suffisante pour défendre la position de la rive gauche, manifestèrent réellement leur présence par une assez vive canonnade de huit pièces seulement (1), qui, délogées de leur première position, derrière l'extrême gauche de la ville, allèrent occuper, tout à fait à gauche et au pied d'une pente boisée, une seconde position dont elles ne tardèrent pas à être débusquées également par le feu des deux batteries de 4 de la 2ᵉ division, auxquelles vint s'adjoindre plus tard la 2ᵉ batterie de 12 de la réserve et en dernier lieu la batterie à balles de la 2ᵉ division (9º du 5ᵉ, capi-

---

(1) Quatre pièces de la 6ᵉ batterie légère du 8ᵉ régiment; les deux autres pièces à Brebach.

taine Dupré) qui fit là un premier essai d'une arme qu'elle n'avait jusque-là manœuvré qu'en blanc et dont elle ne connaissait pas encore les effets. Deux colonnes d'infanterie prussienne débouchant, l'une à droite, l'autre à gauche de la ville qu'elles évacuaient, et se dirigeant vers les contreforts boisés qui la dominent, eurent à souffrir de ce tir nouveau, dont le seul bruit a paru les impressionner vivement.

Là s'est terminé ce combat peu sérieux. Les pertes de notre côté ne dépassent pas une soixantaine d'hommes tués ou blessés ; celles des Prussiens doivent être plus considérables. Il serait difficile d'ailleurs, d'apprécier le nombre d'ennemis auquel nous avons eu affaire. Il est probable que les bois étaient fortement occupés et que si nous avions eu l'imprudence de descendre à Sarrebrück, comme l'on voulait sans doute nous y attirer, nous aurions eu une lutte plus sérieuse à engager.

Nos batteries ont consommé, dans cette première affaire : 741 obus de 4 ; 140 obus de 12, et 69 coups à balles.

Aucun de nos hommes n'a été atteint par le feu de l'ennemi.

Le tir a été bon en général. La gare du chemin de fer, contre laquelle a été d'abord dirigé le feu, a été sérieusement endommagée. Plusieurs maisons de la ville ont été incendiées. Un affut brisé a été abandonné par l'artillerie prussienne.

Rapport du chef d'escadron d'artillerie Rebillot sur le tir des deux batteries de 12 de la réserve, dans la journée du 2 août.

La 10e batterie du 5e régiment, envoyée dans la soirée du 1er août près de Spicheren, aux ordres du général Bastoul, a pris position, ce matin à 9 h. 1/2, sur un mamelon désigné par S. Exc. le général en chef, mamelon d'où on pouvait appuyer efficacement le mouvement de la brigade ; ce mouvement s'étant effectué sans obstacle sérieux, la batterie a été portée en avant par un chemin dangereux, et s'est mise en batterie sur la hauteur qui domine la gare de Sarrebrück. Elle a tiré 42 coups sur des groupes qui se retiraient de la ville.

La 11e batterie, venue ce matin avec la 1re brigade, est arrivée par la route de Forbach à Sarrebrück, et s'est mise en batterie sur le Champ de manœuvre. Elle a tiré 84 coups sur des groupes d'infanterie et sur des pièces prussiennes placées à l'entrée d'un bois.

Le tir des deux batteries a été effectué entre les limites de 1900 à 2,500 mètres avec beaucoup de précision ; les obus ont éclaté à bonne distance. Les projectiles ennemis, trop courts ou trop longs, n'ont blessé ni un homme ni un cheval.

Souvenirs et observations sur la campagne de 1870, *de M. le colonel Devaureix (lieutenant au* 66ᵉ *de ligne).*

Extrait.

Mardi, 2 août.

Conformément à ce qui nous a été annoncé la veille, nous recevons l'ordre de lever le camp et de marcher sur Sarrebrück.

Départ vers 10 heures du matin. La brigade Bastoul, précédée d'un détachement de chasseurs à cheval et renforcée d'une batterie de 12 (envoyée de la réserve du corps d'armée), prend la route qui, au nord de Spicheren, se dirige par le Rother-Berg jusqu'à Sarrebrück, parallèlement à la grande route de Forbach. Derrière nous doit marcher en réserve la 2ᵉ brigade de la 3ᵉ division, sous les ordres du général Micheler.

La compagnie du capitaine Giroud, à laquelle j'appartiens depuis la veille (1), est désignée pour servir d'escorte à la batterie de 12.

Arrivés sur l'éperon du Rother-Berg, nous laissons passer devant nous tout le 66ᵉ qui descend dans la plaine . . . .
. . . .

Nous descendons à notre tour, avec la batterie de 12, de l'éperon du Rother-Berg, par un chemin mal entretenu, rocailleux et très en pente. Les sabots d'enrayage sont placés sous les roues; mais la descente est si rapide, le sol si raboteux, que plusieurs de ces freins ne tardent pas à sauter, ce qui oblige nos hommes à se porter aux roues pour ralentir leur vitesse. Une fois au bas de la côte nous suivons le même chemin dans la direction de Repperts-Berg jusqu'à la croupe très arrondie qui se développe devant nous, au sud-est du Galgen-Berg, hauteur sur laquelle les pièces sont mises en batterie. Elles ouvrent leur feu moitié sur les défenseurs du Repperts-Berg, moitié sur ceux du Winter-Berg, dont les crêtes sont occupées par quelques compagnies prussiennes.

. . . .
Arrivés en très bon ordre au pied du Repperts-Berg, les tirailleurs du 66ᵉ engagent une vive fusillade avec ceux de l'ennemi . . . . . .
. . . .

C'est dans cette attaque que tombe mortellement blessé le capitaine adjudant-major Privat. Quelques hommes accourent vers lui pour le transporter en arrière; mais lui s'y refuse en disant : « Enlevez d'abord la position; vous vous occuperez de moi ensuite ! » . . . .
. . . .

---

(1) Où je venais d'être nommé lieutenant.

Pendant ce temps le 67e s'élance sur les pentes du Winter-Berg. Dès lors, le tir de notre artillerie se trouvant masqué par nos propres troupes, la batterie que nous escortons se remet en marche en bataille jusqu'à mi-côte. Là, au carrefour de deux chemins creux, je rencontre mon camarade Laramée, lieutenant du 66e, blessé d'une balle à l'épaule.

. . . .
La batterie reprend le chemin qui la conduit bientôt elle-même au sommet du plateau. . . . .

. . . .
Notre section d'éclaireurs, voyant le combat terminé sur sa droite, se rabat à gauche vers la croupe orientale du Champ de manœuvre, où elle rencontre une assez forte résistance. C'est, en effet, le centre de la ligne ennemie et le point de passage par où la plupart des défenseurs doivent se replier sur Sarrebrück. Le lieutenant Debar, qui marche au milieu de ses éclaireurs, s'obstine, malgré les exhortations du sergent Soubeyrand, à rester debout et à découvert devant les tirailleurs allemands, qui ne se trouvent plus qu'à quelques pas de lui. « Baissez-vous, « mon lieutenant, s'écrie Soubeyrand, derrière cette haie ; en face de « vous des tireurs vous mettent en joue ! — Me baisser devant des « Prussiens, jamais ! » répond Debar en restant fièrement debout ; et il commande : « En avant ! »

Au moment où ce brave officier lance ses hommes sur la dernière crête, il tombe frappé de deux balles en pleine poitrine. Il n'a que le temps de s'écrier « Bien touché ! » et il expire sur la place.

PONTONNIERS.

Historique du 16e d'artillerie pontonniers.

2 août.

Départ de Strasbourg de la 2e compagnie, attachée à l'équipage de pont du 2e corps, et dirigée également sur Forbach. Cette compagnie a, au départ de Strasbourg, 140 hommes à l'effectif ; elle a son équipage de pont et sa compagnie du train.

d) Situation et emplacements.

CORPS.	OFFICIERS.	TROUPE.	TOTAUX.	CHEVAUX.	EMPLACEMENTS.
État-major général............	12	»	12	38	Brême-d'Or.
Division Vergé............	292	7,377	7,669	639	Champ de manœuvre de Sarrebrück (1).
Division Bataille..........	315	8,123	8,438	660	Maison de Douane, route de Sarrebrück et sur les hauteurs de Sarrebrück.
Division de Laveaucoupet..	299	8,281	8,580	629	Sur le plateau de Saint-Arnual (2).
Division de cavalerie (de Valabrègue)..............	166	2,236	2,402	2,179	Forbach.
Réserve d'artillerie.........	27	973	1,000	923	Brême-d'Or (3).
Génie...................	4	146	150	78	Id.
TOTAUX.....	1,115	27,136	28,251	5,146	

(1) Sauf le 3ᵉ bataillon de chasseurs et le 32ᵉ de ligne à la Brême-d'Or.
(2) En réalité, les emplacements de la 3ᵉ division étaient :
- 1ʳᵉ brigade (moins le 10ᵉ bataillon de chasseurs)...... au N.-E. de Spicheren.
- 10ᵉ bataillon de chasseurs.... à Saint-Arnual.
- 2ᵉ brigade { 24ᵉ de ligne...... sur les hauteurs au sud de Sarrebrück.
  { 40ᵉ de ligne...... { 1 bataillon sur les hauteurs au sud de Sarrebrück.
  { 2 bataillons à Saint-Arnual.
- Artillerie............... { 2 batteries sur les hauteurs de Sarrebrück.
  { 1 batterie (canons à balles), avec la 1ʳᵉ brigade.
- Compagnie du génie......... sur les hauteurs de Sarrebrück.

(3) Le parc toujours à Lunéville; l'équipage de ponts est en route pour rejoindre.

Journée du 2 août.

3ᵉ CORPS.

a) Journaux de marche.

Journal de marche du 3ᵉ corps d'armée.

(Voir *Revue militaire*, mars 1900, page 194).

Division de Montaudon.

Journal de marche.

2 août.

La division reçoit, la nuit, l'ordre de se porter sur Forbach avec tous ses bagages et son convoi.

La soupe mangée on part dans le même ordre que la veille (1), et l'on va se former en avant de Morsbach, à 2 kilomètres en arrière de Forbach. Là, les troupes piquent les tentes et repartent en colonne légère pour Forbach.

La division emmène toute son artillerie sans caissons; un caisson de cartouches par régiment.

La colonne, précédée de sa cavalerie, arrive à Forbach, traverse la ville, tourne à gauche, prend la route de Sarrelouis. A l'entrée de la forêt, le maréchal Bazaine, commandant le 3e corps, prend en personne la direction de la reconnaissance et la dirige sur la gauche de la Grande-Rosselle. Le bataillon de chasseurs s'établit sur ce point avec des compagnies du 51e. Le 62e, avec la 2e brigade, sous les ordres du général de division, continue par Vieille-Verrerie à monter sur les plateaux boisés de la rive gauche de la Sarre.

A midi on entend une canonnade dans la direction de Sarrebrück; à 2 heures, le maréchal Bazaine emmène le 62e, laissant la 2e brigade en observation sur le plateau. Il s'engage dans la forêt. La tête de colonne débouche, vers 3 heures, en face de Wolklingen, sur un petit plateau déboisé d'où l'on domine le cours de la Sarre et canonne un instant la gare (2).

Un bataillon prussien replie à la hâte ses avant-postes et se rallie derrière les maisons. A 4 heures, la colonne se replie, rallie tous ses petits postes et rentre à Morsbach à 9 h. 1/2 du soir.

Division de Castagny.

Journal de marche.

2 août.

Le restant de la 1re brigade (3) va camper à Haut-Hombourg (4).

. . . .

---

(1) Voir page 170.
(2) Tir exécuté par la 5e batterie du 4e d'artillerie.
(3) 19e et 41e de ligne; le 15e bataillon de chasseurs était à Haut-Hombourg depuis la veille.
(4) Il semble y avoir là une erreur, d'après les historiques des 19e et 41e de ligne, tous deux d'accord pour donner Rosbrück comme camp de la 1re brigade, le 2 au soir.

Division Metman.
Journal de marche.
2 août.

D'après les ordres du maréchal commandant le 3e corps, la 1re brigade de la 3e division d'infanterie est partie de Ham-sous-Varsberg à 9 heures, et est allée prendre position au-dessus de Creutzwald-la-Croix, où elle est restée toute la journée. Elle rentra au camp à 9 heures du soir, n'ayant rien vu, mais croyant avoir entendu le canon du côté de Sarrebrück.

Première brigade (de Potier).
Journal de marche.
2 août.

Le 2 août la brigade, sous les ordres de son chef, fait, avec deux escadrons du 10e régiment de chasseurs et une batterie d'artillerie, une reconnaissance dans la direction de Sarrelouis et aperçoit des corps de cavalerie prussienne.

Cette reconnaissance avait lieu au moment où s'effectuait l'attaque de Sarrebrück.

Division Decaen.
Journal de marche.
2 août.

La 1re brigade tout entière, avec un escadron du 3e chasseurs, deux sections d'artillerie et quelques cacolets, quitte le campement de Boucheporn à 9 heures du matin, pour se rendre à Carling et l'Hôpital, villages de la frontière, en se conformant aux ordres de M. le maréchal commandant le 3e corps relativement à la formation des colonnes mobiles. Le général Decaen marche avec cette colonne.

La 1re brigade arrive en position à 11 h. 1/4 et observe le village de Lauterbach, qu'elle reconnaît être inoccupé, se reliant à gauche à la division Metman et à droite à la division de Castagny, appartenant toutes les deux au 3e corps.

Cette brigade prend position vers 5 heures, en arrière, vers Diesen, et rentre à Boucheporn à 8 heures du soir.

Le 80e de ligne, de la 3e brigade, était chargé d'occuper le point désigné sous le nom de « Maison isolée de Porcelette ».

Le 85e de ligne était chargé de la garde du camp.

Division de cavalerie (de Clérembault).
Journal de marche.
2 août.

Séjour des 4 régiments de dragons au bivouac de Saint-Avold.

Un peloton de 24 cavaliers du 2e dragons est monté à cheval pour accompagner en reconnaissance un bataillon du 69ᵉ de ligne (1). Parti à 9 heures du matin, il est rentré le 3, à 1 heure du matin.

. . . .

ARTILLERIE.
(RÉSERVE D'ARTILLERIE ET PARC DU 3ᵉ CORPS.)
Journal de marche.

2 août.

Dans la nuit on reçoit l'ordre de faire partir la 11ᵉ du 11ᵉ (capitaine Ducher), qui doit être attachée provisoirement à la 1ʳᵉ brigade (Nayral) de la 2ᵉ division (de Castagny) du 3ᵉ corps.

Cette batterie quitte le camp à 4 heures du matin. La réserve d'artillerie est d'ailleurs toujours campée près de Saint-Avold.

Historique du 16ᵉ régiment pontonniers.

2 août.

Arrivée à Forbach, par le chemin de fer, de la 4ᵉ compagnie attachée à l'équipage de pont du 3ᵉ corps et dirigée de Metz sur Saint-Avold et Forbach, le 31 juillet.

A Forbach son effectif est complété à 150 hommes.

RÉSERVE DU GÉNIE.
Journal de marche.

2 août.

Le général commandant le génie accompagne M. le maréchal Bazaine qui, avec la brigade Nayral de la 2ᵉ division et la compagnie du génie dite des chemins de fer, se porte par Hombourg, Merlebach, Rosbrück, Forbach et Rosselle au-dessus du village de Werden (2). Quelques coups de canon sont tirés sur le gros village prussien de Wolklingen, d'où se retirent les avant-postes prussiens.

Retour à Saint-Avold, où la demi-compagnie des chemins de fer arrive vers 1 heure du matin, après avoir parcouru environ 50 kilomètres.

c) **Opérations et mouvements.**

Le général de Potier au général Metman.

2 août, midi et demi.

Je suis, avec ma brigade, formé en bataille sur le sommet du plateau,

---

(1) Envoyé sur l'Hôpital pour relier la 4ᵉ division à la 1ʳᵉ brigade de la 2ᵉ division.

(2) En réalité, la 1ʳᵉ brigade (Nayral) de la 2ᵉ division est restée massée dans le ravin où est située Petite-Rosselle.

en avant de Creutzwald, et à cheval sur la route de Sarrelouis. Je viens d'envoyer l'escadron en reconnaissance dans la direction de Uberhernn, et j'ai mis mes deux pièces en batterie sur la route.

Si nous devons camper ici, je vous prie de me le faire savoir, parce que je prendrai une autre disposition de campement, en arrière de la position que j'occupe, laquelle serait dans la ligne de mes avant-postes. J'entends le canon sur ma droite, dans la direction de Sarrebrück ou de Forbach. On nous dit qu'hier, après notre reconnaissance, 50 uhlans sont venus jusqu'à Creutzwald et se sont retirés par les bois, dans la direction de Lauterbach. Je n'ai pas, pour le moment, d'autres renseignements.

Le général de Potier au général Metman.

2 août, 1 h. 25 soir.

La reconnaissance de cavalerie rentre au pas. . . . .
. . . .
On n'a trouvé d'autres traces de troupes que celles d'un bivouac d'une soixantaine de chevaux, sur la droite de la route, à 500 ou 600 mètres en deçà de Uberhernn. La canonnade que nous entendions, il y a trois quarts d'heure sur notre droite, et qui a duré très distinctement pendant plus d'une demi-heure, ne se fait plus entendre du point où nous sommes. J'attends des ordres de votre part pour savoir ce que je dois faire.

Le bruit du canon s'étant fait entendre dans la direction de Sarrebrück, il me paraît bien peu probable qu'il y ait du monde dans la vallée de la Lauterbach, du moins près de nos frontières.

Le même au même.

2 août, 2 h. 55.

Nous sommes toujours rangés en bataille sur le même emplacement, les troupes derrière leurs faisceaux. Le plus grand calme continue à régner autour de nous. L'engagement qui a eu lieu sur notre droite paraît terminé, car on n'entend plus rien depuis plus d'une heure.

On aperçoit en ce moment sur la croupe, à droite de Bérus, deux colonnes qui sont stationnaires et semblent venir de la frontière française. Ce sont probablement les troupes du général Ladmirault, dont il a été parlé dans l'ordre du Maréchal. La colonne de droite est en ce moment à l'horizon, sur la croupe ; elle fait tête de colonne à gauche, paraissant rentrer sur le territoire français.

Je viens d'entendre, dans la direction de Sarrebrück, mais à une distance qui serait fort grande, quelques coups sourds qui peuvent être des coups de canon.

Aucun des deux cavaliers que je vous ai envoyés, à midi 45 et à 1 h. 40, n'est encore revenu.

Je vous prie de vouloir bien m'envoyer vos ordres, pour que je sache si je dois camper ici, faire faire la soupe des hommes, ou si je dois rentrer au camp.

3 h. 15.

Je reçois à l'instant votre dépêche n° 58. Les colonnes dont j'ai parlé sont probablement la division de cavalerie, et elles vont disparaître à gauche, rentrant dans la direction de Tromborn.

On n'entend en ce moment aucun bruit, de quelque côté que ce soit.

Je rentrerai aussitôt que vous m'en donnerez l'ordre.

Le général de Potier au général Metman.

Ham-sous-Varsberg, 2 août.

Conformément à vos ordres et à ceux de M. le Maréchal, que vous m'avez fait l'honneur de me transmettre, je suis parti du camp avec ma brigade à 9 heures du matin, après la soupe mangée. A 11 heures j'étais sur le plateau situé au delà de Creutzwald et qui domine les vallées de la Bisten et du Lauterbach. J'ai fait déployer à environ 600 mètres en deçà de la frontière, à droite de la route, deux bataillons du 7ᵉ de ligne et le 7ᵉ bataillon de chasseurs à pied. En arrière de ces bataillons j'ai établi, à 300 mètres, le 3ᵉ bataillon du 7ᵉ de ligne sur un mamelon et j'ai poussé une de ses compagnies sur la droite pour occuper la lisière du bois. A gauche de la route et à la hauteur des bataillons de première ligne déjà déployés, j'ai fait former en bataille le 1ᵉʳ bataillon du 29ᵉ de ligne et masser à 300 mètres en arrière, sur la déclivité du terrain, les deux derniers bataillons de ce régiment. Une compagnie en a été détachée pour occuper, à la naissance des bois qui sont à droite, le débouché de la route qui conduit à Lauterbach. A 50 mètres en avant de la première ligne j'ai établi, sur la route, ma section d'artillerie en batterie. J'ai placé à 200 mètres plus loin, à droite et à gauche de la chaussée et en dehors de la ligne de tir des pièces, une compagnie de chasseurs à pied. Des vedettes ont été envoyées en avant, dans toutes les directions, pour surveiller les bois que nous avons devant nous. Cela fait, j'ai fait partir l'escadron du 10ᵉ chasseurs, avec mission de suivre la grande route, de descendre les pentes qui sont au delà de la frontière prussienne et d'aller jusqu'à Uberhernn et Bisten reconnaître ce que les bois, placés en avant de nous, ne nous permettaient pas d'apercevoir dans les vallées en question. La cavalerie, tout en ayant mission de bien se rendre compte des choses, ne devait pas s'engager contre des forces supérieures et devait me prévenir à temps pour obvier à l'imprévu.

La cavalerie, partie vers 11 h. 1/2, est allée jusqu'à 200 mètres d'Uberhernn qui forme sur la route deux lignes de maisons parallèles se prolongeant jusqu'à Bisten, point où la vallée s'élargit et présente une grande percée se dirigeant vers la Sarre. A midi et demi, la cavalerie est revenue au pas, n'ayant aperçu aucune troupe ennemie tant en avant d'elle que sur le flanc gauche, dans la direction de Bérus. Elle avait seulement remarqué aux abords d'Uberhernn les traces d'un bivouac abandonné d'un escadron de cavalerie. C'est alors que je vous ai expédié une dépêche vous rendant compte de ces résultats.

La compagnie du 29e, placée à la naissance de la route de Lauterbach, et un peloton du 3e chasseurs à cheval, dépendant de la brigade du général de Brauer placée à Carling, qui s'est enfoncé dans les bois jusqu'à moitié de leur profondeur, m'ont fait savoir qu'il n'y avait aucun ennemi dans cette direction. Cette assurance m'a été confirmée par le bruit d'une canonnade assez nourrie indiquant la présence de plusieurs bouches à feu, et par celui de feux de mousqueterie qu'on entendait sur notre droite, *au delà des bois*, dans la direction de Sarrebrück.

Cette canonnade et ces feux de mousqueterie se sont prolongés jusqu'à 2 heures, mais en s'éloignant de plus en plus, ce qui permet de croire qu'un mouvement offensif des troupes françaises a peut-être amené le passage de la Sarre. A ce moment, 1 h. 55 ou 2 heures, je vous ai expédié une deuxième dépêche vous rendant compte de ce que je croyais être l'état de la situation et vous demandant des ordres m'indiquant l'heure à laquelle vous jugeriez convenable de fixer mon retour au camp, si ma mission vous paraissait accomplie.

A 3 h. 15, j'ai reçu de vous une note n° 58, m'indiquant que « je « devais avoir derrière moi, sur la route de Creutzwald à Porcelette, « une brigade de la 4e division de notre corps d'armée ayant une sec- « tion d'artillerie, et l'autre brigade, sans artillerie, dirigée sur Carling « et peut-être sur Lauterbach ». La même note indiquait que vous pensiez recevoir prochainement, de l'état-major général, l'ordre de me faire rentrer dans la soirée. A 3 heures une division de cavalerie, débouchant de notre frontière par la vallée de la Bisten, a gravi obliquement à droite une croupe située au delà des bois que nous avions devant nous et à laquelle se relie la hauteur sur laquelle s'élève Bérus. Cette division de cavalerie s'est arrêtée un instant à mi-côte, faisant face à Bérus, et s'est placée sur deux lignes, se faisant éclairer en avant d'elle et sur sa gauche jusqu'à hauteur des crêtes. A 3 h. 1/2 cette division de cavalerie a rompu par sa gauche et est montée sur la crête en se dirigeant obliquement à gauche vers la frontière française. A 4 heures elle avait disparu dans la direction de notre territoire, du côté de Tromborn. Quand le mouvement de retraite de cette cavalerie s'est effectué, quelques pelotons de cavalerie (2 ou 3) sortis de Bérus se sont portés un peu en avant du village comme pour en observer la marche. A 3 heures j'avais de nouveau entendu sur ma droite, mais à une très grande distance, quelques détonations qui m'ont paru être celles du canon. J'ai eu l'honneur de vous rendre compte de ces faits, au fur et à mesure qu'ils se sont produits. A 7 heures moins 1/4 M. le capitaine de Champflour, attaché à l'état-major de votre division, est venu me trouver et m'a dit, de votre part, que, si je jugeais que les troupes des autres divisions ayant participé à la reconnaissance s'étaient retirées, je pouvais rentrer au camp. L'action engagée sur ma droite étant terminée depuis 2 heures de l'après-midi, après s'être éloignée de plus en plus dans la direction de Sarrebrück et n'ayant fait entendre sur les 3 heures que quelques coups isolés et excessivement lointains ; la reconnaissance de la cavalerie française du 4ᵉ corps étant terminée depuis 4 heures du soir, j'ai cru que le moment était venu de profiter de votre autorisation pour rentrer au camp et, par suite, de laisser la brigade de Brauer placée à Carling, avec ordre de subordonner sa retraite à la mienne, en faire autant.

J'ai donc quitté ma position à 7 heures. Je suis arrivé avec la tête de ma brigade à 8 h. 1/4, et le bataillon de chasseurs à pied placé en arrière-garde est arrivé à 9 h. 15 à son bivouac.

Le général Arnaudeau, commandant la 2ᵉ brigade de la 3ᵉ division du 3ᵉ corps, au général Metman.

Ham-sous-Varsberg, 2 août.

J'ai l'honneur de vous rendre compte qu'une troupe considérable, d'une brigade ou tout au moins d'un régiment, vient de s'établir à notre droite (1). En conséquence, j'ai donné l'ordre de suspendre le mouvement du bataillon du 59ᵉ de ligne, que vous aviez prescrit ce matin.

J'ai également l'honneur de vous rendre compte que j'ai envoyé un peloton de chasseurs à l'extrémité du bois de Merten, avec ordre de pousser des éclaireurs jusqu'au village de Creutzwald, afin de m'informer, d'heure en heure, de ce qui se passera à la brigade du général de Potier.

Le maréchal Bazaine au général de Montaudon, à Morsbach.

Saint-Avold, 2 août, 9 h. 1/2 soir.

Mettez-vous immédiatement en relation avec M. le général Frossard,

---

(1) C'était probablement la 1ʳᵉ brigade de la 4ᵉ division qui, d'abord en position à Carling et l'Hôpital, s'était repliée ensuite, vers 5 heures du soir, à Diesen.

commandant en chef le 2ᵉ corps, à la disposition duquel vous êtes mis momentanément, en ce qui concerne les mouvements de troupe seulement.

Vous êtes destiné à agir surtout sur sa gauche, dans les terrains que nous avons reconnus aujourd'hui. Pour tout le reste du service divisionnaire, rapports, administration et service, vous continuerez à correspondre avec moi.

d) **Situations et emplacements.**

CORPS.	HOMMES.	CHEVAUX	EMPLACEMENTS.
État-major général........	232	»	Saint-Avold.
Division de Montaudon......	7,993	»	Morsbach.
Division de Castagny.......	7,948	»	Saint-Avold et Haut-Hombourg.
Division Metman..........	7,753	»	Ham-sous-Varsberg.
Division Decaen..........	9,355	»	Boucheporn.
Division de cavalerie (de Clérembault).............	4,295	»	Saint-Avold.
Réserve d'artillerie et génie.	228	»	Saint-Avold (1).
Divers..................	1,349	»	
Total......	39,453	7,913 (2)	

(1) Équipage de ponts, à Forbach.
(2) Les situations détaillées des divisions manquent. Ce chiffre est extrait du « *Procès Bazaine* », pièce annexe, nº 1.

Journée du 2 août.

4ᵉ CORPS.

a) **Journaux de marche.**

Journal de marche de la 1ʳᵉ division.

Le général de Cissey ayant reçu l'avis officiel que le 2ᵉ corps d'armée (Frossard) devait prononcer une attaque sur Sarrebrück, envoie, pour se conformer aux instructions jointes à cet avis, deux reconnaissances sur la frontière prussienne, afin d'appuyer l'opération qui doit être exécutée à notre droite et de détourner l'attention de l'ennemi.

A cet effet, le 2ᵉ hussards part de son bivouac à 3 heures du matin pour rejoindre la brigade Berger (2ᵉ division du 4ᵉ corps), qui fait une reconnaissance parallèle à celles de la division. Ce régiment de cavalerie ne rentre qu'à la nuit, très fatigué, et après avoir poussé jusqu'à Bérus, sans avoir rencontré d'autres forces ennemies que quelques vedettes et leurs petits postes de soutien.

A 6 heures du matin, le général Brayer, avec un demi-bataillon de chasseurs à pied, quatre bataillons des 1ᵉʳ et 6ᵉ régiments d'infanterie, une batterie d'artillerie de 4, deux escadrons du 7ᵉ hussards et une petite ambulance, fait fouiller les bois en avant de notre position et sur les flancs de la grande route de Sarrelouis, puis se dirige sur Schreckling.

A quelque distance de ce village des coups de feu sont envoyés par des patrouilles prussiennes ; on les pousse vivement, on enlève Schreckling et l'on fait fouiller Leyding. Le capitaine Garcin, de service à la reconnaissance, pousse une pointe sur Villing avec deux compagnies de chasseurs ; il revient sur Oberdorff, où tout le monde rallie, et d'où l'on rentre à Bouzonville par Alzing.

Le général de Golberg avait fait, de son côté, pendant cette même matinée du 2, une petite reconnaissance vers notre gauche, mais n'avait eu rien à signaler.

Journal de marche de la 2ᵉ division.

Pour faciliter l'attaque projetée de Sarrebrück par le 2ᵉ corps de l'armée du Rhin (général Frossard), le 4ᵉ corps et le 3ᵉ (maréchal Bazaine) doivent faire une reconnaissance offensive du côté de Bérus et de Sarrelouis.

La 2ᵉ division quitte ses camps de Boulay à 5 heures du matin, les soldats sans sacs, avec des vivres seulement pour la journée. Son rôle consiste à servir de réserve à la 3ᵉ division, qui est chargée de la reconnaissance.

Le 5ᵉ bataillon de chasseurs est mis à la disposition du général de Lorencez pour cette opération.

A 6 h. 1/2, la 2ᵉ division prend position à 2 kilomètres environ en avant de Coume.

Sur un avis venu du grand quartier général, le général de Ladmirault fait mettre en marche la 3ᵉ division à 10 heures seulement. A sa suite s'ébranle la 2ᵉ, qui va occuper, par ordre du général en chef, un plateau dominant Hargarten et Dalem, prête à porter secours aux troupes portées au delà de la frontière.

La division de Lorencez, appuyée par la brigade de dragons, fait sa reconnaissance par Teterchen, Hargarten, Falck, Merten, Bérus, Villing, Tromborn, Remering, sans trouver un ennemi. Elle rentre à Coume à 6 heures du soir, et la 2ᵉ division à Boulay, à 8 heures.

Journal de marche de la 3ᵉ division.

Coume (mardi).

Le 2ᵉ bataillon de chasseurs à pied part à 5 heures du matin pour aller s'établir à Teterchen. Ce bataillon, placé provisoirement sous les ordres de M. le général Berger, est établi, partie au point d'intersection des routes de Bouzonville et de Sarrelouis, partie sur la hauteur boisée qui est à droite de la route de Sarrelouis.

D'après les ordres du général en chef, et pour l'exécution d'un plan d'opérations commandé à divers corps d'armée, les deux brigades de la division opèrent une reconnaissance offensive dans la direction de Sarrelouis, en partant de Coume et de Teterchen.

Les troupes de la brigade Pajol, renforcées par le 5ᵉ bataillon de chasseurs, le 3ᵉ dragons, une demi-batterie d'artillerie, venus le matin de Boulay, prennent les armes à 10 heures et se dirigent par la route de Coume à Teterchen, puis par celle de Hargarten-aux-Mines. Le général de division marche avec la 1ʳᵉ brigade.

Le général Bellecourt, commandant la 2ᵉ division du corps d'armée, se tient en arrière des troupes de la 2ᵉ brigade, prêt à les appuyer dans leurs mouvements.

Arrivé à Merten, le général de division prend les dispositions suivantes pour attirer l'attention de l'ennemi et pour reconnaître Bérus, sans toutefois trop s'en approcher, car cette position avait été signalée, par le quartier général, comme très forte et garnie d'une puissante artillerie.

Suivi de deux bataillons du 15ᵉ de ligne et d'une section du génie, il s'engage dans un sentier qui, partant de Merten, passe par le plateau de ce nom et amène sur un plateau qui domine Bérus à plus de 300 mètres. De ce plateau, on peut s'assurer qu'aucun ouvrage de campagne n'a été élevé près de Bérus, et que le village ne renferme ni soldats ni canons. Quelques pelotons de cavalerie sont aperçus vers le Nord ; ce sont des hussards du 7ᵉ régiment qui ont accompagné le général Berger dans la reconnaissance que, de son côté, il a pratiquée, venant de Teterchen.

Le reste de la colonne, sous les ordres du général Pajol, avait, pendant ce temps-là, pris la route de Bibling à Berveiller, et s'était établi sur le plateau, en avant de la route de Sarrelouis à Boulay, de manière à prêter son appui au général de division. La 2ᵉ division était restée en arrière de la brigade Pajol.

L'objet de la reconnaissance étant atteint, puisqu'on avait pu s'assurer exactement de l'état dans lequel était la position de Bérus, qui n'était point organisée défensivement comme on l'avait supposé, toutes les troupes rentrent à leur cantonnement. Elles rejoignent leurs bivouacs vers 7 heures.

2e BRIGADE (Berger).
Journal de marche.

2 août.

Le 2 août, je reçus du général de division l'ordre de faire sur Sarrelouis une démonstration qui, avec la reconnaissance faite par la 1re brigade de Coume sur Lauterbach (1), devait contribuer à faire une puissante diversion, en vue de l'attaque qui était faite sur Sarrebrück par le 2e corps (Frossard).

Le 2e régiment de hussards me fut envoyé. Il était mis sous mes ordres et il devait servir à éclairer ma colonne; on me prescrivait, dans mes instructions écrites, la prudence la plus extrême et l'ordre formel d'éviter tout engagement sérieux de ma part. Je quittais Teterchen, après avoir fait manger la soupe du matin.

Ma colonne se composait du 2e hussards, tête de colonne, puis du 54e, d'une batterie d'artillerie; l'arrière-garde était faite par le 65e.

Pour arriver à la frontière, où se trouvent les poteaux indicateurs, j'avais 10 à 12 kilomètres à franchir. Je fis faire halte à la maison de douane prussienne..... Je continuai ma route sur Sarrelouis. A 3 ou 4 kilomètres sur notre gauche, nous aperçûmes une colonne de 300 ou 400 hommes; mes éclaireurs se portèrent de leur côté; quelques coups de feu furent échangés.

Un peu avant d'arriver au village de Remering, ayant remarqué que la route était dominée par un très beau plateau, très bien disposé pour soutenir une troupe en cas de retraite, je fis occuper la position par le 65e de ligne et par une section d'artillerie. Sans inquiétude sur mes derrières, je continuai ma marche vers Sarrelouis; je pense m'en être approché de 3 ou 4 kilomètres. Je regrette vivement que les instructions qui m'avaient été données aient été aussi précises et aussi formelles. On m'avait assuré qu'il n'y avait aucune garnison dans cette place et que quelques coups de canon suffiraient pour m'en rendre maître. Sans prendre au pied de la lettre des renseignements qui, évidemment, étaient exagérés, je crois que l'on aurait pu rendre ma reconnaissance plus sérieuse en vérifiant par soi-même ce que pouvait contenir cette place. J'étais en forces pour une pareille opération

---

(1) En réalité, sur Merten. (Voir page 252.)

et je devais avoir d'autant plus de confiance que je savais la 1re brigade à 8 ou 10 kilomètres de la mienne.

Après avoir fait une pause d'une demi-heure, je donnai l'ordre de rebrousser chemin. Le 2e hussards fut chargé de la retraite.

La colonne que nous avions aperçue en allant, à notre gauche, vers Ittersdorf, avait complètement disparu à notre retour; nos cavaliers n'eurent aucune occasion d'échanger leurs balles avec l'ennemi. Nous repassâmes la frontière, et, à 6 kilomètres de là, nous fîmes notre jonction avec la 1re brigade, qui s'était arrêtée sur la route.

De midi à 2 heures, pendant que nous nous dirigions sur Sarrelouis, nous avons parfaitement entendu, malgré la distance, la canonnade du général Frossard. Nos soldats étaient joyeux et impatients de se mesurer avec l'ennemi. Ils avaient espéré, dans cette reconnaissance, le rencontrer. Certainement, cette ardeur, bien dirigée, eut été de bon augure pour les débuts de la campagne.

Les deux brigades, ayant fait leur jonction, se dirigèrent chacune vers les positions qui lui avaient été désignées : la 1re brigade à Coume, la 2e à Teterchen.

Journal de campagne du lieutenant Palle.

2 août.

Repos. Le capitaine Basset est attaché au général Soleille.

Reconnaissance du général de Ladmirault et du général Laffaille (1), avec de l'infanterie, de la cavalerie, une demi-batterie à cheval et une batterie de mitrailleuses, sur la frontière de Prusse. Elle ne rencontre rien.

. . . .

c) Opérations et mouvements.

Le général de Cissey au général de Ladmirault.

Bouzonville, 2 août.

1° Une reconnaissance, placée sous les ordres du général Brayer, commandant la 1re brigade, et composée de :

    4 bataillons d'infanterie (1er et 6e de ligne);
    2 compagnies de chasseurs à pied (20e bataillon);
    2 escadrons du 7e hussards;
    1 batterie d'artillerie (4 rayé);
    3 voitures d'ambulance,

---

(1) Commandant l'artillerie du 4e corps.

est partie de ses bivouacs à 6 heures du matin, conformément aux ordres de M. le général commandant le 4ᵉ corps d'armée.

Cette reconnaissance s'est d'abord portée dans la direction de Schreckling (route de Bouzonville à Sarrelouis). On a fouillé avec soin la forêt de Boubèche sur la droite, les bouquets de bois dits de la Commune et de Leyding sur la gauche. Lorsque la tête de la reconnaissance est arrivée à un kilomètre de Schreckling, on a aperçu des patrouilles ennemies de cavalerie et d'infanterie, entre Leyding et Bedersdorf.

Les dispositions convenables ont alors été prises par M. le général Brayer pour faire fouiller les villages de Leyding et de Schreckling. Les patrouilles ennemies se sont immédiatement retirées devant notre mouvement en avant, en nous envoyant quelques coups de feu qui n'ont pas porté.

Aussitôt après que Schreckling eut été occupé, un escadron du 7ᵉ hussards poussa une pointe jusqu'à Ittersdorf, et cette pointe eut pour effet de forcer les patrouilles ennemies à se replier davantage.

La reconnaissance se rabattit alors de Schreckling sur Château-Rouge et Oberdorff. Pendant que s'effectuait cette marche du gros de la reconnaissance, le capitaine d'état-major Garcin, soutenu par deux compagnies d'infanterie déployées en tirailleurs, poussa une pointe jusqu'à Villing et se rabattit, par le petit bois de Jungwald, vers Tromborn, Odenhoven et Oberdorff, où s'était massé le gros de la reconnaissance.

Des hauteurs de Villing, le capitaine Garcin signala des patrouilles détachées probablement de Filsberg; mais celles-ci se tinrent à distance.

D'Oberdorff, la reconnaissance rentra dans la position de Bouzonville, partie par la route d'Alsting, partie par un chemin d'exploitation qui longe la pointe méridionale de la forêt de Boubèche.

En résumé, tout le terrain au nord-est de Bouzonville, entre Leyding et Villing, a été fouillé et parcouru à fond par la reconnaissance. Les troupes sont rentrées dans leurs bivouacs vers midi;

2° D'après des renseignements fournis par les habitants disséminés dans les champs et que l'on a interrogés, Filsberg serait occupé assez fortement par l'ennemi (1). Des batteries auraient été préparées à Berus. Les points de Berus, Filsberg et Sainte-Barbe seraient les points de résistance probable pour l'ennemi, pour nous arrêter au cas où l'on marcherait sur Sarrelouis;

3° En même temps que s'exécutait la reconnaissance dont il vient d'être parlé, la brigade de Golberg en exécutait une de son côté, et

---

(1) Renseignements inexacts.

faisait fouiller les massifs de bois (rive droite de la Nied) dits *Bruch*, *Reissel*, *Bois de la commune*, le *Grossenwald* (voir la carte au 1/80,000°). Cette reconnaissance du général de Golberg, soutenue par deux escadrons du 7e hussards, n'a eu rien de particulier à signaler. »

P.-S. — D'après des renseignements fournis par des habitants de Schreckling, l'ennemi aurait eu *hier* deux tués et un blessé par les grand'gardes du 57e.

Le commandant de Place au général de Ladmirault, à Boulay (D. T.).

Thionville, 2 août, 12 h. 5 soir.

3e bataillon 98e partira à 2 heures, avec un convoi pour la 1re division. Le bataillon de chasseurs (1) et celui de la garde nationale mobile sont incapables d'assurer le service de la place et des subsistances du 4e corps.

On dit que 13 cavaliers prussiens sont venus depuis Sierck jusqu'à Petite-Hettange, 12 kilomètres de Thionville.

d) Situations et emplacements.

CORPS.	OFFICIERS.	TROUPE.	TOTAUX.	CHEVAUX.	EMPLACEMENTS.
État-major général........	32	»	32	75	Boulay.
Division de Cissey........	322	7,788	8,110	612	Bouzonville.
Division Grenier.........	316	7,768	8,084	620	Boulay.
Division de Lorencez.....	315	8,424	8,739	636	Coume et Teterchen.
Division de cavalerie (Legrand)...............	178	2,303	2,481	2,400	Bouzonville, Filstroff, Boulay.
Réserve d'artillerie.......	26	990	1,016	1,009	Boulay.
Génie................	4	136	140	77	Id.
Divers................	44	338	382	171	
Totaux.....	1,237	27,747	28,984	5,600	

(1) De la Garde.

Journée du 2 août.

5e CORPS.

a) Journaux de marche.

Journal de marche de la 1re division.

Séjour à Sarreguemines. Reconnaissance au delà de la frontière, par Frauenberg.

2e BRIGADE (Nicolas).

Rapport du général Nicolas.

2 août.

Reconnaissance offensive sur les rives droites de la Blies et de la Sarre.

Dans cette opération les corps de la brigade prirent les positions suivantes : les deux bataillons du 61e quittent Wising à 3 h. 1/2 du matin, se portent par Bliesbrücken à 2 kilomètres au nord de Rheinheim, appuyant ainsi le 3e lanciers venu de Rohrbach, et qui couvrait les hauteurs à l'ouest de Gersheim. Le 2e bataillon, campé au viaduc, se porta en réserve à Bliesbrücken. Le 5e lanciers formait, à droite, un échelon en avant de Nieder-Gailbach.

Le 86e, avec la 6e batterie du 6e régiment, se mit en marche à 6 heures du matin, dans l'ordre suivant : un bataillon de tête, la 6e batterie soutenue par une compagnie du 4e bataillon de chasseurs, deux bataillons, deux voitures du convoi, une compagnie d'arrière-garde. Cette colonne, sous les ordres du général de brigade, se porta directement sur la rive gauche de la Blies, au-dessus de Bliesguerschwiller, au centre de cette remarquable position défensive. L'artillerie se mit en batterie entre deux bois occupés par deux bataillons dont les avant-postes, placés au moulin et aux gués de Götzen et de Guerschwiller, communiquaient avec ceux de la 2e division, en position sur la rive droite de la Sarre, entre Bliesguerschwiller et Kleinblidersdorf. Le 3e bataillon, en réserve dans un bois, en arrière du centre, se tient en communication avec les deux bataillons en réserve du 11e de ligne, de la 1re brigade, vers la route de Deux-Ponts.

Tous les camps avaient été levés dès le réveil ; les bagages des corps, chargés, restèrent au camp avec une garde; ils ne devaient se mettre en route que sur l'ordre du général en chef, et dans le cas où, par suite de la présence de l'ennemi, les troupes resteraient en position. Un officier par corps resta à Sarreguemines pour recevoir les détachements qui pourraient arriver, ainsi que pour assurer l'ordre et la police des bagages, enfin pour parer aux éventualités et aux besoins des corps.

La présence de l'ennemi n'étant pas signalée, tous les corps quittèrent leurs positions vers 4 heures du soir, pour rentrer dans leurs camps.

Journal de marche de la 2ᵉ division.

Les troupes à Rohrbach et à Sarreguemines (divisions Goze, de l'Abadie, Brahaut, réserve d'artillerie), font une reconnaissance sur la rive droite de la Sarre et de la Blies.

Cette opération devait commencer de manière à ce que toutes les têtes de colonne fussent arrivées à 7 heures du matin aux points où elles devaient franchir la Sarre ou la Blies; mais par suite de nouveaux ordres reçus par le général de Failly, le mouvement fut retardé, et on ne dut être rendu à ces mêmes points qu'à 11 heures du matin.

Le général Lapasset, avec la batterie Dulon et sa brigade, prit position au nord de Grosbliederstroff, sur la rive gauche de la Sarre, de manière à protéger, sans franchir la rivière, le flanc de la marche du général de Maussion s'avançant sur la rive droite.

Le pont du chemin de fer près de Sarreguemines a été réparé par le génie.

La compagnie du génie de la division de l'Abadie, le 49ᵉ et le 88ᵉ de ligne, débouchent près de ce pont à 11 h. 1/2 et passent dessus pour se porter sur la rive ennemie. Le général de division ordonne d'enlever de suite les rails du chemin de fer, de couper les fils télégraphiques et d'occuper la gare de Rilchingen qui est voisine du lieu de passage.

Parvenues sur la rive droite les troupes se forment dans l'ordre ci-après : deux bataillons du 49ᵉ en première ligne, déployés et s'échelonnant par la droite en avant à environ 150 pas; deux bataillons du 88ᵉ, également déployés et sur le même alignement, formant une seconde ligne derrière la première, à 150 pas de distance par rapport au bataillon de gauche de la première ligne; un bataillon du 88ᵉ et un demi-bataillon du 49ᵉ, déployés et alignés entre eux, se tiennent comme réserve à 150 pas derrière la seconde ligne.

L'escadron divisionnaire, l'artillerie, les voitures du génie, précédant la brigade de Maussion et l'ambulance partie de Sarreguemines, ont traversé la Sarre dans la ville même, et la Blies sur un pont construit par l'artillerie avec des bateaux prussiens, à environ 200 mètres des confluents des deux cours d'eau, et qui est couvert par une tête de pont rapidement élevée sur la rive droite de la Blies par les soldats du génie.

L'escadron, en colonne par pelotons, vient se placer en avant et à droite de la première ligne. La batterie de canons du capitaine Kramer (8e du 2e) se porte à hauteur de la deuxième ligne, à droite ; la batterie à balles du capitaine Arnould (5e du 2e) vient se mettre à l'aile droite de la réserve.

Une section du génie doit marcher avec chacune de ces batteries ; l'ambulance, qui a traversé la Blies avant la réserve d'artillerie, ainsi que les bagages autorisés (une voiture par état-major, une voiture par régiment) sont à la suite du bataillon du 88e.

La moitié du bataillon du 49e, aussi en réserve, est envoyée pour escorter la réserve d'artillerie du corps d'armée ; cette artillerie se tient sur la droite de la division de l'Abadie ; elle n'a que des batteries de combat.

On déploie des tirailleurs en avant et l'on se porte vers le village d'Auersmacher. Avant que les lignes s'ébranlent on a aperçu à l'horizon quelques cavaliers ennemis qui se sont retirés sans faire feu.

Après avoir dépassé le village (Auersmacher), la brigade de Maussion s'arrête à environ un kilomètre sur la droite ; l'escadron divisionnaire pousse en avant du front dans les bois pour reconnaître la ferme de Wintringen ; il est appuyé par deux compagnies d'infanterie.

Pendant ce temps les habitants d'Auersmacher, qui avaient fui à l'approche des Français, reviennent dans leurs maisons. Quelques-uns d'entre eux, qui débouchent du bois, annoncent revenir de Sarrebrück et n'avoir rien vu ni entendu dire de nouveau dans cette ville, où il y a marché le jour même. Suivant eux la garnison est faible et ne se compose que d'un escadron de uhlans et du 40e de ligne. Cependant on entend des coups de canon dans cette direction.

Le général de Failly, commandant le 5e corps, vient sur le plateau où la première ligne est arrêtée.

La division Goze a opéré sur les rives de la Blies, soutenant la cavalerie Brahaut. Le 3e lanciers a passé la rivière au pont de Rheinheim et a été reconnaître Gersheim où il a rencontré le 5e lanciers, venu de Rohrbach par Bettweiler. Le 5e hussards et l'escadron du 12e chasseurs campé avec lui ont franchi la Blies au pont de Frauenberg et ont occupé Bebelsheim, où ils se sont ralliés à un escadron du 5e lanciers. Le 61e de ligne marchait avec la cavalerie. Les deux bataillons de ce régiment, établis à Wising, se sont portés par Bliesbrücken à deux kilomètres au nord de Rheinheim, tandis que le 5e lanciers couronnait les hauteurs de Gersheim. Le 2e bataillon du même régiment avait quitté ses positions près du viaduc de la route de Wiesweiler à Bliesbrücken pour venir en réserve à ce dernier village. Le 5e lanciers avait formé un échelon à droite en avant de Nieder-Gailbach. L'autre régiment de la brigade Nicolas (le 86e) s'était établi sur la rive gauche de la Blies, au-dessus de Bliesguerschweiller, faisant face au nord. Deux bataillons, en colonne par division à intervalles de déploiement, étaient sur une ligne passant par Bliesguerschweiller et se trouvaient en arrière de deux bouquets de bois; entre eux, une demi-batterie était en position. L'autre bataillon, en réserve, se tenait en arrière de l'intervalle, entre les deux autres, masqué également par un bois. Ce régiment avait ses avant-postes aux moulins de Götzen et de Gersweiler. Le 11e de ligne avait pris position en arrière du 86e, sur le chemin de Deux-Ponts.

Ce même jour, le 2e corps de l'armée du Rhin, commandé par le général Frossard, s'avançait contre Sarrebrück, et comme, par suite des événements de la journée, le 5e corps pouvait être appelé à continuer sa marche offensive, le général en chef avait prescrit le matin de tenir prêts le convoi auxiliaire de l'administration et les bagages des corps. Ces voitures avaient été réunies près de Wölferding, la tête du convoi près du pont du chemin de fer sur la Sarre.

La cavalerie de la division de l'Abadie revient de Wintringen et ne signale rien. On n'a rien signalé non plus du côté de la cavalerie et de la division Goze.

Le but de la reconnaissance étant atteint et le général en chef n'ayant reçu aucun ordre particulier l'empêchant de rentrer à Sarreguemines, prescrit de faire retourner les troupes aux campements quittés le matin. On se retire en ordre, la gauche en tête; les corps suivent, pour repasser, sur l'autre rive, les chemins par lesquels ils sont venus. On envoie, au général Lapasset l'ordre de reprendre son ancien bivouac de Grosbliederstroff.

On est de retour à Sarreguemines vers 5 heures du soir. . . . . .

1re BRIGADE (Lapasset).
Journal de marche.

2 août.

La brigade quitte son campement (Grosbliederstroff) à 10 heures du matin et va s'établir sur les hauteurs nord-ouest de Grosbliederstroff. Par sa position, elle appuyait la gauche de la brigade de Maussion qui, de concert avec la 1re division du 5e corps, opérait, sur la rive droite de la Sarre, un mouvement destiné à faire diversion à l'attaque de Sarrebrück et à empêcher l'ennemi de se porter de ce côté.

Journal de marche de la division de cavalerie.

Le 5e corps passe la Sarre et la Blies, et fait une reconnaissance pendant l'attaque de Sarrebrück par le 2e corps.

Le général commandant la division de cavalerie se porte, avec le 3ᵉ lanciers et le 61ᵉ de ligne, par Bliesbrücken, à Rheinheim, en Bavière.

Il traverse la Blies au pont de Rheinheim, occupe ce village et fait reconnaître, par le 3ᵉ lanciers, le village de Gersheim et celui de Bebelsheim. Il est rallié, près de Rheinheim, par le 5ᵉ lanciers, parti de Rohrbach et venu par la route de Bettweiler.

Le 5ᵉ hussards et l'escadron du 12ᵉ chasseurs passent la Blies à Frauenberg et occupent le village de Bebelsheim, où ils se relient à un escadron du 3ᵉ lanciers.

L'ennemi ne s'est montré nulle part et les troupes sont rentrées à Sarreguemines, à l'exception du 5ᵉ lanciers qui est retourné à Rohrbach.

Le 12ᵉ chasseurs fait des reconnaissances à Bitche.

Rapport sur les batteries de 12 *appartenant à la réserve d'artillerie du* 5ᵉ *corps.*

2 août.

Le 2 août tout le corps d'armée a fait une reconnaissance offensive du côté de Sarrebrück. La réserve d'artillerie marchait, chaque division en colonne serrée avec intervalles de déploiement, les batteries de 12 au centre.

On n'a pas rencontré l'ennemi et, le soir, on est rentré au bivouac.

c) Opérations et mouvements.

Le général de Failly au général de Lespart, à Bitche.

Sarreguemines, 2 août.

Envoyez l'un de vos bataillons à Breidenbach, sur la hauteur en avant du bois, sur la route de Deux-Ponts.

Le même au même.

Sarreguemines, 2 août.

Faites partir immédiatement les quatre compagnies du 84ᵉ restées à Bitche. Elles rejoindront ce soir leur régiment, qui arrive à Sarreguemines (1).

---

(1) Venant de Phalsbourg.

Le Major général au général de Failly.

2 août.

L'affaire de Sarrebrück a parfaitement réussi. Il y a eu deux ou trois tués et une vingtaine de blessés. L'Empereur et le Prince impérial étaient présents et viennent de rentrer à Metz.

Faites savoir au maréchal Bazaine, à Saint-Avold, ce qui s'est passé de vos côtés et si vous êtes rentré à votre quartier général, à Sarreguemines.

Assurez votre liaison avec le général Frossard, qui occupe Sarrebrück. Vous couvrez sa droite.

Le général de Failly au Major général (D. T.).

Sarreguemines, 2 août, 6 h. 45 soir.

Mes troupes sont rentrées à 6 heures dans leurs camps.

Rien de particulier à signaler; nous n'avons vu qu'une ligne de vedettes.

d) **Situations et emplacements.**

Situation sommaire d'effectif au 2 août.

CORPS.	OFFICIERS.	TROUPE.	TOTAUX.	CHEVAUX.	EMPLACEMENTS.
État-major général.........	16	32	48	48	Sarreguemines.
Division Goze............	297	7,589	7,786	700	Id.
Division de L'Abadie d'Aydrein...............	254	6,016	6,270	524	Id.
Division Guyot de Lespart..	299	7,644	7,943	696	Bitche.
Division de cavalerie (Brahaut.................	147	2,232	2,379	2,007	Niederbronn, Bitche, Sarreguemines.
Réserve d'artillerie.......	33	1,011	1,044	942	Sarreguemines.
Réserve du génie.........	12	124	136	98	Id.
Divers.................	74	763	837	612	
Totaux......	1,132	25,411	26,543	5,627	

Journée du 2 août.

6ᵉ CORPS.

a) Journaux de marche.

Journal de marche de la 3ᵉ division.

La 1ʳᵉ brigade (Becquet de Sonnay) (effectif : 3,212 hommes, 62 chevaux environ) quitte Soissons pour se rendre au camp de Châlons et fait étape à Fismes, où deux bataillons peuvent être logés chez l'habitant. Les quatre autres sont campés aux abords de la ville (1).

d) Situations et emplacements.

CORPS.	OFFICIERS.	TROUPE.	TOTAUX.	CHEVAUX.	EMPLACEMENTS.
État-major général........	31	49	80	90	Camp de Châlons.
Division Tixier...........	306	9,257	9,563	512	Id.
Division Bisson...........	287	8,317	8,604	526	Id.
Division La Font de Villiers.	291	7,246	7,537	484	En route de Soissons pour le camp de Châlons.
Division Levassor-Sorval...	283	7,149	7,432	499	Paris.
Division de cavalerie (de Salignac-Fénelon).......	196	2,570	2,766	2,434	Camp de Châlons.
Réserve d'artillerie........	30	1,240	1,270	1,055	Id.
Génie..................	»	39	39	61	Id.
Force publique...........	5	83	88	60	
Services administratifs.....	77	763	840	122	
Totaux.....	1,506	36,713	38,219	5,843	

(1) La 2ᵉ brigade ne doit partir que le 3 de Soissons pour arriver au camp de Châlons le 5.

Journée du 2 août.

7ᵉ CORPS.

a) **Journaux de marche.**

Journal de marche de la division de cavalerie.

Deux escadrons du 4ᵉ hussards, avec le lieutenant-colonel, partent d'Altkirch pour Huningue.

c) **Opérations et mouvements.**

Le général Douay, commandant le 7ᵉ corps d'armée, au Major général et au maréchal de Mac-Mahon (D. T. ch.).

Belfort, 2 août, 11 h. 45 matin.

Reçu ce matin, en grande partie, le campement de Paris. Les divisions Conseil et Liébert peuvent être dirigées sur Strasbourg. Je propose de faire partir la division Conseil par le chemin de fer et la division Liébert, ainsi que toutes les réserves et le convoi, par terre. J'y entrevois de grands avantages pour la bonne organisation du service; ces troupes feraient six jours de marche. Je demande aussi l'envoi à Belfort des troupes stationnées à Lyon.

Le même au Major général (D. T.).

Belfort, 2 août, 8 h. 45 soir.

J'ai reçu de Paris, par le retour de mes détachements, les effets de campement en nombre suffisant pour me permettre de mobiliser les troupes du 7ᵉ corps, de Colmar à Belfort, et je suis en mesure d'exécuter, le 4 août, le mouvement que m'indique le maréchal Mac-Mahon, et je lui en rends compte. Je lui demande, avec instance, l'envoi à Belfort des troupes qui sont à Lyon.

d) Situations et emplacements.

CORPS.	OFFICIERS.	TROUPE.	TOTAUX.	CHEVAUX.	EMPLACEMENTS.
Quartier général.........	»	»	»	»	Belfort.
Division Conseil-Dumesnil.	240	6,356	6,596	498	Colmar.
Division Liébert.........	225	6,354	6,579	92	Belfort.
Division Dumont.........	198	5,078	5,276	325	Lyon.
Division de cavalerie (Ameil).	210	2,726	2,936	2,877	Belfort et Lyon.
Réserve d'artillerie.......	40	1,658	1,698	1,432	Belfort.
Réserve du génie.........	12	319	331	44	Belfort.
Totaux.........	925	22,491	23,416	5,268	

Journée du 2 août.

GARDE IMPÉRIALE.

d) Situation et emplacements.

CORPS.	OFFICIERS.	TROUPE.	TOTAUX.	CHEVAUX.	EMPLACEMENTS.
Quartier général.........	»	»	»	»	Metz.
Division Deligny.........	345	8,339	8,684	772	Id.
Division Picard..........	289	7,061	7,350	701	Id.
Division de cavalerie (Desvaux).................	292	3,927	4,219	4,134	Id.
Artillerie...............	76	1,437	1,513	1,786	Id.
Génie..................	18	265	283	115	Id.
Train des équipages.......	14	357	371	518	Id.
Totaux......	1,034	21,386	22,420	8,026	

Journée du 2 août.

RÉSERVE DE CAVALERIE.

Journal de marche de la division de Bonnemains.

Départ de Lunéville à 5 heures du matin.
La 2ᵉ brigade arrive à 10 heures à Blamont ; la 1ʳᵉ couche le même jour à Vic. Le général de Bonnemains marche avec la 2ᵉ brigade.
(La division s'est mise en marche à destination de Brumath ; mais, en cours de route, un ordre du maréchal de Mac-Mahon viendra changer sa direction.)

d) Situation et emplacements.

CORPS.	HOMMES.	CHEVAUX.	EMPLACEMENTS.
Division du Barail............	»	»	Lunéville.
Division de Bonnemains.....	2,348	»	Lunéville.
Division de Forton.........	2,251	»	Pont-à-Mousson.
Artillerie.................	815	»	Lunéville (pour les 3 divisions).
Divers....................	43	»	
Total.....	5,427	4,492	

Journée du 2 août.

ARTILLERIE DE L'ARMÉE.

Journal des opérations.

2 août.

La situation, à la date du 2 août, était la suivante :
1ᵉʳ Corps. — Le matériel était entièrement prêt à Besançon ; les quatre réserves divisionnaires d'infanterie étaient réunies à Strasbourg ; 75 voitures et 408 chevaux devaient être mis en route le 3 août, le

reste (114 voitures et 546 chevaux non arrivés) devait suivre. (Télégramme n° 110.)

2ᵉ Corps. — Le matériel était complet à Lunéville ; mais il n'était encore arrivé que 174 chevaux du train. (Télégramme n° 112.)

3ᵉ Corps. — Le parc formé à Metz avait reçu tout son matériel ; les attelages étaient annoncés.

4ᵉ Corps. — Le parc était entièrement organisé à Verdun et prêt à partir ; les trois réserves divisionnaires avaient été dirigées sur Boulay les 27 et 28 juillet ; deux compagnies du train partaient de Saint-Omer, le 2 août, pour Verdun. (Télégramme n° 113.)

5ᵉ Corps. — Les trois réserves divisionnaires étaient à Bitche ; une partie du matériel du parc était réunie à Épinal ; il n'y était pas encore arrivé un seul cheval. (Télégramme n° 114.)

6ᵉ Corps. — Les quatre réserves divisionnaires étaient attelées, prêtes à partir ; le reste du parc était sur roues, mais sans attelages. (Télégramme n° 115.)

7ᵉ Corps. — Il manquait au parc 50 voitures et deux compagnies du train. (Télégramme n° 117.)

Réserve générale. — Le matériel du parc formé à Toulouse était prêt depuis quatre jours ; de même les caissons de 12 rayé que la direction de Bourges devait fournir. (Télégramme n° 118.) Les attelages devaient être envoyés directement à Nancy, point de concentration.

Garde impériale. — Le parc de la Garde venait d'arriver à Metz complet et attelé (1).

Grand parc. — Il n'était pas encore arrivé un seul cheval à Toul.

---

(1) « Une seconde colonne du parc arrive à Metz. » (*Journal de marche de l'artillerie de réserve de la Garde.*)

RENSEIGNEMENTS

GRAND QUARTIER GÉNÉRAL.

BULLETIN DE RENSEIGNEMENTS POUR LA JOURNÉE DU 2 AOUT.

D'après un télégramme reçu de Luxembourg à Thionville, le 1ᵉʳ août, à 11 h. 55 du soir, le prince Frédéric-Charles était attendu hier soir à Trèves où étaient arrivés, dans la journée, cinq régiments d'infanterie que la dépêche attribue tous, à tort, au VIIᵉ corps, et qui seraient les 27ᵉ (IVᵉ corps), 53ᵉ (VIIᵉ), 59ᵉ (Vᵉ), 73ᵉ (VIIᵉ) et 75ᵉ (IXᵉ).

Des ponts de pontons auraient été jetés sur la Moselle, à Schweich, Trarbach, Berncastel et Zell.

Ce télégramme ajoute : « Toute la contrée est remplie de troupes ; on annonce un événement grave et très prochain. »

Une autre dépêche de ce matin annonce que Wittlich et Trarbach sont complètement dégarnis (ce ne sont, en effet, que des points de passage) et signale beaucoup de forces entre Conz et Sarrelouis.

200 hussards sont à Perl et villages environnants, où l'on attend de l'infanterie.

A la même date du 1ᵉʳ août on écrit que presque toutes les troupes de Trèves, ainsi que la majorité de celles de Conz, seraient parties dans les vingt-quatre heures pour aller défendre l'accès du bassin houiller de la Sarre.

Du Haut-Rhin l'on annonce que le bruit du renvoi dans leurs foyers des classes badoises de 1859 et 1860 se confirme.

De Lörrach et Nollingen jusqu'au Val-d'Enfer il n'y aurait aucune troupe.

Dans la nuit du 29 au 30 un matériel considérable de chemin de fer aurait remonté le Rhin et serait garé à Singen, Constance et Donaueschingen, soit pour être mis à l'abri, soit pour préparer un transport de troupes.

La gare badoise du Petit-Bâle contenait, il y a deux jours, 15 à 18 locomotives.

Rien de nouveau n'est signalé dans le département du Bas-Rhin.

Pour le Ministre de la guerre (D. T.).

L'Autriche cherche à cacher ses préparatifs ; mais il est certain qu'elle rappelle ses hommes en congé et de la réserve et achète des chevaux.

80,000 honweds, infanterie et cavalerie, sont armés et prêts. La Hongrie va en porter le nombre à 130,000. L'Autriche leur donnerait au besoin de l'artillerie de l'armée.

Signé : X...

Renseignements reçus à Thionville le 1er août, à 11 h. 55 du soir, venant de Luxembourg et transmis le 2, à 2 heures du soir, à l'état-major général.

Wittlich complètement dégarni. Trarbach également. On a placé quatre pontons sur la basse Moselle, dont un à Schweich, le second à Trarbach, le troisième à Bernkastel, le quatrième à Zell.

Hier, de 4 à 8 heures, le VII⁰ corps entre à Trèves ; il est composé des 27ᵉ (IV⁰ corps), 53ᵉ (VII⁰ corps), 59ᵉ (V⁰ corps), 73ᵉ (VII⁰ corps) et 75ᵉ (IX⁰ corps).

Le 30ᵉ est attendu demain à Trèves.

Le prince Frédéric-Charles est attendu ce soir à Trèves.....

Toute la contrée est remplie de troupes. On prédit un événement grave qui se prépare cette nuit. (Nuit du 1ᵉʳ au 2 août.)

Au Major général, à Metz (D. T.).

Sierck, 2 août, 11 h. 30 matin.

On annonce 200 hussards prussiens Perl et autres villages ; on prétend infanterie devoir arriver.

Un agent de Thionville au Major général (D. T.).

Thionville, 2 août, 11 h. 51 matin.

Le prince Frédéric-Charles serait attendu ce soir à Trèves, où seraient arrivés cinq régiments du VII⁰ corps, savoir : les nᵒˢ 27 (IV⁰, Magdebourg), 53 (VII⁰, Wesel), 59 (V⁰, Glogau), 73 (VII⁰, Munster), et 75 (IX⁰, Brême).

Wittlich et Trarbach dégarnis complètement ; beaucoup de troupes entre Conz et Sarrelouis.

Le même au Major général (D. T.).

Thionville 2 août, 7 h. 30 soir. (Urgence sérieuse).

Troupes prussiennes se concentrent de plus en plus vers frontières luxembourgeoises, munies de canons. On craint sérieusement, à Luxembourg, irruption des Prussiens à travers le grand-duché, pour prendre général Ladmirault en flanc, ou pour prendre soit Thionville, soit Longwy. On parle de l'arrivée prochaine à Trèves, avec un corps d'armée, du général Voigts-Rhetz.

Un agent de Luxembourg au maréchal Le Bœuf, à Metz (D. T.).

Luxembourg, 10 h. 25 (classée au 2 août, sans date).

On me donne comme positive la nouvelle que la Prusse vient d'envoyer, de Trèves, ses meilleures troupes, notamment partie de Garde, armée de nouveaux fusils. Ces troupes, commandées par le général Steinmetz, se dirigent en ce moment au secours de Sarrelouis, et on estime le nombre à 40,000 hommes. La Prusse veut, à tout prix, un succès à Sarrelouis pour soutenir le moral de son armée. Trèves serait maintenant dégarnie de troupes.

Le commandant de place de Longwy au commandant Samuel, à Metz (D. T.).

Longwy, 2 août, 11 h. 48 matin.

On apprend de source certaine que 20,000 Prussiens viennent d'arriver à Trèves.

RENSEIGNEMENTS MILITAIRES (sans lieu d'origine et sans date).
(Classés au 2 août.)

Le prince Frédéric-Charles est arrivé le 28 juillet à Mayence. Le prince royal de Saxe, commandant le XII° corps d'armée, est arrivé le 29 à Wiesbaden. Le duc de Cobourg rejoint également l'armée. Le prince Frédéric d'Augustenbourg s'est fait nommer général à la suite dans l'armée bavaroise. Le prince royal de Prusse, à Munich et à Stuttgard, a reçu et invité à sa table les principaux chefs du parti national. Le comte de Solms, qui aurait envoyé de Paris des renseignements militaires précieux, serait attaché au quartier général du prince royal.

Des correspondances de Sarrebrück, du 31, disent que le lieutenant de Voigt a été, près de Brebach, le point de mire d'une trentaine de tireurs et qu'il n'a pas été touché ! On a constaté, à cette occasion, combien le tir français est défectueux ; le plus mauvais fusilier allemand aurait honte de tirer ainsi.

C'est le général de Blumenthal qui est chef de l'état-major de l'armée du Sud.

Le quartier général de l'armée du Sud et de l'armée du Rhin est établi à Mannheim.

Le lieutenant général de Bose, nommé chef du XI° corps d'armée, s'est distingué dans la guerre de 1866, où il était placé sous les ordres du prince Frédéric-Charles.....

1ᵉʳ CORPS.

BULLETIN DE RENSEIGNEMENTS DU 2 AOUT (matin).

Strasbourg, 2 août.

La frontière, dans les environs de Wissembourg, est très peu garnie; il n'y a que des fractions très minimes des corps qui sont à Bergzabern et à Annweiler.

Il y a beaucoup de troupes à Pirmasens; elles sont logées chez l'habitant.

Un espion a dit qu'il y a 8 régiments à Landau.

Des masses ennemies sont concentrées entre Landau, Maxau et Germersheim. On a construit des ouvrages de campagne à Maxau.

Il y a 700 à 800 hommes à 2 kilomètres de Lauterbourg; ils sont campés. L'ennemi n'occupe pas Lauterbourg, il ne fait que l'observer par des patrouilles.

Il y a des postes nombreux dans la forêt de Bienwald.

Il y a deux régiments à Kandel.

Les Badois et les Bavarois se retirent sur toute la ligne, pour faire place aux Prussiens.

Ces renseignements viennent des avant-postes du général Ducrot, des douaniers et des espions.

Le maréchal de Mac-Mahon au Major général.

Strasbourg, 2 août.

Un officier de l'état-major général du 1ᵉʳ corps, M. le capitaine Rau, a parcouru, dans les journées du 31 juillet et du 1ᵉʳ août, la route de Strasbourg à Lauterbourg, par Gambsheim, Drusenheim et Seltz, et la ligne des avant-postes, de Seltz à Wissembourg, par Niederoedern, Trimbach et Riedseltz. Il rapporte les renseignements suivants :

La rive droite du Rhin est gardée par un régiment de cavalerie (dragons), de l'embouchure de l'Ill jusqu'à hauteur de Rastadt. Un poste est établi à Greffern. Quelques patrouilles d'infanterie ont été observées, le 31, en face de Drusenheim. Des paysans armés concourent à la surveillance.

Du côté de Lauterbourg des forces que l'on estime de 7,000 à 8,000 hommes occupent les bois de Mundat et de Bruchwald, des deux côtés de la Lauter. De fréquentes patrouilles sont envoyées par ces postes vers les villages français.....

Du côté de Wissembourg l'ennemi a construit des ouvrages défensifs (abatis, charrettes chargées de pierres réunies en barricades, etc.....) de Weiler à Altenstadt. A la tour de Saint-Paul, on observe du canon. (Du haut de cette tour on voit toute la route de Bitche, jusqu'au col du Pigeonnier.)

La route de Bergzabern à Schweigen serait coupée en trois endroits différents ; à Ober-Otterbach il y aurait six canons.

Une grande concentration de troupes aurait lieu à Bergzabern. De Bergzabern à Pirmasens il n'y aurait que très peu de monde. De Pirmasens à Deux-Ponts une autre grande concentration.

. . . .

DIVISION DOUAY.

De Wissembourg au général Douay, à Haguenau (D. T.).

Wissembourg, 2 août, 9 heures matin (expédiée à 9 h. 15 matin).

Les Bavarois viennent d'occuper la maison des douaniers, à la porte de Landau. Ils ont fait ce soir le recensement des ressources d'Altenstadt, en annonçant qu'ils l'occuperont dans vingt-quatre heures.

On annonce l'entrée de deux régiments ennemis à Lauterbourg.

2ᵉ CORPS.

BULLETIN DE RENSEIGNEMENTS.

Forbach, 2 août.

Un Français qui arrive de Kreuznach, où il était encore vendredi dernier, confirme les renseignements déjà donnés sur une concentration fort importante de troupes prussiennes dans cette localité. Il estime que 8,000 hommes environ sont arrivés, tant par le chemin de fer que par terre, et qu'après avoir dépassé Kreuznach, ils y seront remplacés par des troupes incessamment attendues. Ces renforts viennent de Bingen. Il a remarqué les n°s 48 (III°), 12 (III°) et 20 (III°) (ces deux derniers nouveaux) d'infanterie, un bataillon de chasseurs, le 12° régiment d'artillerie saxon (?) et un régiment de hussards noirs (1ᵉʳ, Vᵉ ou Xᵉ corps)..... A Fischbach il ne signale rien. A Duttweiler il a rencontré un fort convoi de voitures d'artillerie qui allaient vers Sarrebrück.

— Un espion, arrivé de Saint-Ingbert et de Deux-Ponts, rapporte que : à Deux-Ponts on attend l'état-major du IV° corps d'armée prussien, qui doit s'y concentrer et se réunir à l'armée bavaroise.

Le colonel bavarois Hartmann commande actuellement à Deux-Ponts, où se trouvent le 1er bataillon de chasseurs bavarois....., le 27e (IVe) d'infanterie prussienne et trois escadrons du 11e hussards prussiens (Xe corps).

Le 5e régiment de chevau-légers bavarois est échelonné sur la frontière, entre Güdingen et Saint-Ingbert. La position principale est à Saint-Ingbert, avec deux bataillons du 11e d'infanterie bavaroise.

A Brebach et Sulzbach il y a des détachements de uhlans (peu nombreux).

A Nunkirchen se trouve le quartier général du général Barnekow, commandant le VIIIe corps d'armée. Il a avec lui le général Voyna (?) qui commande la 16e division, composée des 28e (VIIIe), 29e (VIIIe), 68e (VIIIe), 69e (VIIIe) et 70e (VIIIe) d'infanterie. Il y a également à Nunkirchen trois batteries à cheval du 3e d'artillerie (batteries de six pièces, canons de 6) et deux compagnies de pionniers qui travaillent au pont.

On attend de nouvelles troupes d'infanterie pour occuper le Köllerthal.

Le mot d'ordre est de marcher sur la Sarre. Les troupes avaient, le 1er août, un repos ou séjour.

— On attend des troupes à Sarrebrück, entre autres le 8e bataillon de chasseurs. Ces troupes doivent venir, en quatre étapes, de Coblentz par le Hùndsrück. Le 69e doit aussi venir à Sarrebrück.

On parle de changements dans les commandements des corps d'armée.

Nota. — Ce bulletin devait être adressé hier ; mais le mouvement sur Sarrebrück en a retardé l'envoi.

DIVISION DE LAVEAUCOUPET.

Service des renseignements. — Rapport du 1er *au* 2 *août.*

A 6 heures du soir le nommé ....., à Schœneck, nous a donné les renseignements suivants : le matin, à 6 heures, 80 Prussiens entraient dans le village, cerné d'ailleurs par d'autres troupes, et le fouillaient..... Ils parlaient de fortes concentrations à Sarrelouis et surtout à Duttweiler..... Du côté de Saint-Ingbert (Bavière rhénane), à une lieue et demie environ de Sarrebrück, il n'y avait aucune troupe prussienne.....

(On) aurait vu passer, le 29, à Kreuznach, les voitures du prince Charles se dirigeant sur le Palatinat, ainsi que le régiment de Brande-

bourg..... On attendait à Kreuznach le même jour (29) plusieurs convois militaires, et il avait passé, avant 11 heures du matin ....., deux ou trois trains d'artillerie et, disait-on, de mitrailleuses .....
..... Tout cela était dirigé du côté du Palatinat. De Kreuznach à Sarrebrück, sur la ligne du chemin de fer, et sur tout le pays que l'on découvre en la suivant, (on) n'a vu de troupe qu'à Duttweiler, où on dit se trouver une très forte concentration..... Dans la ville de Sarrebrück (on) n'a vu que peu de troupes, guère plus de la garnison habituelle, c'est-à-dire quelque chose comme un régiment d'infanterie et un de cavalerie.

. . . .

A..... revient à 9 h. 1/2 du soir; il est allé à Schœneck d'abord, puis à Gersweiler; il a trouvé le village entièrement occupé par des soldats prussiens (environ un bataillon, 1000 hommes d'infanterie, appartenant probablement au 30e de ligne)..... Il a entendu dire de nouveau que le quartier général se trouvait au Köllerthal, à Altkessel, et toujours de 200,000 hommes.....

..... De Nass-Weiller..... les renseignements suivants : ..... Très peu de troupes à Sarrebrück, peu à Sarrelouis, et à peine quelques patrouilles le long de la route qui longe la Sarre, comme sur celle qui, de Sarrelouis, passe par Werden, Grande-Rosselle, Emersweiller, Nass-Weiller (le 30 juillet).

..... (On) avait entendu parler d'une forte concentration (de 80,000 à 100,000 hommes) à Duttweiler, et que toute l'armée de la Sarre était commandée par le prince Charles, celle du Rhin, du côté de l'Alsace, par le Prince royal.

DIVISION DE CAVALERIE (de Valabrègue).

Le lieutenant-colonel, chef d'état-major de la division de cavalerie du 2e corps, au général de Valabrègue.

Merlebach, 2 août, 8 h. 1/2 du soir.

Je vous envoie à la hâte quelques renseignements fournis par le même espion que l'autre jour.

Il y aurait, à Burbach, le 70e et le 40e en entier, un régiment d'infanterie de la Garde, un régiment de cuirassiers, un régiment de dragons et de l'artillerie.

Tout ce monde serait établi entre Burbach et Wölcklingen, et l'on travaillerait à des retranchements le long de la Sarre entre ces deux points. Ils auraient abattu, à Werden, une maison qui gênait les vues de la défense.

L'espion persiste à dire que, de ce côté-ci de la Sarre, il n'y a que des reconnaissances.

. . . .

On dit également que le général qui commande l'armée de la Sarre (?) est arrivé.

P.-S. — Je vous envoie, en même temps, le rapport de l'officier qui commandait les avant-postes de la division pendant la journée d'aujourd'hui.

4ᵉ CORPS.

BULLETIN DE RENSEIGNEMENTS DU 2 AOUT (9 heures du matin).

Trèves et la Sarre. — Toute la journée du 1ᵉʳ août on a signalé le passage non interrompu de troupes venant de l'Eifel, se concentrant entre Trèves, Conz, Saarburg, et se mettant en route sur Sarrelouis et Sarrebrück. Le total de ces forces est évalué à 40,000 hommes. On les signale comme appartenant aux VIIᵉ, VIIIᵉ et XIᵉ corps. On a pu reconnaître le 13ᵉ d'infanterie prussien (VIIᵉ corps); tout semble confirmer un courant de concentration très important sur la haute Sarre.

C'est l'encombrement sur la ligne du chemin de fer du Rhin qui ferait passer ce courant par Trèves. Mais il se pourrait qu'une partie de ces forces restât, au moins momentanément, dans les positions de Merzig et Sarrelouis. On dirige des courriers sur ces points.

Wittlich. — Aucuns renseignements nouveaux ne sont parvenus de ce point, qui paraît être le centre d'approvisionnement le plus important de la partie sud de la Province rhénane, ou, tout au moins, un point de ravitaillement pour les troupes qui sont de passage à ce nœud de routes, et dont nous signalons plus haut le passage par Trèves.

Frontière du côté de Bouzonville. — Le 1ᵉʳ août, à 11 heures du matin, une reconnaissance prussienne, d'une compagnie d'infanterie et d'un peloton de cavalerie, a été reçue à coups de fusil par nos grand'-gardes. Une escarmouche en est résultée, où plusieurs Prussiens ont été tués ou blessés, sans que nos troupes aient été atteintes. Nos soldats ont ramassé un fusil, un casque et deux sabres. La reconnaissance ennemie s'est retirée par la route de Sarrelouis.

7ᵉ CORPS.

BULLETIN DE RENSEIGNEMENTS DU 2 AOUT.

De Colmar on me télégraphie ce qui suit : « Je reçois . . . .
« d'Ensisheim, la dépêche suivante : Avis positif pris le long du Rhin,

« par moi-même : passage de troupes prussiennes vers Huningue, sur
« la route badoise (1), pendant la nuit, depuis six jours; nombre
« estimé : 20,000 hommes. »

J'ai peine à croire à ce renseignement, car les trois derniers rapports du capitaine des douanes de Saint-Louis, dont les hommes observent, jour et nuit, le cours du Rhin, affirment qu'on n'a vu ni entendu aucun mouvement de troupes sur la route badoise.

Le passage de 20,000 Prussiens, à la porte de Bâle, aurait dû être connu dans cette ville et, cependant, au marché d'avant-hier, on donnait comme certain qu'il n'y avait aucune troupe dans le sud du Grand-Duché.

D'autre part, le 4ᵉ hussards doit être aujourd'hui du côté d'Huningue, poussant des reconnaissances sur la route qui longe le fleuve. S'il y avait eu un mouvement de troupes aussi important, il l'aurait su et me l'aurait télégraphié.

Je n'ai reçu aujourd'hui aucun rapport et d'autre renseignement que la dépêche précitée.....

---

(1) Il s'agit probablement de la route Vieux-Brisach, Schliengen, Lörrach, qui longe le Rhin.

Paris. — Imprimerie R. CHAPELOT et Cⁱᵉ, 2, rue Christine.

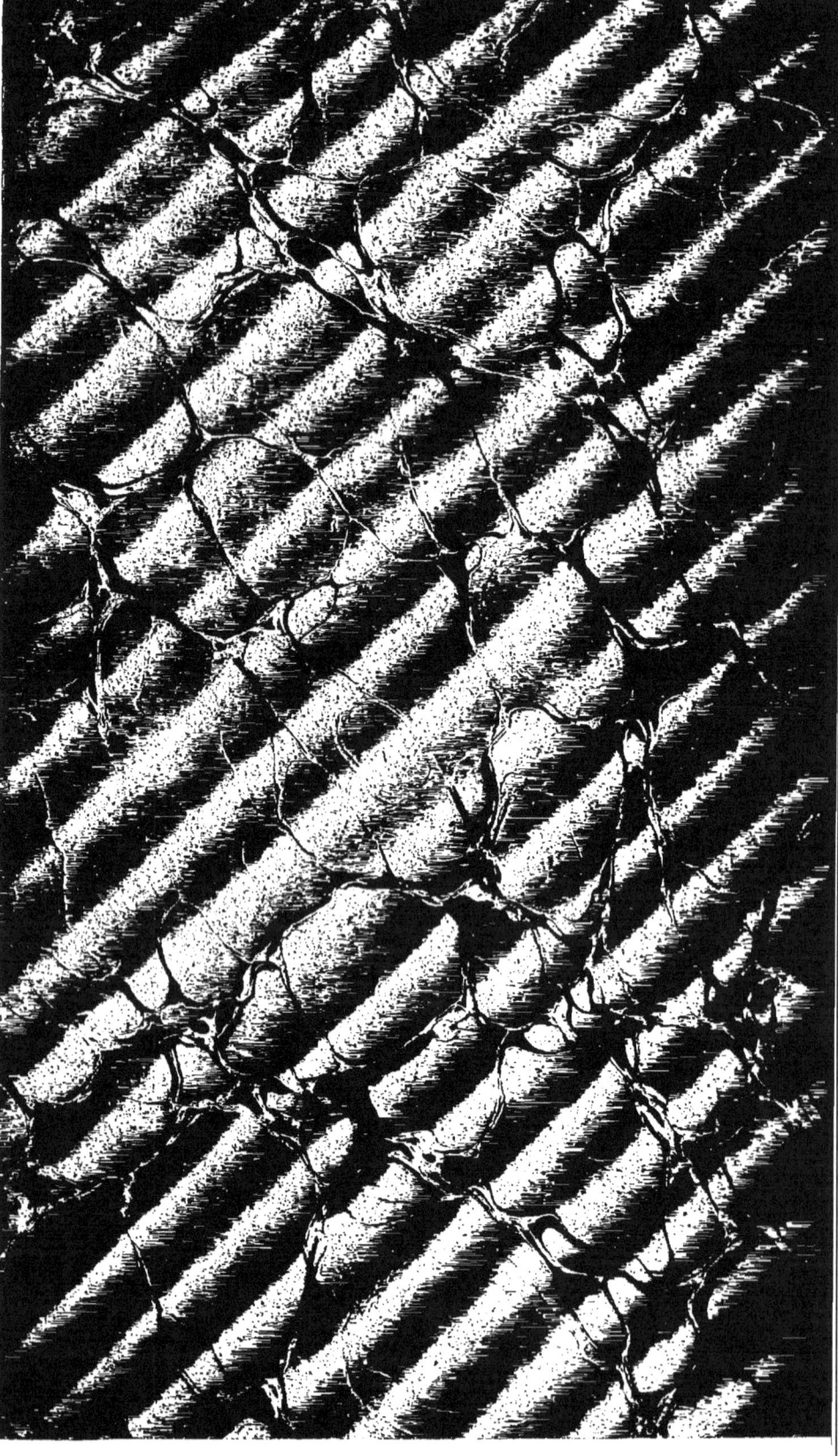

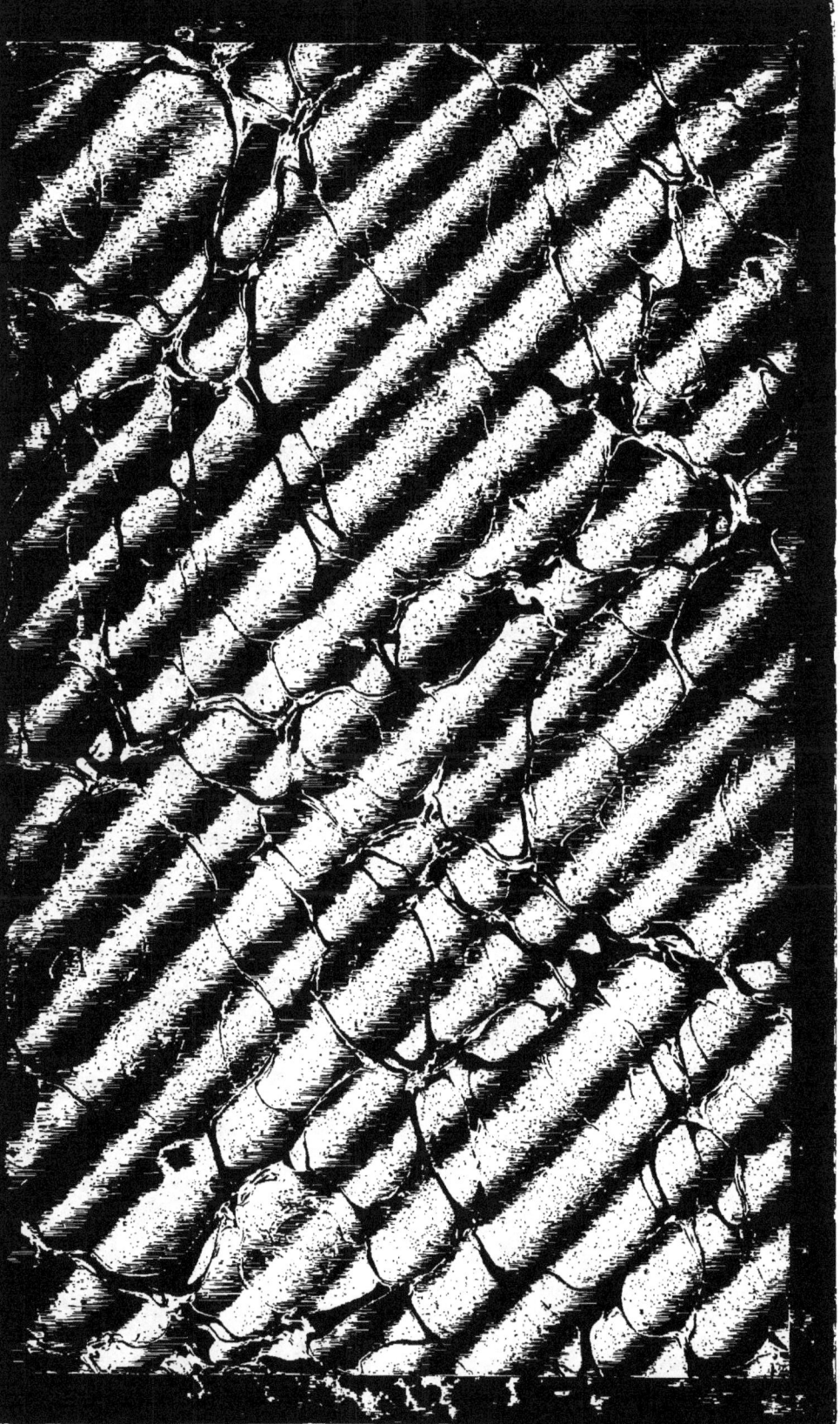

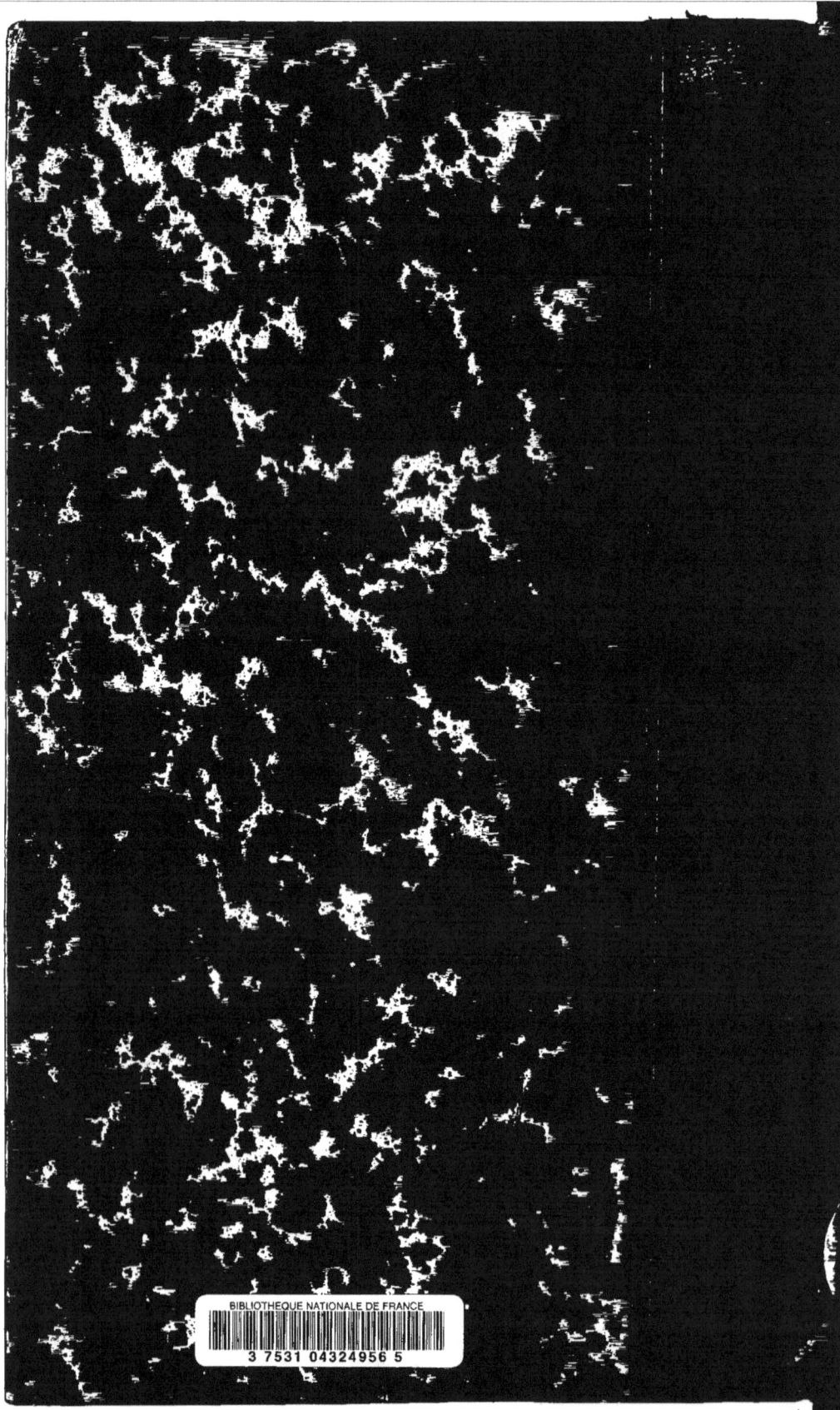

www.ingramcontent.com/pod-product-compliance
Lightning Source LLC
Chambersburg PA
CBHW070749170426
43200CB00007B/709